新时代马克思主义教育理论创新与发展研究丛书

总 主 编 靳 诺
执行主编 翟 博 张 剑

坚持把立德树人作为根本任务

顾昭明 张 剑 著

中国人民大学出版社
·北京·

编委会

总 主 编 靳 诺
执行主编 翟 博　张 剑
编委会成员（按姓氏音序排列）

蔡 春　樊 伟　冯玉军　顾昭明
胡百精　靳 诺　刘复兴　孟繁华
秦 宣　任 青　檀慧玲　唐景莉
王树荫　王庭大　吴潜涛　杨伟国
袁占亭　袁自煌　翟 博　张 剑
张晓京　郑水泉　周光礼　朱庆葆

总　序

（一）

党的十八大以来，以习近平同志为主要代表的中国共产党人高举马克思主义伟大旗帜，深入总结中国共产党成立 100 年来的历史经验，全面概括新中国成立 70 多年来我国建设社会主义的历史成就，系统汲取改革开放 40 多年来中国特色社会主义的理论营养，深刻揭示共产党执政规律、社会主义建设规律和人类社会发展规律，逐步发展、形成了习近平新时代中国特色社会主义思想。党的十九大把习近平新时代中国特色社会主义思想确立为我们党必须长期坚持的指导思想并庄严地写入党章。第十三届全国人民代表大会第一次会议通过宪法修正案，郑重地把习近平新时代中国特色社会主义思想载入宪法。习近平新时代中国特色社会主义思想，是新时代中国共产党的思想旗帜，是国家政治生活和社会生活的根本指针，是当代中国马克思主义、21 世纪马克思主义。

教育是国之大计、党之大计。习近平总书记高度重视教育在国家发展、民族复兴、人民幸福总体战略中的基础性、全局性、先导性作用，对教育的功能、地位、方向、属性、任务、改革、科研、评价、法治、保障、队伍建设、对外开放、信息化，以及研究生教育、在教育领域加强党的全面领导等许多重大的、带有根本性的问题都作出了科学、系统的论述，对推进教育改革发展作出了一系列重大决策，对教育改革创新作出了一系列重大部署，为中国特色社会主义教育事业的发展指明了方向。

2018年9月10日，全国教育大会在北京隆重召开。习近平总书记出席会议并发表了重要讲话。面对世界百年未有之大变局，面对新时代坚持和发展什么样的中国特色社会主义、怎样坚持和发展中国特色社会主义的重大时代课题，面对中国教育改革发展新的历史起点上的新的战略抉择，他旗帜鲜明地提出了教育"九个坚持"新理念新思想新观点，即坚持党对教育事业的全面领导，坚持把立德树人作为根本任务，坚持优先发展教育事业，坚持社会主义办学方向，坚持扎根中国大地办教育，坚持以人民为中心发展教育，坚持深化教育改革创新，坚持把服务中华民族伟大复兴作为教育的重要使命，坚持把教师队伍建设作为基础工作。

教育"九个坚持"对改革开放40多年来我们党领导中国特色社会主义教育事业改革发展的成功实践作出了科学总结，系统阐述了新时代关系我国教育事业改革发展的一系列方向性、全局性、战略性问题，是新时代习近平总书记关于教育工作的最集中、最全面、最系统的重要论述，集中反映了习近平总书记关于教育的重要论述的核心思想，是新时代我国教育事业改革发展的行动指南，是新时代马克思主义教育理论的创新与发展，把我们党对中国特色社会主义教育事业本质和规律的认识提升到了新的高度，为新时代我国深入推进教育领域综合改革、加快推进教育现代化、努力建设教育强国提供了科学思想指引和强大精神动力。

教育"九个坚持"全面体现了马克思主义理论和社会主义教育的历史逻辑，紧紧围绕培养什么人、怎样培养人、为谁培养人、谁来培养人这一根本问题，深刻回答了新时代坚持和发展什么样的中国特色社会主义教育、怎样坚持和发展中国特色社会主义教育等重大课题，全面反映了社会主义教育的本质和规律。教育"九个坚持"从教育的地位和作用、人的全面发展、教育与生产劳动相结合等理论维度出发，创新发展了马克思主义教育思想，开辟了中国特色社会主义教育理论新境界。

（二）

中国人民大学是新中国成立后建立的第一所新型正规大学，在中国人文社会科学研究领域独树一帜，是中国共产党扎根中国大地创办的新型高等教育的杰出代表。我们党100年来办教育的经验表明，新中国成立70多年来教育改革发展的伟大成就表明，改革开放40多年来中国特色社会主义教育的伟大实践表明，新时代我国教育改革创新的伟大探索表明：坚持扎根中国大地办教育，必须坚持马克思主义的指导地位，努力把高校建设成为学习、研究、宣传马克思主义的坚强阵地；坚持扎根中国大地办教育，必须加强党对教育事业的全面领导，把党的教育方针全面贯彻到学校工作的各个方面；坚持扎根中国大地办教育，必须以人民为中心办教育，努力办好人民满意的教育；坚持扎根中国大地办教育，必须坚持中国特色社会主义教育发展道路，办具有中国特色、世界水平的现代教育；坚持扎根中国大地办教育，必须把立德树人作为根本任务，培养德智体美劳全面发展的社会主义建设者和接班人。

中国人民大学的教育学科有着悠久的历史传统，传承了延安时期中国共产党建设马克思主义教育学的红色基因。以吴玉章先生、成仿吾先生等为代表的中国共产党的红色教育家和教育学家是开创我们党在现代正规大学中建设教育学科事业的先驱者。1950年10月3日，以华北大学为基础合并组建的中国人民大学正式开办,设教育学教研室以及专修科教育班,在全国最早引进以马克思主义为指导的苏联教育家凯洛夫主编的《教育学》,招收了新中国第一届教育学硕士研究生。可以说,当时的中国人民大学是培养新中国马克思主义教育学家的摇篮,为新中国教育学科的建设与发展、马克思主义教育理论在中国的传播与研究作出了历史性贡献。长期以来,无论是在延安时期还是中华人民共和国成立以后,无论是在改革开放的新时期还是党的十八大以来的新时代,中国人民大学始终不忘历史,不忘初心,把继承我们党马克思主义教育学研究的历史传统、赓续红色血脉作为自己的重要使命。

在新时代,我们深入研究、学习和领会习近平总书记教育"九个坚持"新理念新思想新观点,能够更加深刻地解释并更加全面地解答新时代坚持和发展什么样的中国特色社会主义教育、怎样坚持和发展中国特色社会主义教育等重大课题,同时也能够在世界百年未有之大变局中寻找指导教育改革创新和对外开放的战略思路,推动中国特色社会主义教育"走出去",为世界教育发展提供中国经验、中国智慧和中国方案。深入研究、学习和领会习近平总书记教育"九个坚持"新理念新思想新观点,必须把握好以下几个维度:一是历史的维度。"九个坚持"是在继承马克思主义教育思想,科学总结我国社会主义教育特别是中国特色社会主义教育改革发展历史经验的基础上提出来的,是习近平新时代中国特色社会主义思想的有机组成部分。我们要用历史的眼光来研究、学习和领会"九个坚持"。二是问题的维度。"九个坚持"从新时代我国教育的战略定位、根本任务、根本宗旨、发展道路、依靠力量、领导核心等方面,系统阐述了我国教育事业改革发展的一系列方向性、全局性、战略性问题。我们要从新时代中国特色社会主义教育改革发展的实际出发研究、学习和领会"九个坚持"。三是国际的维度。"九个坚持"从推动构建人类命运共同体和人类文明对话与互鉴的高度，充分借鉴了世界各国和国际组织先进的教育改革发展理论和经验，也为世界提供了教育改革发展的中国经验与中国方案。我们要从国际视野出发研究、学习和领会"九个坚持"。四是未来的维度。"九个坚持"面向"两个一百年"奋斗目标，立足于实现教育现代化，建设教育强国，把服务中华民族伟大复兴作为教育的重要使命。我们要从建设社会主义现代化强国的未来目标出发研究、学习和领会"九个坚持"。

（三）

"新时代马克思主义教育理论创新与发展研究丛书"正是我们深入研究、学习和领会习近平总书记教育"九个坚持"新理念新思想新观点的一套代表作品，是一套力图深刻揭示教育"九个坚持"中蕴含的习近平新时代中国特色社会主义思想基础和社会主义教育事业发展规律、反映新时代马克思主义教育理论研究新成果的丛书，是一套关于新时代中国特色社会主义教育理论的创新之作，对研究和阐释习近平总书记关于教育的重要论述和习近平新时代中国特色社会主义思想具有重要意义。该丛书可以为新时代中国特色社会主义教育改革创新提供理论参照，可以为以人民为中心发展教育、办好人民满意的教育提供理论支撑。

丛书共有九本，分别对坚持党对教育事业的全面领导、坚持把立德树人作为根本任务、坚持优先发展教育事业、坚持社会主义办学方向、坚持扎根中国大地办教育、坚持以人民为中心发展教育、坚持深化教育改革创新、坚持把服务中华民族伟大复兴作为教育的重要使命、坚持把教师队伍建设作为基础工作等"九个坚持"的核心要义的理论价值和实践意义进行了系统阐释。一是重点阐述了教育"九个坚持"的历史背景，二是系统研究、深刻理解和把握了教育"九个坚持"的科学内涵，三是概括和分析了教育"九个坚持"的历史逻辑、理论创新和时代价值，四是阐释了教育"九个坚持"对马克思主义的继承、发展与创新，五是研究和提出了贯彻落实教育"九个坚持"的手段和途径。

2021年是"十四五"规划的开局之年，是全面建设社会主义现代化国家新征程的开启之年，也恰逢中国共产党成立100周年。在这样一个特殊的历史时刻，希望"新时代马克思主义教育理论创新与发展研究丛书"的出版，能够全面总结我们党百年来的教育理论与实践经验，系统学习、研究习近平总书记关于教育的重要论述，重点展现新时代马克思主义教育理论研究的新成果，切实为支持与引领新时代我国的教育改革创新、发展新时代中国化马克思主义教育学作出新的理论贡献！

靳　诺

2021年5月12日

前　言

党的十八大以来，习近平总书记在探索新时代中国特色社会主义思想的过程中，始终把阐述教育思想作为一个重要内容。习近平总书记立足世界发展大势和国家发展全局，着眼民族复兴伟大梦想，紧紧围绕"培养什么人、怎样培养人、为谁培养人"这一根本问题，对许多重大的、带有根本性、全局性的教育问题做出科学的理论指导，从而"形成了系统完整的新时代中国特色社会主义教育理论体系"[1]。

习近平新时代中国特色社会主义教育理论，深刻回答了新时代教育事业发展的一系列重大理论和现实问题，以一系列原创性战略性的新理念新思想新观点，创新发展了马克思主义教育理论，开拓了马克思主义教育理论的新境界，为推动中国特色社会主义教育发展开启新时代、谱写新篇章提供了强大思想武器，为人类教育事业的发展做出了历史性的理论贡献。

"培养什么人，是教育的首要问题。"[2] 马克思主义教育思想认为，教育兼有经济基础和上层建筑属性，具有阶级性和工具性

---

[1] 孙春兰. 深入学习贯彻习近平总书记关于教育的重要论述　奋力开创新时代教育工作新局面 [J]. 求是，2018 (18).

[2] 习近平：坚持中国特色社会主义教育发展道路　培养德智体美劳全面发展的社会主义建设者和接班人 [N]. 人民日报，2018-09-11.

特征，培养人是教育的根本属性和基本特征。习近平总书记创造性地发展了这一思想，强调"教育是人类传承文明和知识、培养年轻一代、创造美好生活的根本途径"①，并鞭辟入里地揭示："培养社会发展、知识积累、文化传承、国家存续、制度运行所要求的人"②历来是教育的首要问题。任何国家、任何社会，其维护政治统治、维系社会稳定的基本途径无一不是通过教育。"教育是国之大计、党之大计"③，"两个一百年"奋斗目标的实现、中华民族伟大复兴中国梦的实现，归根到底也要靠教育培养一代又一代与时代同步伐、与祖国共命运、与人民齐奋斗的社会主义事业建设者和接班人。这是新时代的马克思主义教育观。

习近平总书记之所以郑重强调"教育是国之大计、党之大计"④，根本在于没有哪一项事业像教育这样影响并决定着接班人问题，影响并决定着国家长治久安，影响并决定着民族复兴和国家崛起。目前，中国有 2.82 亿名在校学生。他们正处在人生成长的关键时期，知识体系搭建尚未完成，情感心理尚未成熟，价值观塑造尚未成型，需要通过教育来培养。

然而国际国内形势发生重大而深刻变化，马克思主义指导思想面临多样化社会思潮的挑战，社会主义核心价值观面临市场逐利性的挑战，培养社会主义事业建设者和接班人面临敌对势力渗透争夺的挑战，导致有些学生存在理想信念模糊、社会责任不强、奋斗精神不足、心理素质脆弱等不容忽视的问题。对此，习近平总书记旗帜鲜明地指出，"教育就是要培养中国特色社会主义事业

---

① 习近平主席在联合国"教育第一"全球倡议行动一周年纪念活动上发表视频贺词［N］. 人民日报，2013－09－27.
② 习近平. 在北京大学师生座谈会上的讲话［N］. 人民日报，2018－05－03.
③④ 习近平：坚持中国特色社会主义教育发展道路 培养德智体美劳全面发展的社会主义建设者和接班人［N］. 人民日报，2018－09－11.

的建设者和接班人，而不是旁观者和反对派"①，要"坚持把立德树人作为根本任务"。习近平总书记在多种场合反复强调立德树人，并做了全面系统的论述。

2013年9月9日，习近平总书记向全国广大教师致慰问信，"希望全国广大教师牢固树立中国特色社会主义理想信念，带头践行社会主义核心价值观，自觉增强立德树人、教书育人的荣誉感和责任感，学为人师，行为世范，做学生健康成长的指导者和引路人"②。

2013年10月1日，习近平总书记给中央民族大学附属中学全校学生回信："希望学校继承光荣传统，传承各民族优秀文化，承担好立德树人、教书育人的神圣职责，着力培养造就中国特色社会主义事业合格建设者和接班人"；"希望同学们珍惜美好时光，砥砺品德，陶冶情操，刻苦学习，全面发展，掌握真才实学，努力成为建设伟大祖国、建设美丽家乡的有用之才、栋梁之材，为促进民族团结进步、实现共同繁荣发展作出应有贡献。"③

2014年5月4日，习近平总书记在北京大学师生座谈会上要求广大青年要从现在做起，从自己做起，勤学、修德、明辨、笃实，使社会主义核心价值观成为自己的基本遵循，并身体力行大力将其推广到全社会去，努力在实现中国梦的伟大实践中创造自己精彩的人生。他强调"全国高等院校要走在教育改革前列，紧紧围绕立德树人的根本任务，加快构建充满活力、富有效率、更

---

① 习近平会见清华大学经济管理学院顾问委员会海外委员和中方企业家委员[N]. 人民日报，2017-10-31.
② 习近平. 向全国广大教师致慰问信[N]. 人民日报，2013-09-10.
③ 习近平. 给中央民族大学附属中学全校学生的回信[N]. 人民日报，2013-10-07.

加开放、有利于学校科学发展的体制机制,当好教育改革排头兵"①。

2014年8月29日,习近平总书记主持的中央政治局会议审议通过了《深化党的建设制度改革实施方案》《关于深化考试招生制度改革的实施意见》等,强调"深化考试招生制度改革,要全面贯彻党的教育方针,坚持立德树人,适应经济社会发展对多样化高素质人才的需要,认真总结经验,突出问题导向,回应社会关切,进一步促进教育公平、提高选拔水平,培养德智体美全面发展社会主义建设者和接班人"②。

2014年9月9日,习近平总书记在同北京师范大学师生代表座谈时发表《做党和人民满意的好老师》讲话,强调:百年大计,教育为本。教育大计,教师为本。国家繁荣、民族振兴、教育发展,需要我们大力培养造就一支师德高尚、业务精湛、结构合理、充满活力的高素质专业化教师队伍,需要涌现一大批好老师。全国广大教师要做有理想信念、有道德情操、有扎实知识、有仁爱之心的好老师,为发展具有中国特色、世界水平的现代教育,培养社会主义事业建设者和接班人做出更大贡献。他指出:"老师对学生的影响,离不开老师的学识和能力,更离不开老师为人处世、于国于民、于公于私所持的价值观。一个老师如果在是非、曲直、善恶、义利、得失等方面老出问题,怎么能担起立德树人的责任?广大教师必须率先垂范、以身作则,引导和帮助学生把握好人生方向,特别是引导和帮助青少年学生扣好人生的第一粒扣子。""选择当老师就选择了责任,就要尽到教书育人、立德树人的责

---

① 习近平. 青年要自觉践行社会主义核心价值观:在北京大学师生座谈会上的讲话[M]. 北京:人民出版社,2014:13.

② 习近平主持召开中共中央政治局会议[N]. 人民日报,2014-08-30.

任,并把这种责任体现到平凡、普通、细微的教学管理之中。"①

2014年12月28日,习近平总书记在第二十三次高校党建工作会议上做出重要批示:"高校肩负着学习研究宣传马克思主义、培养中国特色社会主义事业建设者和接班人的重大任务。加强党对高校的领导,加强和改进高校党的建设,是办好中国特色社会主义大学的根本保证。""办好中国特色社会主义大学,要坚持立德树人,把培育和践行社会主义核心价值观融入教书育人全过程。"②

2015年8月18日,习近平总书记主持中央全面深化改革领导小组第十五次会议,会议审议通过了《关于改进审计查出突出问题整改情况向全国人大常委会报告机制的意见》《统筹推进世界一流大学和一流学科建设总体方案》《全面改善贫困地区义务教育薄弱学校基本办学条件工作专项督导办法》等,强调"要全面贯彻党的教育方针,遵循教育规律,以立德树人为根本,以中国特色为统领,以支撑创新驱动发展战略、服务经济社会为导向,推动一批高水平大学和学科进入世界一流行列或前列,提升我国高等教育综合实力和国际竞争力,培养一流人才,产出一流成果"③。

2016年4月22日,习近平总书记在致清华大学建校105周年贺信中强调,"要坚持正确方向、坚持立德树人、坚持服务国家、坚持改革创新,面向世界、勇于进取,树立自信、保持特色,广育祖国和人民需要的各类人才,深度参与创新驱动发展战略实施,

---

① 习近平. 做党和人民满意的好老师:同北京师范大学师生代表座谈时的讲话[N]. 人民日报,2014-09-10.
② 习近平:坚持立德树人思想引领 加强改进高校党建工作[N]. 人民日报,2014-12-30.
③ 习近平:增强改革定力保持改革韧劲 扎扎实实把改革举措落到实处[N]. 人民日报,2015-08-19.

努力在创建世界一流大学方面走在前列,为国家发展、人民幸福、人类文明进步作出新的更大的贡献"①。

2016年9月9日,第三十二个教师节来临之际,习近平总书记到北京市八一学校看望师生,强调"基础教育是立德树人的事业,要旗帜鲜明加强思想政治教育、品德教育,加强社会主义核心价值观教育,引导学生自尊自信自立自强。基础教育是提高民族素质的奠基工程,要遵循青少年成长特点和规律,扎实做好基础的文章。基础教育要树立强烈的人才观,大力推进素质教育,鼓励学校办出特色,鼓励教师教出风格"②。

2016年12月7日,习近平总书记在全国高校思想政治工作会议上讲话强调,"要坚持把立德树人作为中心环节,把思想政治工作贯穿教育教学全过程,实现全程育人、全方位育人,努力开创我国高等教育事业发展新局面"。"高校立身之本在于立德树人。只有培养出一流人才的高校,才能够成为世界一流大学。办好我国高校,办出世界一流大学,必须牢牢抓住全面提高人才培养能力这个核心点,并以此来带动高校其他工作。"③

2017年5月3日,习近平总书记在中国政法大学考察时强调:"全面推进依法治国是一项长期而重大的历史任务,要坚持中国特色社会主义法治道路,坚持以马克思主义法学思想和中国特色社会主义法治理论为指导,立德树人,德法兼修,培养大批高素质法治人才。""法学教育要坚持立德树人,不仅要提高学生的法学知识水平,而且要培养学生的思想道德素养。""高校党委要

---

① 习近平致清华大学建校105周年贺信[N]. 人民日报,2016-04-23.
② 习近平:全面贯彻落实党的教育方针 努力把我国基础教育越办越好[N]. 人民日报,2016-09-10.
③ 习近平:把思想政治工作贯穿教育教学全过程 开创我国高等教育事业发展新局面[N]. 人民日报,2016-12-09.

履行好管党治党、办学治校的主体责任,把思想政治工作和党的建设工作结合起来,把立德树人、规范管理的严格要求和春风化雨、润物无声的灵活方式结合起来,把解决师生的思想问题和教学科研、学习就业等实际问题结合起来,使高校始终充满积极向上的正能量、洋溢蓬勃向上的青春活力、展现改革创新的时代风采。"①

2017年5月23日,习近平总书记主持中央全面深化改革领导小组第三十五次会议,会议审议通过了《关于深化教育体制机制改革的意见》,强调:"深化教育体制机制改革,要全面贯彻党的教育方针,坚持社会主义办学方向,全面落实立德树人根本任务,构建以社会主义核心价值观为引领的大中小幼一体化德育体系,注重培养学生终身学习发展、创新性思维、适应时代要求的关键能力,统筹推进育人方式、办学模式、管理体制、保障机制改革,使各级各类教育更加符合教育规律、更加符合人才成长规律,更能促进人的全面发展,着力培养德智体美全面发展的社会主义事业建设者和接班人。"②

2017年6月28日,习近平总书记主持中共中央政治局会议,审议《关于巡视31所中管高校党委情况的专题报告》,强调"高校党委要增强'四个意识',落实管党治党、办学治校主体责任,坚定'四个自信',贯彻党的教育方针政策,坚持社会主义办学方向,把立德树人作为根本任务,以实际行动维护党中央权威和集中统一领导"③。

---

① 习近平:立德树人德法兼修抓好法治人才培养 励志勤学刻苦磨炼促进青年成长进步[N]. 人民日报,2017-05-04.
② 习近平:认真谋划深入抓好各项改革试点 积极推广成功经验带动面上改革[N]. 人民日报,2017-05-24.
③ 审议《关于巡视31所中管高校党委情况的专题报告》[N]. 人民日报,2017-06-29.

坚持把立德树人作为根本任务

2017年10月3日，习近平总书记在致中国人民大学建校80周年的贺信中强调："围绕解决好为谁培养人、培养什么样的人、怎样培养人这个根本问题，坚持立德树人，遵循教育规律，弘扬优良传统，扎根中国大地办大学，努力建设世界一流大学和一流学科，为我国高等教育事业繁荣发展，为实现'两个一百年'奋斗目标、实现中华民族伟大复兴的中国梦作出新的更大贡献。"[①]

2017年10月18日，习近平总书记在党的十九大报告中强调："优先发展教育事业。建设教育强国是中华民族伟大复兴的基础工程，必须把教育事业放在优先位置，深化教育改革，加快教育现代化，办好人民满意的教育。要全面贯彻党的教育方针，落实立德树人根本任务，发展素质教育，推进教育公平，培养德智体美全面发展的社会主义建设者和接班人。"[②]

2018年5月2日，习近平总书记在北京大学考察时强调，坚持好、发展好中国特色社会主义，把我国建设成为社会主义现代化强国，是一项长期任务，需要一代又一代人接续奋斗。广大青年要成为实现中华民族伟大复兴的生力军，肩负起国家和民族的希望。高校要牢牢抓住培养社会主义建设者和接班人这个根本任务，坚持办学正确政治方向，建设高素质教师队伍，形成高水平人才培养体系，努力建设中国特色世界一流大学。随后习近平总书记在北京大学师生座谈会上发表讲话，强调"大学是立德树人、培养人才的地方"，"人才培养一定是育人和育才相统一的过程，而育人是本。人无德不立，育人的根本在于立德。这是人才培养的辩证法。办学就要尊重这个规律，否则就办不好学。要把立德树人的成效作为检验学校一切工作的根本标准，真正做到以文化

[①] 习近平致中国人民大学建校80周年的贺信 [N]. 人民日报，2017-10-04.
[②] 习近平. 中国共产党第十九次全国代表大会上的报告 [N]. 人民日报，2017-10-28.

人、以德育人，不断提高学生思想水平、政治觉悟、道德品质、文化素养，做到明大德、守公德、严私德。要把立德树人内化到大学建设和管理各领域、各方面、各环节，做到以树人为核心，以立德为根本"①。

2018年7月6日，习近平总书记主持召开中央全面深化改革委员会第三次会议，会议审议通过了《关于支持河北雄安新区全面深化改革和扩大开放的指导意见》《关于建设新时代文明实践中心试点工作的指导意见》《关于规范校外培训机构发展的意见》《关于学前教育深化改革规范发展的若干意见》等。他强调："规范校外培训机构发展，要全面贯彻党的教育方针，坚持立德树人，发展素质教育，以建立健全校外培训机构监管机制为着力点，构建校外培训机构规范有序发展的长效机制，切实解决人民群众反映强烈的中小学生课外负担过重问题。"②

2018年8月21日，习近平总书记在全国宣传思想工作会议上强调："做好新形势下宣传思想工作，必须自觉承担起举旗帜、聚民心、育新人、兴文化、展形象的使命任务。举旗帜，就是要高举马克思主义、中国特色社会主义的旗帜，坚持不懈用新时代中国特色社会主义思想武装全党、教育人民、推动工作，在学懂弄通做实上下功夫，推动当代中国马克思主义、21世纪马克思主义深入人心、落地生根。聚民心，就是要牢牢把握正确舆论导向，唱响主旋律，壮大正能量，做大做强主流思想舆论，把全党全国人民士气鼓舞起来、精神振奋起来，朝着党中央确定的宏伟目标团结一心向前进。育新人，就是要坚持立德树人、以文化人，建

---

① 习近平. 在北京大学师生座谈会上的讲话[N]. 人民日报，2018-05-03.
② 习近平：激发制度活力激活基层经验激励干部作为 扎扎实实把全面深化改革推向深入[N]. 人民日报，2018-07-07.

设社会主义精神文明、培育和践行社会主义核心价值观，提高人民思想觉悟、道德水准、文明素养，培养能够担当民族复兴大任的时代新人。兴文化，就是要坚持中国特色社会主义文化发展道路，推动中华优秀传统文化创造性转化、创新性发展，继承革命文化，发展社会主义先进文化，激发全民族文化创新创造活力，建设社会主义文化强国。展形象，就是要推进国际传播能力建设，讲好中国故事、传播好中国声音，向世界展现真实、立体、全面的中国，提高国家文化软实力和中华文化影响力。"①

2018年8月30日，习近平总书记在给中央美术学院老教授的回信中强调："做好美育工作，要坚持立德树人，扎根时代生活，遵循美育特点，弘扬中华美育精神，让祖国青年一代身心都健康成长。"②

2018年9月10日，习近平总书记在全国教育大会上强调，"党的十八大以来，我们围绕培养什么人、怎样培养人、为谁培养人这一根本问题，全面加强党对教育工作的领导，坚持立德树人，加强学校思想政治工作，推进教育改革，加快补齐教育短板，教育事业中国特色更加鲜明，教育现代化加速推进，教育方面人民群众获得感明显增强，我国教育的国际影响力加快提升，13亿多中国人民的思想道德素质和科学文化素质全面提升"。"在实践中，我们就教育改革发展提出一系列新理念新思想新观点，主要有以下几个方面：坚持党对教育事业的全面领导，坚持把立德树人作为根本任务，坚持优先发展教育事业，坚持社会主义办学方向，坚持扎根中国大地办教育，坚持以人民为中心发展教育，坚持深

---

① 习近平：举旗帜聚民心育新人兴文化展形象　更好完成新形势下宣传思想工作使命任务[N]. 人民日报，2018-08-23.
② 习近平. 给中央美术学院老教授的回信[N]. 人民日报，2018-08-31.

化教育改革创新,坚持把服务中华民族伟大复兴作为教育的重要使命,坚持把教师队伍建设作为基础工作。""要努力构建德智体美劳全面培养的教育体系,形成更高水平的人才培养体系。要把立德树人融入思想道德教育、文化知识教育、社会实践教育各环节,贯穿基础教育、职业教育、高等教育各领域,学科体系、教学体系、教材体系、管理体系要围绕这个目标来设计,教师要围绕这个目标来教,学生要围绕这个目标来学。凡是不利于实现这个目标的做法都要坚决改过来。""要深化教育体制改革,健全立德树人落实机制,扭转不科学的教育评价导向,坚决克服唯分数、唯升学、唯文凭、唯论文、唯帽子的顽瘴痼疾,从根本上解决教育评价指挥棒问题。"[①]

2018年10月15日,习近平总书记致信祝贺西藏民族大学建校60周年,赞扬西藏民族大学"贯彻党的教育方针,坚持正确办学方向,坚持立德树人,为党和人民、为西藏各项事业发展培养了一大批优秀干部和专业技术人才"[②]。

2019年1月17日,习近平总书记在天津南开大学考察时强调:"学校是立德树人的地方。爱国主义是中华民族的民族心、民族魂,培养社会主义建设者和接班人,首先要培养学生的爱国情怀。高校党组织要把抓好学校党建工作和思想政治工作作为办学治校的基本功。"[③]

2019年3月18日,习近平总书记主持召开学校思想政治理论课教师座谈会,强调:"新时代贯彻党的教育方针,要坚持马克

---

① 习近平:坚持中国特色社会主义教育发展道路 培养德智体美劳全面发展的社会主义建设者和接班人[N].人民日报,2018-09-11.
② 习近平.致信祝贺西藏民族大学建校60周年[N].人民日报,2018-10-16.
③ 稳扎稳打勇于担当敢于创新善作善成 推动京津冀协同发展取得新的更大进展[N].人民日报,2019-01-19.

坚持把立德树人作为根本任务

思主义指导地位,贯彻新时代中国特色社会主义思想,坚持社会主义办学方向,落实立德树人的根本任务,坚持教育为人民服务、为中国共产党治国理政服务、为巩固和发展中国特色社会主义制度服务、为改革开放和社会主义现代化建设服务,扎根中国大地办教育,同生产劳动和社会实践相结合,加快推进教育现代化、建设教育强国、办好人民满意的教育,努力培养担当民族复兴大任的时代新人,培养德智体美劳全面发展的社会主义建设者和接班人。""思想政治理论课是落实立德树人根本任务的关键课程。青少年阶段是人生的'拔节孕穗期',最需要精心引导和栽培。我们办中国特色社会主义教育,就是要理直气壮开好思政课,用新时代中国特色社会主义思想铸魂育人,引导学生增强中国特色社会主义道路自信、理论自信、制度自信、文化自信,厚植爱国主义情怀,把爱国情、强国志、报国行自觉融入坚持和发展中国特色社会主义事业、建设社会主义现代化强国、实现中华民族伟大复兴的奋斗之中。思政课作用不可替代,思政课教师队伍责任重大。"[1]

2019年5月21日,习近平主席在陆军步兵学院视察时强调:"办什么样的院校、培养什么样的人才,是办学育人首先要解决的问题。""学校是立德树人的地方,必须坚持坚定正确政治方向。"[2]

2019年9月5日,习近平总书记在给全国涉农高校的书记校长和专家代表的回信中强调:"希望你们继续以立德树人为根本,以强农兴农为己任,拿出更多科技成果,培养更多知农爱农新型

---

[1] 习近平:用新时代中国特色社会主义思想铸魂育人 贯彻党的教育方针落实立德树人根本任务[N]. 人民日报,2019-03-19.

[2] 全面提高办学育人水平 为强军事业提供有力人才支持[N]. 人民日报,2019-05-22.

人才,为推进农业农村现代化、确保国家粮食安全、提高亿万农民生活水平和思想道德素质、促进山水林田湖草系统治理,为打赢脱贫攻坚战、推进乡村全面振兴不断作出新的更大的贡献。"①

2019年9月9日,习近平总书记主持召开中央全面深化改革委员会第十次会议,会议审议通过了《关于推动先进制造业和现代服务业深度融合发展的实施意见》《关于减轻中小学教师负担进一步营造教育教学良好环境的若干意见》等。他同时强调:"要聚焦教师立德树人、教书育人的主责主业,坚持分类治理、标本兼治,统筹规范督查检查评比考核、社会事务进校园、抽调中小学教师等事宜,严格清理规范与中小学教育教学无关的事项,切实减轻中小学教师负担,让中小学教师潜心教书、静心育人。"②

2019年11月26日,习近平总书记主持召开中央全面深化改革委员会第十一次会议,会议审议通过了《关于构建更加完善的要素市场化配置体制机制的意见》《关于全面加强新时代大中小学劳动教育的意见》《关于深化新时代教育督导体制机制改革的意见》《党的十八届三中全会以来全面深化改革评估报告》等。他强调:"劳动教育是中国特色社会主义教育制度的重要内容。要全面贯彻党的教育方针,坚持立德树人,把劳动教育纳入人才培养全过程,贯通大中小各学段,贯穿家庭、学校、社会各方面,把握育人导向,遵循教育规律,创新体制机制,注重教育实效,实现知行合一,促进学生形成正确的世界观、人生观、价值观。""深化新时代教育督导体制机制改革,要紧紧围绕确保教育优先发展、落实立德树人根本任务,以优化管理体制、完善运行机制、强化

---

① 习近平. 给全国涉农高校的书记校长和专家代表的回信 [N]. 人民日报,2019 - 09 - 07.
② 习近平:加强改革系统集成协同高效 推动各方面制度更加成熟更加定型 [N]. 人民日报,2019 - 09 - 10.

坚持把立德树人作为根本任务

结果运用为突破口,不断提高教育督导质量和水平,推动各类主体切实履行教育职责。"①

2019年11月27日,习近平主席在出席全军院校长集训开班式上的讲话中强调:"发展军事教育,必须有一个管总的方针,解决好培养什么人、怎样培养人、为谁培养人这个根本问题。新时代军事教育方针,就是坚持党对军队的绝对领导,为强国兴军服务,立德树人,为战育人,培养德才兼备的高素质、专业化新型军事人才。新时代军事教育方针是做好军事教育工作的基本遵循,要全面准确学习领会,毫不动摇贯彻落实。"②

2020年4月22日,习近平总书记在陕西考察。他在视察西安交通大学时强调:"'西迁精神'的核心是爱国主义,精髓是听党指挥跟党走,与党和国家、与民族和人民同呼吸、共命运,具有深刻现实意义和历史意义。要坚持党对高校工作的全面领导,坚持立德树人,建设高素质教师队伍,努力培养更多一流人才。"③

2020年6月30日,习近平总书记主持召开中央全面深化改革委员会第十四次会议,会议审议通过了《国企改革三年行动方案(2020—2022年)》《深化新时代教育评价改革总体方案》等。他强调:"教育评价事关教育发展方向,要全面贯彻党的教育方针,坚持社会主义办学方向,落实立德树人根本任务,遵循教育规律,针对不同主体和不同学段、不同类型教育特点,改进结果评价,强化过程评价,探索增值评价,健全综合评价,着

---

① 落实党的十九届四中全会重要举措 继续全面深化改革实现有机衔接融会贯通[N]. 人民日报,2019-11-27.
② 习近平出席全军院校长集训开班式并发表重要讲话[N]. 人民日报,2019-11-28.
③ 习近平:扎实做好"六稳"工作 落实"六保"任务 奋力谱写陕西新时代追赶超越新篇章[N]. 人民日报,2020-04-24.

前言

力破除唯分数、唯升学、唯文凭、唯论文、唯帽子的顽瘴痼疾，建立科学的、符合时代要求的教育评价制度和机制。"①

2020年7月23日，习近平总书记在空军航空大学视察时强调要"贯彻新时代党的强军思想，贯彻新时代军事战略方针，贯彻新时代军事教育方针，深化改革创新，不断提高办学育人水平，努力开创学校建设发展新局面"。"坚持立德树人、为战育人，加强军魂教育，强化战斗精神，全面打牢飞行学员思想政治、军事专业、科学文化、身体心理等素质基础，把兵之初、飞之初搞扎实。"②

2020年7月24日，习近平总书记在吉林考察时强调："要全面贯彻党的教育方针，落实立德树人根本任务，深化教育改革，推动城乡义务教育一体化均衡发展，维护教育公平。"③

2020年9月1日，习近平总书记主持召开中央全面深化改革委员会第十五次会议，会议审议通过了《关于推进对外贸易创新发展的实施意见》《关于新时代振兴中西部高等教育的若干意见》《关于规范民办义务教育发展的实施意见》等。他强调："振兴中西部高等教育，要坚持和加强党对高校的全面领导，坚持中国特色社会主义教育发展道路，全面贯彻党的教育方针，落实立德树人根本任务，推动实现内涵式发展，主动对接重大区域发展战略，扎根中国大地办大学，突出优势特色、汇聚办学资源、促进要素流动，有效激发中西部高等教育内生动力和发展活力，推动形成

---

① 习近平主持召开中央全面深化改革委员会第十四次会议强调：依靠改革应对变局开拓新局 扭住关键鼓励探索突出实效[N]. 人民日报，2020-07-01.
② 深化改革创新 不断提高办学育人水平[N]. 人民日报，2020-07-24.
③ 坚持新发展理念深入实施东北振兴战略 加快推动新时代吉林全面振兴全方位振兴[N]. 人民日报，2020-07-25.

同中西部开发开放格局相匹配的高等教育体系。"①

2020年9月22日,习近平总书记主持召开教育文化卫生体育领域专家代表座谈会,强调:"'十四五'时期,我们要从党和国家事业发展全局的高度,全面贯彻党的教育方针,坚持优先发展教育事业,坚守为党育人、为国育才,努力办好人民满意的教育,在加快推进教育现代化的新征程中培养担当民族复兴大任的时代新人。要坚持社会主义办学方向,把立德树人作为教育的根本任务,发挥教育在培育和践行社会主义核心价值观中的重要作用,深化学校思想政治理论课改革创新,加强和改进学校体育美育,广泛开展劳动教育,发展素质教育,推进教育公平,促进学生德智体美劳全面发展,培养学生爱国情怀、社会责任感、创新精神、实践能力。"②

2020年9月16—18日,习近平总书记在湖南考察时强调,"希望大家不负时代重托,不负青春韶华,勤奋学习,树立正确的世界观、人生观、价值观,走好人生道路,为实现第二个百年奋斗目标、实现中华民族伟大复兴的中国梦奉献自己的智慧和力量!""要把课堂教学和实践教学有机结合起来,充分运用丰富的历史文化资源,紧密联系中国共产党和中国人民的奋斗历程,深刻领悟马克思主义中国化的内在道理,深刻领悟为什么历史和人民选择了中国共产党和社会主义,进一步坚定'四个自信'","要全面贯彻党的教育方针,落实立德树人根本任务,深化教育改革,把社会主义核心价值观教育融入各级各类学校课程"③。

---

① 习近平主持召开中央全面深化改革委员会第十五次会议强调:推动更深层次改革实行更高水平开放　为构建新发展格局提供强大动力[N].人民日报,2020-09-02.
② 习近平.在教育文化卫生体育领域专家代表座谈会上的讲话[N].人民日报,2020-09-23.
③ 习近平:在推动高质量发展上闯出新路子　谱写新时代中国特色社会主义湖南新篇章[N].人民日报,2020-09-19.

前　言

2020年10月23日，习近平总书记在给中国戏曲学院师生的回信中强调："戏曲是中华文化的瑰宝，繁荣发展戏曲事业关键在人。希望中国戏曲学院以建校70周年为新起点，全面贯彻党的教育方针，落实立德树人根本任务，引导广大师生坚定文化自信，弘扬优良传统，坚持守正创新，在教学相长中探寻艺术真谛，在服务人民中砥砺从艺初心，为传承中华优秀传统文化、建设社会主义文化强国作出新的更大的贡献。"①

2020年11月29日，习近平总书记在给人民教育出版社老同志的回信中强调："百年大计，教育为本。希望人民教育出版社紧紧围绕立德树人根本任务，坚持正确政治方向，弘扬优良传统，推进改革创新，用心打造培根铸魂、启智增慧的精品教材，为培养德智体美劳全面发展的社会主义建设者和接班人、建设教育强国作出新的更大贡献。"②

立德树人是习近平新时代中国特色社会主义思想的重要组成部分，是新时代中国特色社会主义教育理论体系的灵魂，具有六个鲜明的特征。

第一，习近平总书记揭示了立德树人的重要价值。习近平总书记指出，"培养什么人，是教育的首要问题"③，并多次反复强调："基础教育是立德树人的事业"④，"高校立身之本在于立德树人"⑤。"人才培养一定是育人和育才相统一的过程，而育人是本。

---

① 习近平给中国戏曲学院师生的回信[N]. 人民日报，2020-10-23.
② 习近平给人民教育出版社老同志回信[N]. 人民日报，2020-11-30.
③ 习近平主席在联合国"教育第一"全球倡议行动一周年纪念活动上发表视频贺词[N]. 人民日报，2013-09-27.
④ 习近平：全面贯彻落实党的教育方针　努力把我国基础教育越办越好[N]. 人民日报，2016-09-10.
⑤ 习近平：把思想政治工作贯穿教育教学全过程　开创我国高等教育事业发展新局面[N]. 人民日报，2016-12-09.

坚持把立德树人作为根本任务

人无德不立,育人的根本在于立德。这是人才培养的辩证法。办学就要尊重这个规律,否则就办不好学。要把立德树人的成效作为检验学校一切工作的根本标准。"[1] 习近平总书记这些重要论述,深刻揭示了育人的根本在于立德,突出彰显了立德树人的重要价值。必须"坚持把立德树人作为根本任务"[2]。

第二,习近平总书记赋予立德树人时代意蕴。立德树人是我们党一以贯之的重要教育思想,习近平总书记创造性地赋予立德树人时代意蕴,提出立德就要按照社会主义核心价值观的要求"立大德、守公德、严私德"[3],树人就要按照教育的本质要求树"社会发展、知识积累、文化传承、国家存续、制度运行所要求的人"[4]。把立德树人与社会主义核心价值观、与党的初心和使命紧密相连,把涉及国家、社会、公民的价值要求与培养社会主义事业建设者和接班人的目标融为一体,使抽象的立德树人有了明确的目标和"抓手"。这既是对马克思主义德行观理论和教育理论的创新发展,又是新时代立德树人根本任务的本质要求。

第三,习近平总书记提出了立德树人要精准发力的理念。在坚定理想信念上下功夫,教育引导学生树立共产主义远大理想和中国特色社会主义共同理想,增强学生的中国特色社会主义道路自信、理论自信、制度自信、文化自信,立志肩负起民族复兴的时代重任。在厚植爱国主义情怀上下功夫,让爱国主义精神在学生心中牢牢扎根,教育引导学生热爱和拥护中国共产党,立志听

---

[1] 习近平. 在北京大学师生座谈会上的讲话 [N]. 人民日报,2018-05-03.
[2] 习近平:坚持中国特色社会主义教育发展道路 培养德智体美劳全面发展的社会主义建设者和接班人 [N]. 人民日报,2018-09-11.
[3] 习近平. 青年要自觉践行社会主义核心价值观:在北京大学师生座谈会上的讲话 [N]. 人民日报,2014-05-05.
[4] 习近平. 在北京大学师生座谈会上的讲话 [N]. 人民日报,2018-05-03.

党话、跟党走，立志扎根人民、奉献国家。在加强品德修养上下功夫，教育引导学生培育和践行社会主义核心价值观，踏踏实实修好品德，成为有大爱大德大情怀的人。在增长知识见识上下功夫，教育引导学生珍惜学习时光，心无旁骛求知问学，增长见识，丰富学识，沿着求真理、悟道理、明事理的方向前进。在培养奋斗精神上下功夫，教育引导学生树立高远志向，历练敢于担当、不懈奋斗的精神，具有勇于奋斗的精神状态、乐观向上的人生态度，做到刚健有为、自强不息。在增强综合素质上下功夫，教育引导学生培养综合能力，培养创新思维。要树立健康第一的教育理念，开齐开足体育课，帮助学生在体育锻炼中享受乐趣、增强体质、健全人格、锤炼意志。要全面加强和改进学校美育，坚持以美育人、以文化人，提高学生审美和人文素养。要在学生中弘扬劳动精神，教育引导学生崇尚劳动、尊重劳动，懂得劳动最光荣、劳动最崇高、劳动最伟大、劳动最美丽的道理，长大后能够辛勤劳动、诚实劳动、创造性劳动。

第四，习近平总书记强调立德树人要贯穿学校工作各环节各领域。学校是立德树人的重要场所，肩负起立德树人的重要使命。"要把立德树人融入思想道德教育、文化知识教育、社会实践教育各环节，贯穿基础教育、职业教育、高等教育各领域"[①]，全面落实立德树人根本任务。

立德树人要坚持社会主义办学方向。习近平总书记强调，办好我们的高校，必须坚持以马克思主义为指导，全面贯彻党的教育方针。要坚持不懈传播马克思主义科学理论，抓好马克思主义理论教育，为学生一生成长奠定科学的思想基础。要坚持不懈培

---

① 习近平：坚持中国特色社会主义教育发展道路 培养德智体美劳全面发展的社会主义建设者和接班人[N]. 人民日报，2018-09-11.

育和弘扬社会主义核心价值观，引导广大师生做社会主义核心价值观的坚定信仰者、积极传播者、模范践行者。要坚持不懈促进高校和谐稳定，培育理性平和的健康心态，加强人文关怀和心理疏导，把高校建设成为安定团结的模范之地。要坚持不懈培育优良校风和学风，使高校发展做到治理有方、管理到位、风清气正[①]。

立德树人要做好思想政治工作。在校学生正处在人生成长的关键时期，知识体系搭建尚未完成，价值观塑造尚未成型，情感心理尚未成熟，需要加以正确引导。习近平总书记强调，必须围绕学生、关照学生、服务学生，不断提高学生思想水平、政治觉悟、道德品质、文化素养，教育引导学生正确认识世界和中国发展大势，正确认识中国特色和国际比较，正确认识时代责任和历史使命，正确认识远大抱负和脚踏实地，让学生成为德才兼备、全面发展的人才[②]。

立德树人要用好课堂主渠道。习近平总书记强调，思想政治理论课要坚持在改进中加强，提升思想政治教育亲和力和针对性，满足学生成长发展需求和期待，其他各门课都要守好一段渠，种好责任田，使各类课程与思想政治理论课同向同行，形成协同效应。要加快构建中国特色哲学社会科学学科体系和教材体系，推出更多高水平教材，创新学术话语体系，建立科学权威、公开透明的哲学社会科学成果评价体系，努力构建全方位、全领域、全要素的哲学社会科学体系。[③]

立德树人要加强校园文化建设，开展社会实践活动，运用好

[①②③] 习近平：把思想政治工作贯穿教育教学全过程　开创我国高等教育事业发展新局面[N]. 人民日报，2016-12-09.

互联网。习近平总书记强调,要更加注重以文化人以文育人,广泛开展文明校园创建,开展形式多样、健康向上、格调高雅的校园文化活动,广泛开展各类社会实践。要整合网上教育教学资源,运用新媒体新技术使工作活起来,唱响网上好声音,传播网络正能量①。

立德树人要加强思想政治工作队伍建设。习近平总书记强调,要拓展选拔视野,抓好教育培训,强化实践锻炼,健全激励机制,整体推进高校党政干部和共青团干部、思想政治理论课教师和哲学社会科学课教师、辅导员班主任和心理咨询教师等队伍建设,保证这支队伍后继有人、源源不断②。

立德树人要建设高素质的教师队伍。习近平总书记要求教师加强师德师风建设,坚持教书和育人相统一,坚持言传和身教相统一,坚持潜心问道和关注社会相统一,坚持学术自由和学术规范相统一,以德立身、以德立学、以德施教③。

立德树人要健全落实机制。习近平总书记强调,要努力构建德智体美劳全面培养的教育体系,形成更高水平的人才培养体系。要求学科体系、教学体系、教材体系、管理体系要围绕这个目标来设计,教师要围绕这个目标来教,学生要围绕这个目标来学,凡是不利于实现这个目标的做法都要坚决改过来④。

第五,习近平总书记指出立德树人要注重建设家庭、家教、家风。"无论时代如何变化,无论经济社会如何发展,对一个社会来说,家庭的生活依托都不可替代,家庭的社会功能都不可替代,

---

①②③④ 习近平:把思想政治工作贯穿教育教学全过程 开创我国高等教育事业发展新局面[N]. 人民日报,2016-12-09.

家庭的文明作用都不可替代。"①家庭是人生的第一所学校，家教是人生的第一个课堂，家风是人生的第一条准则。家庭、家教、家风潜移默化影响孩子的心灵和塑造孩子的人格，对孩子的成长成才起着至关重要的作用。为此，习近平总书记强调，"作为父母和家长，应该把美好的道德观念从小就传递给孩子，引导他们有做人的气节和骨气，帮助他们形成美好心灵，促使他们健康成长，长大后成为对国家和人民有用的人"②，并要求"家长要时时处处给孩子做榜样，用正确行动、正确思想、正确方法教育引导孩子。要善于从点滴小事中教会孩子欣赏真善美、远离假丑恶。要注意观察孩子的思想动态和行为变化，随时做好教育引导工作"③。

第六，习近平总书记强调立德树人需要加强党的全面领导，在全社会形成合力。党对教育事业全面领导，是习近平新时代中国特色社会主义思想和基本方略的重要内容，是坚持党对一切工作领导在教育领域的具体体现，也是中国特色社会主义教育的本质特征。这一本质特征，既体现了教育的普遍规律，也体现了中国特色社会主义教育的特殊规律，是教育制度文明的中国范式。

立德树人需要在全社会培育和践行社会主义核心价值观。习近平总书记强调，"要以培养担当民族复兴大任的时代新人为着眼点，强化教育引导、实践养成、制度保障，发挥社会主义核心价值观对国民教育、精神文明创建、精神文化产品创作生产传播的引领作用，把社会主义核心价值观融入社会发展各方面，转化为人们的情感认同和行为习惯"④。

---

①② 习近平. 在会见第一届全国文明家庭代表时的讲话[N]. 人民日报，2016-12-16.

③ 习近平. 从小积极培育和践行社会主义核心价值观：在北京市海淀区民族小学主持召开座谈会时的讲话[N]. 人民日报，2014-05-31.

④ 习近平. 在中国共产党第十九次全国代表大会上的报告[N]. 人民日报，2017-10-28.

前 言

立德树人需要正确引导社会思潮。习近平总书记强调:"要加强对各种社会思潮的辨析和引导,不当旁观者,敢于发声亮剑,善于解疑释惑,守护这一马克思主义、中国特色社会主义的坚强前沿阵地。"①

立德树人需要文化文艺工作、哲学社会科学工作培根铸魂。习近平总书记指出,"一个国家、一个民族不能没有灵魂。文化文艺工作、哲学社会科学工作就属于培根铸魂的工作,在党和国家全局工作中居于十分重要的地位,在新时代坚持和发展中国特色社会主义中具有十分重要的作用"②,在立德树人中也具有十分重要的作用。

立德树人需要开创留学工作新局面,培养造就更多优秀人才。习近平总书记指出,"广大留学人员不愧为党和人民的宝贵财富,不愧为实现中华民族伟大复兴的有生力量"③。要教育引导广大留学人员把爱国之情、强国之志、报国之行统一起来,矢志刻苦学习,奋力创新创造,积极促进对外交流,把自己的梦想融入人民实现中国梦的壮阔奋斗之中,把自己的名字写入中华民族伟大复兴的光辉史册。

习近平总书记立德树人教育理论,是习近平新时代中国特色社会主义思想的重要组成部分,是新时代中国特色社会主义教育理论体系的灵魂。作为马克思主义教育理论中国化最新成果,作为中国特色社会主义教育理论体系最新成果,习近平总书记关于立德树人的重要论述具有实践性、时代性、创造性的鲜明品格,

---

① 习近平. 在全国党校工作会议上的讲话[J]. 求是,2016(9).
② 习近平:坚定文化自信把握时代脉搏聆听时代声音 坚持以精品奉献人民用明德引领风尚[N]. 人民日报,2019-03-05.
③ 习近平在欧美同学会成立100周年庆祝大会上的讲话[N]. 人民日报,2013-10-22.

是从新时代中国特色社会主义教育全部实践中产生的理论结晶，是推动新时代党和国家教育事业不断向前发展的科学指南。我们要充分认识到其重大政治意义、理论意义、实践意义和方法论意义，以高度的使命感和责任感、自觉性和坚定性，坚持用这一科学理论武装头脑、指导实践、推动工作，不断开创立德树人新局面。

目　录

立德树人的价值旨归 ……………………………………… 001
  一、培养什么人是教育的首要问题 ………………………… 002
  二、立德树人是传承中华文明的根本路径 ………………… 011
  三、立德树人是创造美好生活的根本途径 ………………… 018
  四、立德树人是我们党的初心和使命 ……………………… 022

立德树人的时代意蕴 ……………………………………… 029
  一、精辟阐述了新时代德的价值意义 ……………………… 030
  二、明确赋予了新时代立德的基本内涵 …………………… 035
  三、全面提出了新时代树人的根本要求 …………………… 039

立德树人要精准发力 ……………………………………… 049
  一、要在坚定理想信念上下功夫 …………………………… 050
  二、要在厚植爱国主义情怀上下功夫 ……………………… 061
  三、要在加强品德修养上下功夫 …………………………… 071
  四、要在增长知识见识上下功夫 …………………………… 080
  五、要在培养奋斗精神上下功夫 …………………………… 092
  六、要在增强综合素质上下功夫 …………………………… 103
  七、要在促进身心健康上下功夫 …………………………… 113

八、要在改进美育上下功夫 …………………………… 122

  九、要在搞好劳动教育上下功夫 ………………………… 137

立德树人要贯穿学校工作各环节各领域 ………………… 147

  一、立德树人要坚持社会主义办学方向 ………………… 148

  二、立德树人要做好学校思想政治工作 ………………… 153

  三、立德树人要用好课堂教学主渠道 …………………… 159

  四、立德树人要加强校园文化建设 ……………………… 162

  五、立德树人要广泛开展社会实践活动 ………………… 167

  六、立德树人要充分运用好互联网 ……………………… 169

  七、立德树人要加强学校思想政治工作队伍建设 ……… 172

  八、立德树人要加快构建中国特色哲学社会科学学科

     体系和教材体系 ……………………………………… 176

  九、立德树人要办好思想政治理论课 …………………… 182

  十、立德树人要坚持把教师队伍建设作为基础工作 …… 194

  十一、立德树人要健全落实机制 ………………………… 223

立德树人要注重家庭、家教、家风建设 ………………… 231

  一、家庭、家教、家风 …………………………………… 232

  二、家庭、家教、家风是立德树人的强大推力 ………… 238

  三、建设好家庭、家教、家风 …………………………… 249

立德树人要形成合力 ……………………………………… 265

  一、立德树人需要全面加强党对教育事业的领导 ……… 266

  二、立德树人需要在全社会培育和践行社会主义核心

     价值观 ………………………………………………… 275

  三、立德树人需要正确引导社会思潮 …………………… 292

目 录

四、立德树人需要文化文艺工作、哲学社会科学工作

  培根铸魂 …………………………………… 306

五、立德树人需要开创留学工作新局面，培养造就更多

  优秀人才 …………………………………… 308

参考文献 ………………………………………… 314

后记 ……………………………………………… 320

立德树人的价值旨归

立德树人是教育的根本任务。而"教育是人类传承文明和知识、培养年轻一代、创造美好生活的根本途径"①，不管什么时候，为党育人的初心不能忘，为国育才的立场不能改。习近平总书记这些重要论述，揭示了立德树人的重要价值，即立德树人是培养年轻一代的根本路径，是传承中华文明的根本路径，是创造美好生活的根本路径，是实现我们党的初心和使命的根本路径。

一、培养什么人是教育的首要问题

习近平总书记强调，"培养什么人，是教育的首要问题"②。从历史和现实的角度看，任何国家、任何社会，其维护政治统治、维系社会稳定的基本途径无一不是通过教育。

（一）教育的本质

马克思主义创始人坚持用辩证唯物主义和历史唯物主义的观点研究教育现象，揭示教育的本质。马克思主义教育理论认为，人们的社会存在决定人们的社会意识，生活在一定社会形态中从事实践活动的人，其本质不是单个人所固有的抽象物，而是一切社会关系的总和，社会的经济政治关系决定着教育的基本性质；

---

① 习近平主席在联合国"教育第一"全球倡议行动一周年纪念活动上发表视频贺词 [N]. 人民日报，2013-09-27.
② 习近平：坚持中国特色社会主义教育发展道路　培养德智体美劳全面发展的社会主义建设者和接班人 [N]. 人民日报，2018-09-11.

无产阶级教育必须由共产党领导,为无产阶级解放事业服务;无产阶级教育的根本目的是促进人的全面发展,教育不能脱离生动鲜活的现实生活,教育必须与物质生产等实践活动相结合;工人阶级的未来和人类的未来取决于对正在成长的青年一代的教育,必须对人民群众特别是对青年进行社会主义的政治教育和文化教育,积极主动地灌输社会主义意识,让劳动人民有文化、有觉悟、有学识,培养青年成为共产主义者。

习近平总书记创造性地发展了这一思想,深刻揭示了教育的本质,强调"教育是人类传承文明和知识、培养年轻一代、创造美好生活的根本途径"[①]。

教育是人类社会特有的社会活动。一般来讲,教育具有三个显著特性。

一是传创性。社会的存在和延续离不开教育的传承与创新。在任何社会,教育都要承担传承与创新文化的任务,承担传承与创新生产知识、技能和经验的任务,承担传承与创新社会意识、风俗习惯和行为规范的任务。

二是历史性。教育要受当下经济政治制度和生产力发展水平的影响和制约,同时又必须从以往的教育发展成果而来。在不同的社会或不同的历史时期,教育的性质、目的、内容等都不尽相同。在阶级社会,教育表现出鲜明的阶级性,统治阶级必然把自己的利益、意志、愿望、要求反映到教育上。

三是服务性。教育要服务现行的经济基础和上层建筑,服务现存生产力和生产关系的发展,服务公民素质的提高和社会的全面发展。

---

① 习近平主席在联合国"教育第一"全球倡议行动一周年纪念活动上发表视频贺词[N].人民日报,2013-09-27.

教育的传创性、历史性、服务性，是构成教育本质属性的基本要素，统一到培养人上。可以说，古今中外，任何国家、任何社会、任何学校，都把培养什么人作为办教育办学校的首要问题。

（二）所有学校都是按照国家的政治要求来培养人

放眼古今中外，所有学校都是按照国家的政治要求来培养人，概莫能外。

以美国哈佛大学为例。哈佛大学建立于1636年，是当今世界最顶尖的大学和研究机构之一。截至2018年10月，哈佛大学共培养了包括富兰克林·罗斯福、贝拉克·奥巴马等在内的8位美国总统，在哈佛的校友、教授及研究人员中共产生了158位诺贝尔奖得主（世界第一）、18位菲尔兹奖得主（世界第一）、14位图灵奖得主（世界第四）。

哈佛大学建校380多年来，一直把培养什么人作为教育的首要问题。为了更好地培养人，哈佛大学创造性地开设通识教育课程，将其做到全球最好。通过剖析其做法，我们可以清晰地看到哈佛大学是如何通过通识教育为美国社会制度培养人的。

一是哈佛大学开设通识教育的理念十分清晰，旨在帮助学生选择、确立美国社会核心价值观。

哈佛大学认为，学生毕业后走向世界，成为影响社会的人物，不仅要靠学术地位，更要靠道德责任。学校既要重视专业课程设计，更要重视价值观教育课程设计，帮助学生更好地发挥才能，应对挑战，履行社会责任。开设好通识教育是实现这一目的最好、最有效的方式。

哈佛大学的教师认为，社会中的每一公民都要确立价值观，遵守社会公德，否则，社会将会衰退。教师不仅要帮助学生掌握科学文化知识，更要帮助学生选择价值观，提升道德素质，否则会给社会带来伤害和麻烦。因此要着力用通识教育课程帮助学生确立美国价值观，对学生进行公民道德教育。

二是哈佛大学开设通识教育的目标非常明确，把通识教育当作传播和巩固美国意识形态的一块基石。通过通识教育，培养自觉捍卫美国社会制度和价值观的人。

——培养学生的公民参与能力。哈佛大学认为，当今公民身份带来的多重责任，既有地域性也有全球性，既有民族性也有国际性。应当引导学生了解推动地方、国家和全球变革的各种力量，积极参与塑造有利于美国社会认同的政治、经济、文化、社会制度和科学技术进步的工作。无论是美国公民的学生，还是立志学成归国的留学生，都应正确认识美国的制度和价值观，正确评价、解读美国的社会制度和价值观对推动世界变化的重要作用。

——引导学生传承美国人文传统、思想和价值观。哈佛大学认为，熟悉古往今来文化的发展，是学生走向社会后取得成功的关键。学生必须掌握美国文化精髓，理解导致文化冲突的关键是什么，认清不同文化传统之间的联系，懂得如何解读不同文化与审美表达，努力成为美国人文传统、思想和价值观的承载者和传播者。

——提高学生对变化做出批判性、建设性回应的水平。哈佛大学认为，瞬息万变是当代政治、经济、文化生活的显著特征。如果设计课程时想当然地认为，学生只要掌握当下的情况，就足以应对未来的政治、社会经济及科技的新进展，则无疑是误人子弟。应帮助学生在离开哈佛大学时具备应对变化、顺应时代发展的能力，使其不仅能把握自己的人生，也能以公民的身份做出明智的决定。

——帮助学生把握自身言行的伦理维度。哈佛大学认为，学校教育不应仅限于帮助学生获取信息、技能和技术，也应包括帮助学生树立正确的伦理意识。要帮助学生加深对信仰体系的了解，明白导致价值观冲突的文化差异、宗教差异、社会经济差异和科技水平带来的冲击，通过批判性地反思自己的信念与价值观，学会用自觉的伦理意识理性地捍卫美国的信念及价值观。学生可以借鉴历史人物或国际名人的信念，确定自己的价值观，也完全可以保留入学前的人生信念，但无论如何应该自觉地树立与美国利益保持一致的价值观。

三是哈佛大学通识教育课程紧紧围绕和巩固学生的美国价值观来设置，是美国文化的熔炉。哈佛大学通识教育开设了以下八类科目，要求学生从每类科目里选修一门半个学年的课程。

美学与阐释科目。哈佛大学认为，美学素养和对各种文化表现形式的鉴赏能力是成功人士必须具有的基本素质。通过该科目，教会学生评析文学作品，诠释宗教典籍，欣赏绘画、雕塑、建筑、音乐、电影、舞蹈和装饰艺术，学会应用批判理论、美学理论、艺术哲学等，正确认识文化对象中价值和意义的形成。

文化与信仰科目。哈佛大学认为，文化与信仰对塑造个体和群体认同起着重要作用，既可以引发变革，也可以阻碍变革。通过该科目，教会学生正确解读文化作品，认清楚社会、政治、宗教、经济和跨文化因素对思想观念和艺术作品的影响，搞明白文化与信仰如何影响人们对自身和世界的理解，从而利用文化影响世界。

实证推理科目。哈佛大学认为，学生毕业后可能会在结果不确定的情况下，为自己和他人做出重要决策。通过该科目，讲授推理和解决问题所需的概念和理论知识，例如统计学、概率论、数学、逻辑学以及决策理论，并为学生提供将所学理论应用于解决具体问题的实践机会，同时也让学生了解人们在推理和解决问题过程中常犯的典型错误，为正确决策提供学理支撑。

伦理分析科目。哈佛大学认为，学生在公共生活、职业生涯和个人生活中会遇到许多伦理问题。通过该科目，探讨伦理学中一些诸如义务与权利、民主与自由等互相矛盾的概念和原理，教会学生以伦理意识，对是否采纳这些概念和原理进行评价与权衡，并将这些概念和原理用于解决生活中遇到的具体伦理问题，如医学、法律、商业、政治和日常生活中的伦理问题。

生命系统与生命科学科目。哈佛大学认为，学生毕业后所做的决策都会涉及人，而生命科学能够为学生正确决策提供必要的知识。该科目介绍与生命系统相关的核心概念、事实和原理，让学生通过动手实验了解生命系统的本质，自觉树立人本理念。

宇宙与物质世界科目。哈佛大学认为，只有了解宇宙与物质世界的核心事实和原理，学生才有可能成为具有高度责任感的公民。通过该科目，学生了解自然科学的本质，自觉将科学概念、事实、原理和方法同广泛关注的现实问题结合起来，如能源的存储与获取、核武器的研制与扩散、计算机和网络的发明与应用、数字通信的便捷与信息安全、气候变化与应对等，更加明确自己应担负的责任。

世界各地社会与文化科目。哈佛大学认为，学生要有所作为就必须了解与自身不同的价值观、风俗和制度，理解不同信仰、行为和社会组织方式的形成过程。通过该科目，学生考察美国之外的一个或多个社会，阐明不同社会之间的关系，或者一个社会不同历史时期之间的关系，不断开阔视野。

美国与世界科目。哈佛大学认为，美国是唯一的超级大国，在文化、经济、军事和科学方面对世界的影响是空前的。该科目从当代的或历史的视角，探讨美国的社会、政治、法律和经济等制度，以及与世界其他国家相应制度的关系，提高学生的公民能动性和对美国社会制度的高度认同感。

四是哈佛大学通识教育的教学方法符合认知规律，注重针对性、实效性，富有吸引力、感染力。

注重择优授课。通识教育能否成功取决于多方面因素，其中最重要的是让优秀的教师开设优秀的课程。哈佛大学在全校范围内挑选最优秀的教师上通识课，要求名教授上通识课。由于导向有力，名教授也愿意上通识课。

注重大小搭配。哈佛大学授课以提高教学质量为中心，大班授课和小班教学搭配进行。在某些情况下组织大班授课，比如名人授课、学生感兴趣的内容、教学场面可以控制等。更多情形下是小班教学或大班授课，小班辅导。

注重师生互动。哈佛大学要求所有通识教育课程都要以切实可行的互动形式教授，为学生提供请教老师辅导和分组讨论的机会，使老师与学生、学生与学生之间积极互动，并把其作为教学的必要条件。

注重紧密结合。通识教育注重教学内容、现实话题、兴趣问题三者紧密结合，让学生明白，通过通识教育学到的一切都与毕业后的人生与职业息息相关，从而培养对相关学科的终身兴趣。

注重统筹协调。为了讲清讲透讲深一个问题，哈佛大学会统筹协调各种资源，从不同角度讲。比如，为了讲解好20世纪60年代反政府思潮问题，请历史学老师讲越战背景及反越战背景，请法学老师讲战争的法律和反战争的法律，请社会学老师讲社会思潮的本质，请人类学老师讲人的行为特点等。又比如，老年人社会问题课程，请医学老师讲人为什么会变老的生物特点，请社会学老师讲老年社会现象，请伦理学老师讲社会伦理问题，请社会组织学老师讲如何与社会沟通联系、参加服务老年的活动。

注重理论指导。哈佛大学善于运用心理学、哲学、教育学、社会学等理论对学生选择价值观进行指导。比如，学校不直接干涉学生的道德价值观选择，而是通过开设生活中的道德价值观选择课程引导学生选择和确立社会需要的四种主要道德价值观：正义，不能帮助罪犯打赢官司；诚实，不能欺骗、窃取；责任，你需要完成和做到的事情必须尽力完成；行善，不能对社会、个人进行伤害，避免伤害发生，拯救受害人。

注重网络作用。哈佛大学的学生扎克伯格创办了世界著名的脸书（Facebook）社交网络服务网站。哈佛大学充分利用这一网站，创新通识教育的方式方法，推出通识教育网络课程，不仅影响哈佛大学的学生，而且影响世界的学生。

通过剖析哈佛大学开设通识教育的做法，可以从中深深地感受到培养什么人是教育的首要问题。从历史和现实的角度看，任何国家、任何社会，其维护政治统治、维系社会稳定的基本途径，无一不是通过教育，无一不是通过教育培养自己所需要的人，绝对没有例外。

（三）我们的教育就是要培养中国特色社会主义事业的建设者和接班人

我国是中国共产党领导的社会主义国家，这就决定了我们的教育必须把培养社会主义建设者和接班人作为根本任务，培养一代又一代拥护中国共产党领导和我国社会主义制度、立志为中国特色社会主义奋斗终身的有用人才。这是教育工作的根本任务，也是教育现代化的方向目标[1]。"两个一百年"奋斗目标的实现、

---

[1] 习近平：坚持中国特色社会主义教育发展道路 培养德智体美劳全面发展的社会主义建设者和接班人[N].人民日报，2018-09-11.

坚持把立德树人作为根本任务

中华民族伟大复兴中国梦的实现，归根到底要靠教育立德树人，培养一代又一代与时代同步伐、与祖国共命运、与人民齐奋斗的社会主义事业建设者和接班人。

党的十八大以来，我们围绕培养什么人、怎样培养人、为谁培养人这一根本问题，全面加强党对教育工作的领导，坚持立德树人，加强学校思想政治工作，推进教育改革，加快补齐教育短板，教育事业中国特色更加鲜明，教育现代化加速推进，教育方面人民群众获得感明显增强，我国教育的国际影响力加快提升，14亿多中国人民的思想道德素质和科学文化素质全面提升。

培养社会主义建设者和接班人，不可能一帆风顺，而是需要付出艰苦努力才能完成的任务。长期以来，各种敌对势力从来没有停止对我国实施"西化、分化"战略，从来没有停止对中国共产党领导和我国社会主义制度进行颠覆破坏活动，始终企图在我国策划"颜色革命"，它们下功夫最大的一个领域就是争夺我们的学生。争夺学生的斗争是长期的、严峻的，我们不能输，也输不起。我们一定要警醒！

我们的教育绝不能培养社会主义的破坏者和掘墓人，绝不能培养出一些"长着中国脸，不是中国心，没有中国情，缺少中国味"的人！那将是教育的失败。教育的失败是一种根本性失败，我们绝不能犯这种历史性错误！这是推进教育现代化、建设教育强国必须把握的大是大非问题，没有什么可隐晦、可商榷、可含糊的。习近平总书记旗帜鲜明地指出："教育就是要培养中国特色社会主义事业的建设者和接班人，而不是旁观者和反对派。"[1] 这

---

[1] 习近平会见清华大学经济管理学院顾问委员会海外委员和中方企业家委员［N］. 人民日报，2017-10-31.

就是说，培养社会主义事业建设者和接班人要靠教育来立德树人，这是社会主义教育的首要任务，也是中国特色社会主义教育的应然和必然。

二、立德树人是传承中华文明的根本路径

教育是人类文明生生不息的动力，是文明繁衍的载体。离开教育，离开教育培养的人，文明传承就会断层，文化发展就会止步。所以，立德树人是传承中华文明的根本路径。

（一）中华文明源远流长、博大精深

中国是世界四大文明古国之一，有5 000多年的历史。中华文明源远流长，内容博大精深，在世界文明史上独树一帜。

中华文明源于黄河文明、长江文明和北方草原文明，不仅是几种区域文明交流、融合、升华的硕果，更是中华民族在数千年缔造统一的多民族国家的历史进程中，所创造的物质文明、精神文明、政治文明和生态文明的硕果。

中华文明为世界文明进步做出了不可磨灭的贡献。在人类有文字记载的历史上，中国曾经长期领先于世界。美国历史学家维尔·杜伦在《东方的文明》中说，当希腊文明尚未形成、文明尚未诞生之际，中华民族就已经早早地踏上了文明社会的征程，创造了灿烂的古代文化。

中华文明具有强烈的民族特点和地区特色，其内容丰富、体系完整，涵盖方方面面，比较突出的是语言文字、文化典籍、科技创造、农学医学、天文算术、生态理念、文学艺术、哲学宗教、道德伦理等。

坚持把立德树人作为根本任务

中华文明有着深厚的文化传统,形成了富有特色的思想体系,体现了中国人几千年来积累的知识智慧和理性思辨,这是我国的独特优势。"从先秦子学、两汉经学、魏晋玄学,到隋唐佛学、儒释道合流、宋明理学,经历了数个学术思想繁荣时期。在漫漫历史长河中,中华民族产生了儒、释、道、墨、名、法、阴阳、农、杂、兵等各家学说,涌现了老子、孔子、庄子、孟子、荀子、韩非子、董仲舒、王充、何晏、王弼、韩愈、周敦颐、程颢、程颐、朱熹、陆九渊、王守仁、李贽、黄宗羲、顾炎武、王夫之、康有为、梁启超、孙中山、鲁迅等一大批思想大家,留下了浩如烟海的文化遗产。中国古代大量鸿篇巨制中包含着丰富的哲学社会科学内容、治国理政智慧,为古人认识世界、改造世界提供了重要依据,也为中华文明提供了重要内容,为人类文明作出了重大贡献"。[①]

"比如,关于道法自然、天人合一的思想,关于天下为公、大同世界的思想,关于自强不息、厚德载物的思想,关于以民为本、安民富民乐民的思想,关于为政以德、政者正也的思想,关于苟日新日日新又日新、革故鼎新、与时俱进的思想,关于脚踏实地、实事求是的思想,关于经世致用、知行合一、躬行实践的思想,关于集思广益、博施众利、群策群力的思想,关于仁者爱人、以德立人的思想,关于以诚待人、讲信修睦的思想,关于清廉从政、勤勉奉公的思想,关于俭约自守、力戒奢华的思想,关于中和、泰和、求同存异、和而不同、和谐相处的思想,关于安不忘危、存不忘亡、治不忘乱、居安思危的思想,等等。中国优秀传统文化的丰富哲学思想、人文精神、教化思想、道德理念等,可以为

[①] 习近平. 在哲学社会科学工作座谈会上的讲话[N]. 人民日报,2015-05-19.

人们认识和改造世界提供有益启迪，可以为治国理政提供有益启示，也可以为道德建设提供有益启发。"①

（二）立德树人需要中华文明的养料

习近平总书记指出："文明特别是思想文化是一个国家、一个民族的灵魂。无论哪一个国家、哪一个民族，如果不珍惜自己的思想文化，丢掉了思想文化这个灵魂，这个国家、这个民族是立不起来的。"② 同理，如果不珍惜自己的文明，丢掉了思想文化这个灵魂，德是立不起来的，人也是树不起来的。博大精深的中华优秀传统文化，积淀着中华民族最深层的精神追求，代表着中华民族独特的精神标识，为中华民族生生不息、发展壮大提供了丰厚滋养，也为立德树人提供了丰富养料。如：范仲淹"先天下之忧而忧，后天下之乐而乐"的政治抱负，林则徐"苟利国家生死以，岂因祸福避趋之"的报国情怀，孟子"富贵不能淫，贫贱不能移，威武不能屈"的浩然正气，文天祥"人生自古谁无死，留取丹心照汗青"的献身精神，诸葛亮"鞠躬尽瘁，死而后已"的使命担当等，不仅积淀着中华民族最深层的精神追求，更是立德树人最丰富的精神养料。

"为什么中华民族能够在几千年的历史长河中顽强生存和不断发展呢？很重要的一个原因，是我们民族有一脉相承的精神追求、精神特质、精神脉络。"③ "中国人民的特质、禀赋不仅铸就了绵延几千年发展至今的中华文明，而且深刻影响着当代中国发展进

---

①② 习近平. 在纪念孔子诞辰 2 565 周年国际学术研讨会暨国际儒学联合会第五届会员大会开幕会上的讲话［N］. 人民日报，2014-09-25.

③ 习近平. 从小积极培育和践行社会主义核心价值观：在北京市海淀区民族小学主持召开座谈会时的讲话［N］. 人民日报，2014-05-31.

步,深刻影响着当代中国人的精神世界。"① 同样,也影响着立德树人,是立德树人的最丰富的精神养料。

2018年3月20日,习近平总书记在第十三届全国人民代表大会第一次会议上讲了一段十分精彩的话,对中国人民的伟大创造精神、伟大奋斗精神、伟大团结精神、伟大梦想精神进行了高度概括②:

——中国人民是具有伟大创造精神的人民。在几千年历史长河中,中国人民始终辛勤劳作、发明创造,我国产生了老子、孔子、庄子、孟子、墨子、孙子、韩非子等闻名于世的伟大思想巨匠,发明了造纸术、火药、印刷术、指南针等深刻影响人类文明进程的伟大科技成果,创作了诗经、楚辞、汉赋、唐诗、宋词、元曲、明清小说等伟大文艺作品,传承了格萨尔王、玛纳斯、江格尔等震撼人心的伟大史诗,建设了万里长城、都江堰、大运河、故宫、布达拉宫等气势恢弘的伟大工程。今天,中国人民的创造精神正在前所未有地迸发出来,推动我国日新月异向前发展,大踏步走在世界前列。只要13亿多中国人民始终发扬这种伟大创造精神,我们就一定能够创造出一个又一个人间奇迹!

——中国人民是具有伟大奋斗精神的人民。在几千年历史长河中,中国人民始终革故鼎新、自强不息,开发和建设了祖国辽阔秀丽的大好河山,开拓了波涛万顷的辽阔海疆,开垦了物产丰富的广袤粮田,治理了桀骜不驯的千百条大江大河,战胜了数不清的自然灾害,建设了星罗棋布的城镇乡

---

①② 习近平. 在第十三届全国人民代表大会第一次会议上的讲话[N]. 人民日报,2018-03-02.

村，发展了门类齐全的产业，形成了多姿多彩的生活。中国人民自古就明白，世界上没有坐享其成的好事，要幸福就要奋斗。今天，中国人民拥有的一切，凝聚着中国人的聪明才智，浸透着中国人的辛勤汗水，蕴涵着中国人的巨大牺牲。只要13亿多中国人民始终发扬这种伟大奋斗精神，我们就一定能够达到创造人民更加美好生活的宏伟目标！

——中国人民是具有伟大团结精神的人民。在几千年历史长河中，中国人民始终团结一心、同舟共济，建立了统一的多民族国家，发展了56个民族多元一体、交织交融的融洽民族关系，形成了守望相助的中华民族大家庭。特别是近代以后，在外来侵略寇急祸重的严峻形势下，我国各族人民手挽着手、肩并着肩，英勇奋斗，浴血奋战，打败了一切穷凶极恶的侵略者，捍卫了民族独立和自由，共同书写了中华民族保卫祖国、抵御外侮的壮丽史诗。今天，中国取得的令世人瞩目的发展成就，更是全国各族人民同心同德、同心同向努力的结果。中国人民从亲身经历中深刻认识到，团结就是力量，团结才能前进，一个四分五裂的国家不可能发展进步。只要13亿多中国人民始终发扬这种伟大团结精神，我们就一定能够形成勇往直前、无坚不摧的强大力量！

——中国人民是具有伟大梦想精神的人民。在几千年历史长河中，中国人民始终心怀梦想、不懈追求，我们不仅形成了小康生活的理念，而且秉持天下为公的情怀，盘古开天、女娲补天、伏羲画卦、神农尝草、夸父追日、精卫填海、愚公移山等我国古代神话深刻反映了中国人民勇于追求和实现梦想的执着精神。中国人民相信，山再高，往上攀，总能登顶；路再长，走下去，定能到达。近代以来，实现中华民族伟大复兴成为中华民族最伟大的梦想，中国人民百折不挠、坚忍不拔，以同敌人血战到底的气概、在自力更生的基础上光复旧物的决心、自立于世界民族之林的能力，为实现这个伟大梦想进行了170多年的持续奋斗。今天，中国人民比历史上任何时期都更接近、更有信心和能力实现中华民族伟大复兴。只要13亿多中国人民始终发扬这种伟大梦想精神，我们就一定能够实现中华民族伟大复兴！

只要汲取中华文明特别是思想文化中的精华，只要汲取中国人民的伟大创造精神、伟大奋斗精神、伟大团结精神、伟大梦想精神的力量，那么广大学生就能获得精神鼓舞，就能升华思想境界，就能坚定理想信念，就能陶冶道德情操，就能完善优良品格，就能培养浩然正气。而这些都是立德树人之根本。

（三）坚持立德树人中华文明才能更好传承

立德树人，既要从中华文明中汲取养料，同时又能更好地传承中华文明。这是一个辩证的关系。

习近平总书记强调，中国传统文化博大精深，学习和掌握其中的各种思想精华，对树立正确的世界观、人生观、价值观很有益处[1]，并强调要向广大学生讲清楚六个问题，即"讲清楚中华优秀传统文化的历史渊源、发展脉络、基本走向"[2]，"讲清楚中华文化的独特创造、价值理念、鲜明特色"[3]，"讲清楚中华文化积淀着中华民族最深沉的精神追求，是中华民族生生不息、发

---

[1] 习近平. 在中央党校建校80周年庆祝大会暨2013年春季学期开学典礼上的讲话[N]. 人民日报，2013-03-03.
[2][3] 习近平：把培育和弘扬社会主义核心价值观作为凝魂聚气强基固本的基础工程[N]. 人民日报，2014-02-26.

立德树人的价值旨归

展壮大的丰厚滋养"①,"讲清楚中华优秀传统文化是中华民族的突出优势,是我们最深厚的文化软实力"②,"讲清楚中国特色社会主义植根于中华文化沃土、反映中国人民意愿、适应中国和时代发展进步要求,有着深厚历史渊源和广泛现实基础"③,"讲清楚中华文明的灿烂成就和对人类文明的重大贡献"④。

同时,要在底蕴深厚的课程教材中,在参观名胜古迹的亲身体验中,让广大学生做到"六个了解",即了解中华民族自强不息、百折不挠的发展历程,了解博大精深的哲学伦理、社会科学、文学艺术、科学技术等方面的重大成就,了解我国历史上的重大事件和著名人物,了解中国人民反对外来侵略和压迫、反抗腐朽统治、为争取民族独立和解放而浴血奋斗的精神和业绩,了解改革开放和社会主义现代化建设的重大成就,了解我国各族人民对人类文明的卓越贡献。

通过"六个讲清楚"和"六个了解",让广大学生触摸中华文化脉络,感受中华文化魅力,汲取中华文化精髓,从而增强文化自信。有了文化自信,就不会"数典忘祖",不会在纷繁的世界里迷失自我和本性,就能生成无穷无尽的生命力、凝聚力和创造力,就能主动"以时代精神激活中华优秀传统文化的生命力,推进中华优秀传统文化创造性转化和创新性发展"⑤,把跨越时空、富有永恒魅力、具有当代价值的文化精神弘扬起来,让收藏在博物馆里的文物、陈列在广阔大地上的遗产、书写在古籍里的文字都活起来,从而更好地传承中华文明,更好地传承和延续中华民族思

---

①②③ 习近平:胸怀大局把握大势着眼大事 努力把宣传思想工作做得更好[N].人民日报,2013-08-21.
④ 习近平.在十九届中央政治局第二十三次集体学习时的讲话[J].求是,2020(23).
⑤ 习近平:大力弘扬伟大爱国主义精神 为实现中国梦提供精神支柱[N].人民日报,2015-12-31.

想精髓、精神基因、文化血脉。

三、立德树人是创造美好生活的根本途径

党的十八届一中全会后，习近平总书记面对中外媒体记者时郑重宣示，"人民对美好生活的向往，就是我们的奋斗目标"①。在党的十九大报告中，习近平总书记再次郑重宣示，中国共产党人的初心和使命，就是为中国人民谋幸福，为中华民族谋复兴，"永远把人民对美好生活的向往作为奋斗目标"②。"把人民对美好生活的向往作为奋斗目标"这一思想，如同一根红线贯穿在习近平总书记系列重要讲话中，成为习近平新时代中国特色社会主义思想的鲜明主题和初心本色，也成为立德树人的鲜明主题和初心本色。

（一）教育承载着亿万家庭对美好生活的向往

孩子与教育是人们美好生活的基点。孩子成长，牵动亿万家长的内心；学校教育，涉及亿万家庭的幸福。

亿万家长和家庭都关注教育、期待教育，盼望办好学前教育，有效缓解"入园难"；盼望提高教育质量，有效缓解"择校热"；盼望推进教育公平，有效缓解"读书困"；盼望抓住规范管理，有效缓解"乱收费"。

亿万家长和家庭都关注教育、期待教育，盼望学校能够教育引导孩子独立思考和独立活动，学会解决在其成长过程中必然会遇到的各种问题；盼望学校能够对孩子实施最好的教育，即挖掘

---

① 习近平：人民对美好生活的向往　就是我们的奋斗目标［N］．人民日报，2012-11-16．
② 习近平．在中国共产党第十九次全国代表大会上的报告［N］．人民日报，2017-10-28．

人的潜能的教育，提高孩子的综合素质，尤其是创新创造能力；盼望学校能够不断提高孩子的思想水平、道德品质、文化素养，让孩子成为德才兼备、全面发展的人才。

亿万家长和家庭都关注教育、期待教育，盼望学校能够尊重孩子的个性，理解孩子的情感，包容孩子的缺点；盼望学校能够公平公正对待孩子，相信孩子都是可塑之才，善于发现孩子的闪光点和特长；盼望学校能够尊重孩子、理解孩子、信任孩子、激励孩子，让所有孩子都成长为对祖国、对人民、对社会、对家庭的有用之才。

这些问题解决好了，人们的幸福感、获得感就会明显增强，创造美好生活的基础就会打得更牢。如何解决好这些问题，归根到底，要靠立德树人。习近平总书记明确指出，"基础教育是立德树人的事业"[1]，"高校立身之本在于立德树人"[2]，"人才培养一定是育人和育才相统一的过程，而育人是本。人无德不立，育人的根本在于立德。这是人才培养的辩证法。办学就要尊重这个规律，否则就办不好学。要把立德树人的成效作为检验学校一切工作的根本标准"[3]。

（二）立德树人是更好的教育

"我们的人民热爱生活，期盼有更好的教育、更稳定的工作、更满意的收入、更可靠的社会保障、更高水平的医疗卫生服务、更舒适的居住条件、更优美的环境，期盼孩子们能成长得更好、

---

[1] 习近平：全面贯彻落实党的教育方针　努力把我国基础教育越办越好［N］.人民日报，2016-09-10.

[2] 习近平：把思想政治工作贯穿教育教学全过程　开创我国高等教育事业发展新局面［N］.人民日报，2016-12-09.

[3] 习近平.在北京大学师生座谈会上的讲话［N］.人民日报，2018-05-03.

工作得更好、生活得更好。"① 习近平同志在担任总书记后，第一次同中外记者见面并对外发表讲话时，就强调把人民美好生活与教育紧密相连。"更好的教育"既是创造美好生活的目标追求，又是实现美好生活的重要保障。

从教育学的角度来看，"更好的教育"就是一种把人作为一个完整的人来教育，既包括理想信念和政治觉悟的教育，也包括道德修养和价值观念的教育；既包括智力发展和知识掌握教育，也包括创新精神和创造能力教育；既包括人文素质和科学精神教育，也包括思维方法和实践能力教育；既包括健康养成和身心协调教育，也包括心理素质和个性完善教育；既包括审美观念和审美能力教育，也包括美学欣赏和兴趣情感教育。

"更好的教育"就是人的全面发展教育，本质是立德树人，要求教育的各种内在因素、外在因素都服务于立德树人。

（三）美好生活需要通过立德树人、培养全面发展的人来实现

美好生活既是一种客观状态，又是一种主观建构；既有亘古不变的基石，又有不断拓展的内涵。这里所说的"生活"是指一种整体意义上的生活，涵括社会生活、家庭生活、职业生活、个性生活、网络生活等各个方面。美好生活有四个基本特征。

一是客观性与主观性。美好生活既体现为客观的生活条件，比如收入、教育、健康、环境质量等，又体现为个人或群体对于生活状况的主观评价和建构。

二是人本性与人民性。一方面，美好生活体现了以人为本，

---

① 习近平：人民对美好生活的向往　就是我们的奋斗目标 [N]. 人民日报，2012-11-16.

以人的生活为本，以促进人的全面发展为本；另一方面，美好生活突出强调的是广大人民的美好生活，是代表历史前进方向的、对社会发展起推动作用的、以劳动群众为主体的绝大多数普通人的美好生活。

三是一致性与多样性。基本的物质保障是美好生活的共同基础，每个发展阶段也都有某种美好生活的标准，这反映了美好生活的一致性内涵。但是，由于个人和群体社会身份地位、需求满足层次与文化价值观等的多样性，美好生活的实践形态是丰富多彩的。

四是个体性与社会性。美好生活直接表现为个人的生活建构与实践，但是这种建构与实践必然受到社会环境的影响和制约，每个人的发展总是以他人的发展和社会进步为条件的。

实现美好生活需要充分满足五个社会条件。

一是要具备使社会成员的潜能尽可能充分发挥的环境条件。这方面的条件主要在于社会教育特别是学校教育状况。

二是要给每一个人提供充分实现自我价值的就业机会。

三是使人们在追求成功的过程中无后顾之忧，对生老病死以及意外伤害无所恐惧，能够从容面对生活。

四是要为个人的发展需要提供充分而又公平的基础和机会。

五是要使所有社会成员都有安全感、获得感、公正感、认同感等美好感受。

实现美好生活需要具备人格完善的主观条件。美好生活的主体是人，美好生活也需要由人来创造，人格完善是创造美好生活的前提。人格在一定意义上就是人的综合素质，是教育的结果，唯有立德树人才能提高人的综合素质。一般来说，人格完善具有人格健全、人格高尚、人格个性化等主要特征。追求人格完善的过程实际上就是为幸福生活准备主观条件的过程，就是追求幸福的过程。

美好生活不是继承和赐予的，正如习近平总书记所指出的，"幸福都是奋斗出来的"[1]，需要"撸起袖子加油干"[2]。在新时代创造美好生活需要继续奋斗，付出更为艰巨、更为艰苦的努力，尤其要坚持优先发展教育事业，坚持把立德树人作为教育的根本任务，促进学生自由而全面的发展，让每个人"获得发展自身、奉献社会、造福人民的能力"，为创造美好生活提供重要保障。

四、立德树人是我们党的初心和使命

古人说："敬教劝学，建国之大本；兴贤育才，为政之先务。"中国共产党人历来重视对青年的培养，在革命、建设和改革各个历史时期，中国共产党从来都高度重视立德树人，从来都把青年看作祖国的未来、民族的希望，从来都把青年作为党和人民事业发展的生力军，从来都支持青年在人民的伟大奋斗中实现自己的人生理想，并将其作为革命、建设和改革各个历史时期的重大方略，作为中国共产党人的初心和使命。

以毛泽东同志为主要代表的中国共产党人，在新民主主义革命、建立中华人民共和国、确立社会主义基本制度时期，都非常重视用教育培养人，尤其是培养社会主义事业建设者和接班人。

早在 1937 年 10 月 23 日，毛泽东就为陕北公学成立题词写道：要造就一大批人，这些人是革命的先锋队。这些人具有政治远见。这些人充满着斗争精神和牺牲精神。这些人是胸怀坦白的，

---

[1] 习近平. 二〇一八年新年贺词：幸福是奋斗出来的 [N]. 人民日报，2018 - 01 - 01.
[2] 习近平. 在 2017 年春节团拜会上的讲话 [N]. 人民日报，2017 - 01 - 27.

忠诚的，积极的，与正直的。这些人不谋私利，唯一的为着民族与社会的解放。这些人不怕困难，在困难面前总是坚定的，勇敢向前的。这些人不是狂妄分子，也不是风头主义者，而是脚踏实地富于实际精神的人们。中国要有一大群这样的先锋分子，中国革命的任务就能够顺利解决。

新中国成立后，毛泽东创造性地提出了我们党的教育方针："应该使受教育者在德育、智育、体育几方面都得到发展，成为有社会主义觉悟的有文化的劳动者。"[①] 如何使受教育者在德智体几方面生动活泼主动地得到发展，毛泽东提出了明确要求：我们所主张的全面发展，是要使学生得到比较完全的和比较广博的知识，发展健全的身体，发展共产主义的道德。

在德育方面，他强调没有正确的政治观点，就等于没有灵魂。要求学校应该把坚定正确的政治方向放在首位；要求儿童时期需要发展共产主义的情操、风格和集体英雄主义的气概；要求知识分子和青年学生除了学习专业以外，还应该学习马克思主义，学习时事政治，逐步地树立共产主义的世界观，培养为人民服务的思想，发扬艰苦奋斗的作风。他提倡深入实际，接近工农。

在智育方面，毛泽东指出：学习书本知识是完全必要的，要重视理论与实际统一，将知识应用到生活和实际中去。要善于思索，培养分析问题和解决问题的能力。要改革教育方法和考试方法，反对注入式教学法。提倡启发式教学法，重视学生自学。

在体育方面，毛泽东很重视增强学生的体质，要求儿童时期需要发展身体；要求发展体育运动，倡导爱国卫生运动；要求移风易俗，养成良好卫生习惯。

---

① 毛泽东. 毛泽东文集：第7卷. 北京：人民出版社，1999：226.

以邓小平同志为主要代表的中国共产党人,在开创中国特色社会主义时期,高度重视培养造就有理想、有道德、有文化、有纪律的具有社会主义觉悟的一代新人。

邓小平强调,为了培养社会主义建设需要的合格的人才,我们必须认真研究在新的条件下,如何更好地贯彻教育与生产劳动相结合的方针。要全面地正确地执行党的教育方针,教育要面向现代化,面向世界,面向未来。

邓小平指出,革命的理想、共产主义的品德,要从小开始培养。我们党的教育事业历来有这样的优良传统。我们的学校是为社会主义建设培养人才的地方。学校应该永远把坚定正确的政治方向放在第一位,提高教育质量,提高科学文化的教学水平,努力使我们的学生成为有理想、有道德、有知识、有体力的人。

邓小平要求,要恢复对学生课外活动的指导,增长学生的知识和志气,推动学生的全面发展。强调劳动也是教学,是政治思想课。学校要把劳动定到课程中,每周规定半天,主要是使娃娃们养成劳动习惯,加强集体观念。

邓小平强调,我们要大力在青少年中提倡勤奋学习、遵守纪律、热爱劳动、助人为乐、艰苦奋斗、英勇对敌的革命风尚,把青少年培养成为忠于社会主义祖国、忠于无产阶级革命事业、忠于马克思列宁主义毛泽东思想的优秀人才,将来走上工作岗位,成为有很高的政治责任心和集体主义精神,有坚定的革命思想和实事求是、群众路线的工作作风,严守纪律,专心致志地为人民积极工作的劳动者。

以江泽民同志为主要代表的中国共产党人,在把中国特色社会主义推向21世纪时期,高度重视培养社会主义事业建设者和接班人。

江泽民指出，必须坚持社会主义办学方向，全面贯彻党的教育方针，全面推进素质教育，促进人的全面发展；必须把思想政治教育摆在重要地位，进行马克思主义理论教育，爱国主义、集体主义和社会主义教育，中国近代史、现代史和国情教育，弘扬和培育中华民族精神，使受教育者树立正确的世界观、人生观和价值观。

江泽民强调，思想政治素质是最重要的素质，不断增强学生的爱国主义、集体主义、社会主义思想，是素质教育的灵魂。要引导学生深入实际、深入群众，坚持理论与实践相结合，坚持与工农群众相结合，把个人的前途同祖国的前途与命运紧密联系起来。要引导学生艰苦创业、自强不息。要引导学生在工作中加强学习，自觉克服缺点和毛病，使自己更快地成熟和提高起来。

江泽民要求广大学生要做到坚持学习科学文化与加强思想道德修养的统一，坚持学习书本知识与投身社会实践的统一，坚持实现自身价值与服务祖国人民的统一，坚持树立远大理想与进行艰苦奋斗的统一。

以胡锦涛同志为主要代表的中国共产党人，在新的历史起点上坚持和发展中国特色社会主义时期，也高度重视培养社会主义事业建设者和接班人。

胡锦涛指出，必须坚持以人为本，全面贯彻党的教育方针，坚持育人为本、德育为先，把促进学生健康成长作为学校一切工作的出发点和落脚点。要以理想信念教育为核心，深入进行正确的世界观、人生观、价值观教育；以爱国主义教育为重点，深入进行民族精神教育；以基本道德规范为基础，深入进行公民道德教育；以学生全面发展为目标，深入进行素质教育。

胡锦涛要求，努力造就高素质人才，在引导学生提高综合素质上狠下功夫，既努力学习科学知识又积极陶冶文明素养，既努力增加知识积累又积极加强品德修养，既重视课堂教育又重视社会实践，既进行认知教育又开展实践教育，既努力锻炼强健体魄又积极培养良好心理素质，不断提高服务国家服务人民的社会责任感、勇于探索的创新精神、善于解决问题的实践能力，真正实现全面发展，成为既有崇高理想又能脚踏实地为祖国、为人民服务的人才。

以习近平同志为核心的党中央，在推进中国特色社会主义进入新时代时期，以更高远的历史站位、更宽广的国际视野、更深邃的战略眼光，对立德树人、培养社会主义事业建设者和接班人做出总体部署和战略设计。习近平总书记强调，我们要从党和国家事业发展全局的高度，全面贯彻党的教育方针，坚持优先发展教育事业，坚守为党育人、为国育才，努力办好人民满意的教育，在加快推进教育现代化的新征程中培养担当民族复兴大任的时代新人。

习近平总书记明确了立德树人、培养社会主义事业建设者和接班人的指导思想。强调要在党的坚强领导下，全面贯彻党的教育方针，坚持马克思主义指导地位，坚持中国特色社会主义教育发展道路，坚持社会主义办学方向，立足基本国情，遵循教育规律，坚持改革创新，以凝聚人心、完善人格、开发人力、培育人才、造福人民为工作目标，培养德智体美劳全面发展的社会主义建设者和接班人，加快推进教育现代化，建设教育强国，办好人民满意的教育。

习近平总书记明确了立德树人、培养社会主义事业建设者和接班人的基本原则。强调要健全全员育人、全过程育人、全方位育人的体制机制，努力构建德智体美劳全面培养的教育体系，形成更高水平的人才培养体系。把立德树人融入思想道德教育、文化知识教育、社会实践教育各环节，贯穿基础教育、职业教育、高等教育各领域，学科体系、教学体系、教材体系、管理体系要围绕这个目标来设计，教师要围绕这个目标来教，学生要围绕这个目标来学。凡是不利于实现这个目标的做法都要坚决改过来。

习近平总书记明确了立德树人、培养社会主义事业建设者和接班人的根本路径。强调要把立德树人作为教育的根本任务，发挥教育在培育和践行社会主义核心价值观中的重要作用，深化学校思想政治理论课改革创新，加强和改进学校体育美育，广泛开展劳动教育，发展素质教育，推进教育公平，促进学生德智体美劳全面发展，培养学生爱国情怀、社会责任感、创新精神、实践能力。

习近平总书记明确了立德树人、培养社会主义事业建设者和接班人的重点任务。强调要在坚定理想信念上下功夫，在厚植爱国主义情怀上下功夫，在加强品德修养上下功夫，在增长知识见识上下功夫，在培养奋斗精神上下功夫，在增强综合素质上下功夫，在促进身心健康上下功夫，在加强美育上下功夫，不断提高学生思想水平、道德品质、文化素养，让学生成为德才兼备、全面发展的人才。

习近平总书记关于立德树人的一系列重要论述深刻回答了方向性、全局性、战略性重大课题，与我们党长期形成的教育思想既一脉相承又与时俱进，是习近平新时代中国特色社会主义思想的重要组成部分，是马克思主义教育思想的新发展。习近平总书记关于立德树人的重要论述为中国特色社会主义教育事业指明了前进方向，为新时代教育改革发展提供了根本指针。

立德树人的时代意蕴

立德树人是我们党一以贯之的重要教育思想，本质是铸魂启智、陶冶情操、传承知识、提高素质，不断提高学生思想水平、政治觉悟、道德品质、文化素养，让学生成为德才兼备、全面发展的社会主义事业建设者和接班人。习近平总书记深谙立德树人的价值，创造性地赋予立德树人时代意蕴，彰显了立德树人新的历史价值。

一、精辟阐述了新时代德的价值意义

"德，国家之基也。"德属于上层建筑的范畴，是一种特殊的社会意识形态，是人类实践活动的精神升华，是国家、社会、个人在发展进步过程中沉淀的价值规范总和，是国家和民族繁荣进步的重要基础。为此，习近平总书记创造性地提出了新时代德的价值意义。

（一）德是首要、是方向

2014年5月4日，习近平总书记在北京大学师生座谈会上引用了古语"德者，本也"和蔡元培先生"若无德，则虽体魄智力发达，适足助其为恶"的话来说明立德的重要性，并强调，"道德之于个人、之于社会，都具有基础性意义，做人做事第一位的是崇德修身。这就是我们的用人标准为什么是德才兼备、以德为先，因为德是首要、是方向"[1]。这些重要论述，昭示了习近平总书记

---

[1] 习近平. 青年要自觉践行社会主义核心价值观：在北京大学师生座谈会上的讲话[N]. 人民日报, 2014-05-05.

立德树人的时代意蕴

在治国理政中把德作为强国之基、做事之要、做人之典的理念。

1. 德是国家、社会、个人之本

"德者，本也"出自《大学》，原句是："德者本也，财者末也。"意思是说，德行才是根本，财富只是小事。德为立国之基，德为发展之宝，德为人才之帅。德是整个社会和人类发展进步的基础，没有德行的社会是无序的，没有德行的人是不可用的。德不同，价值判断、目标追求、行为模式也就不同。国家的德决定了这个国家是一个什么样的国家，社会的德决定了这个社会是一个什么样的社会，个人的德决定了这个人是一个什么样的人。也就是说，判断一个国家、判断一个社会、判断一个人，首先要从德入手，因为德是国家、社会、个人之本，把住了根本，就把住了一切事物的本质。人无德不立，育人的根本在于立德，培养人也必须从立德开始，因为德是首要、是方向。习近平总书记强调，"世界上最难的事情，就是怎样做人、怎样做一个好人。要做一个好人，就要有品德、有知识、有责任，要坚持品德为先"[①]。

2. 立德是最高的境界

《左传·襄公二十四年》载，春秋时期鲁国的叔孙豹与晋国的范宣子曾就何为"死而不朽"的问题展开讨论。范宣子认为，他的祖先从虞、夏、商、周以来世代为贵族，家世显赫，香火不绝，这就是不朽。叔孙豹则以为不然，他认为这只能叫作世禄而非不朽。在他看来，真正的不朽乃是"太上有立德，其次有立功，其次有立言，虽久不废，此之谓三不朽"。

立德，就是以明德为旨归，坚持国家至上、民族至上、人民至上，始终胸怀大局，心有大我，心系国运。对于个人来说，"自天子以至庶人，壹是皆以修身为本"，只有立德才能立身；对于社

---

① 习近平：美好的生活属于你们　美丽的中国梦属于你们[N]. 人民日报，2015-06-02.

会来说,"修己以安人""修己以安百姓",只有重德才能齐家、治国、平天下。重德修身,德高望重、德才兼备的人才能成为后人的行为世范和楷模。

立功,就是以深厚的家国情怀、自觉的担当意识和扎实的做事功力,创造无愧于时代和人民的业绩。德是功的内在,功是德的外化。一个立德之人,乐于将自己的生命融入社会、民族的命运中,自觉自愿承担起社会责任,不计个人得失,以大众的利益为重;在人民处于危险之时,社会处于患难之中,就会挺身而出,起到中流砥柱、力挽狂澜的作用,拯民于水火,立下功业,积下厚德,光耀千秋。

立言是立德立功的延续,它阐释正义,承载历史,传播文化,是传承文明的载体和途径。立言是把人们立德做人、立功做事经历中产生的思想、经验、矛盾和方略用文字记载其要,并提出自主性、独创性的理论观点,传之于世,供人欣赏、借鉴,给人以启迪和鞭策。为天地立心,为生民立命,为往圣继绝学,为万世开太平,这是功在当代、利在千秋的一项工作。

正心立德,无德不能服人;成就立功,无功不能济世;谨慎立言,无言不能传世。对"三不朽"的追求,激励着古人修德立身,建功立业,著书立说。由信念而不迷,由意志而坚定,由伟业而光辉,这正是生命存在的意义和价值。

2019年3月4日,习近平总书记在看望参加全国政协十三届二次会议的文化艺术界、社会科学界委员并发表讲话时,引用"太上有立德,其次有立功,其次有立言",并讲了一句经典名言:"立德是最高的境界。"① 这不仅是对立德价值的深刻诠释,更是

---

① 习近平:坚定文化自信把握时代脉搏聆听时代声音 坚持以精品奉献人民用明德引领风尚 [N]. 人民日报,2019-03-05.

对"德是首要、是方向"的深刻诠释，立德是人的本质生成的价值指向，也是推动人生价值实现的觉悟动力。

（二）德是内心的法律

法治思想是习近平新时代中国特色社会主义思想的重要组成部分，全面依法治国是"四个全面"战略布局之一。习近平总书记把以德治国与依法治国相提并论，强调这是中国特色社会主义法治道路的一个鲜明特点，是全面推进依法治国必须把握的一个基本原则，是关系中国特色社会主义事业长远发展的根本大计。

习近平总书记深刻阐述了德与法的关系，指出："法律是成文的道德，道德是内心的法律。"[①] 必须坚持一手抓法治、一手抓德治，把法治建设和德治建设更加紧密地结合起来，实现法治和德治相辅相成、相得益彰，不断提高国家治理体系和治理能力现代化水平。

历史和现实都告诉我们，对于国家治理来说，法治和德治如车之两轮、鸟之两翼，不可偏离、不可偏废。法治和德治在国家治理中各自起着独特的、不可替代的作用，二者都是治国理政的重要手段。

法安天下，法治以其权威性和强制性规范社会成员的行为；德润人心，德治以其说服力和劝导力提高社会成员的思想道德觉悟。法治有效实施有赖于德治支持，只有坚持以德行为滋养，法治才有坚实的社会基础和广阔的发展空间。德治也离不开法律支持，只有坚持以法治体现德行理念，德治才有可靠的制度支撑和刚性约束。只有把法治和德治紧密结合起来，把他律和自律紧密

---

① 坚持依法治国和以德治国相结合 推进国家治理体系和治理能力现代化 [N]. 人民日报，2016-12-11.

结合起来，使依法治国和以德治国共同发力、相互促进，国家才能治理有序，社会才能健康运行。

"道德是内心的法律"，这是习近平总书记运用唯物辩证法对道德价值的新判断，并彰显了一个重要思想：法律是准绳，任何时候都必须遵循；德行是基石，任何时候都不可忽视。在新的历史条件下，要把依法治国基本方略、依法执政基本方式落实好，把法治中国建设好，必须坚持依法治国和以德治国相结合，使法治和德治在国家治理中相互补充、相互促进、相得益彰。

（三）德是一种核心价值观

习近平总书记指出："核心价值观，其实就是一种德，既是个人的德，也是一种大德，就是国家的德、社会的德。"①

德和核心价值观都是一种社会意识形态。德是一种社会意识形态，是调整个人与社会以及人们之间关系行为准则和行为规范的总和。而核心价值观也是一种社会意识形态，是人们在实践中形成的对于价值、价值关系的基本看法和根本观点，是处理各种价值问题时所持有的比较稳定的立场和态度的总和。

德和核心价值观都是历史和阶级的产物。二者都具有历史性，都在人类生产方式中产生，受社会经济关系的制约，并随着社会经济关系的变化而变化。二者都具有阶级性，社会统治阶级总是倡导维护本阶级根本利益的德和核心价值观，并用其推进经济社会发展。

德和核心价值观都是社会主体对重大问题的基本共识。它表明了一个国家、一个民族、一个政党的文化特征，体现了社会全

---

① 习近平. 青年要自觉践行社会主义核心价值观：在北京大学师生座谈会上的讲话［N］. 人民日报，2014-05-05.

体成员的集体意志、文化特色和价值追求，承载着社会成员的共同理想和愿景，蕴含着社会成员对世界、人生、政治、经济、社会等一系列重大问题的根本理解，具有明确的历史传承、现实关怀和未来指向。

德和核心价值观都是一个民族赖以维系的精神纽带，是一个国家共同的精神家园。一个民族、一个国家如果没有德和核心价值观，那么这个民族、这个国家就会魂无定所、行无依归，这个民族、这个国家也就无法前进。为什么中华民族能够在几千年的历史长河中生生不息、薪火相传、顽强发展呢？"很重要的一个原因就是中华民族有一脉相承的精神追求、精神特质、精神脉络"[①]，关键是德和核心价值观在起重大作用。

德和核心价值观既是抽象的又是具体的。二者首先是以观念形态存在的，在表述形式上通常是抽象的；但二者都通过人们的社会关系、生产和生活方式、行为、语言、文化产品等体现出来，以各种符号为其载体。

二、明确赋予了新时代立德的基本内涵

古今中外，德的内涵都很丰富，领域都很广阔，对立德都有许多要求。新时代，德是什么，立德要立什么德，习近平总书记对此做了深刻回答和精辟阐述。

2014年5月4日，习近平总书记在北京大学师生座谈会上强调："核心价值观，其实就是一种德，既是个人的德，也是一种大德，就是国家的德、社会的德。""一个人只有明大德、守公德、

---

① 习近平．在文艺工作座谈会上的讲话［N］．人民日报，2015-10-15．

严私德，其才方能用得其所。"① 明确提出了核心价值观是一种德，这种德包括国家的德、社会的德、个人的德，即大德、公德、私德。

2014年5月24日，习近平总书记在上海考察调研时讲道："培育和践行社会主义核心价值观，贵在坚持知行合一、坚持行胜于言，在落细、落小、落实上下功夫。要注意把社会主义核心价值观日常化、具体化、形象化、生活化，使每个人都能感知它、领悟它，内化为精神追求，外化为实际行动，做到明大德、守公德、严私德。"② 强调培育和践行社会主义核心价值观，要明大德、守公德、严私德。

2018年5月2日，习近平总书记在北京大学师生座谈会上再次强调："要把立德树人的成效作为检验学校一切工作的根本标准，真正做到以文化人、以德育人，不断提高学生思想水平、政治觉悟、道德品质、文化素养，做到明大德、守公德、严私德。"③ 要求以德育人，要引导学生明大德、守公德、严私德。

2018年9月10日，习近平总书记在全国教育大会上提出：要坚持教育引导学生培育和践行社会主义核心价值观，做到品德润身、公德善心、大德铸魂。

2019年4月30日，习近平总书记在纪念五四运动100周年大会上发表讲话并指出，"新时代中国青年要自觉树立和践行社会主义核心价值观，善于从中华民族传统美德中汲取道德滋养，从英雄人物和时代楷模的身上感受道德风范，从自身内省中提升道德

---

① 习近平. 青年要自觉践行社会主义核心价值观：在北京大学师生座谈会上的讲话 [N]. 人民日报，2014-05-05.
② 习近平：当好全国改革开放排头兵 不断提高城市核心竞争力 [N]. 人民日报，2014-05-25.
③ 习近平. 在北京大学师生座谈会上的讲话 [N]. 人民日报，2018-05-03.

修为，明大德、守公德、严私德"①。再次把培育和践行社会主义核心价值观与明大德、守公德、严私德紧密联系在一起。

显然，习近平总书记讲的大德，是指富强、民主、文明、和谐等国家层面的价值目标；公德，是指自由、平等、公正、法治等社会层面的价值取向；私德，是指爱国、敬业、诚信、友善等个人层面的价值准则。立德即"明大德、守公德、严私德"的要求，与社会主义核心价值观紧密相连，把涉及国家、社会、个人的价值要求融为一体，使抽象的立德有了明确的目标和"抓手"，这既是马克思主义德行观的创新发展，又是新时代立德树人根本任务的本质要求。

（一）立德就要明大德

"富强、民主、文明、和谐"，承载着我们建设社会主义现代化强国的美好愿景，是从国家层面对社会主义核心价值观基本理念的凝炼。

富强即国富民强，是社会主义现代化国家经济建设的应然状态，是中华民族梦寐以求的美好夙愿，也是国家繁荣昌盛、人民幸福安康的物质基础。

民主是人类社会的美好诉求。我们追求的民主是人民民主，其实质和核心是人民当家作主。它是社会主义的生命，也是创造人民美好幸福生活的政治保障。

文明是社会进步的重要标志，也是社会主义现代化国家的重要特征。它是社会主义现代化国家建设文化强国的应有状态，是对面向现代化、面向世界、面向未来的，民族的科学的大众的社

---

① 习近平. 在纪念五四运动 100 周年大会上的讲话 [N]. 人民日报，2019-05-01.

会主义文化的高度凝练，是实现中华民族伟大复兴的重要支撑。

和谐是中国传统文化的基本理念，集中体现了学有所教、劳有所得、病有所医、老有所养、住有所居的生动局面。它是社会主义现代化国家在社会建设领域的价值诉求，是经济社会和谐稳定、持续健康发展的重要保证。

所以，"富强、民主、文明、和谐"，既是国家的大德，也是个人的大德。个体明大德，才能对国家、民族有情感，并主动为之奋斗和奉献。

（二）立德就要守公德

"自由、平等、公正、法治"，是对美好社会的生动表述，是从社会层面对社会主义核心价值观基本理念的凝练。

自由是指人的意志自由、存在和发展的自由，是人类社会的美好向往，也是马克思主义追求的社会价值目标。

平等指的是公民在法律面前一律平等，其价值取向是不断实现实质平等。它要求尊重和保障人权，人人依法享有平等参与、平等发展的权利。

公正即社会公平和正义，它以人的解放、人的自由平等权利的获得为前提，是国家、社会应然的根本价值理念。

法治是治国理政的基本方式，依法治国是社会主义民主政治的基本要求。它通过法治建设来维护和保障公民的根本利益，是实现自由平等、公平正义的制度保证。

所以，"自由、平等、公正、法治"，反映了中国特色社会主义的基本价值准则、公共利益和社会秩序，是我们党矢志不渝、长期实践的核心价值理念，既是社会必须遵循的公德，也是个人必须遵守的公德。个体守公德，才能自觉履行现代社会的基本价值准则，并自觉维护公共利益和社会秩序。

（三）立德就要严私德

"爱国、敬业、诚信、友善"，是公民基本道德规范，是从个人层面对社会主义核心价值观基本理念的凝练。

爱国是基于个人对自己祖国依从关系的深厚情感，也是调节个人与祖国关系的行为准则。它同社会主义紧密结合在一起，要求人们以振兴中华为己任，促进民族团结，维护祖国统一，自觉报效祖国。

敬业是对公民职业行为准则的价值评价，要求公民忠于职守，克己奉公，服务人民，服务社会，充分体现了社会主义职业精神。

诚信即诚实守信，是人类社会千百年传承下来的道德传统，也是社会主义道德建设的重点内容，它强调诚实劳动、信守承诺、诚恳待人。

友善强调公民之间应互相尊重、互相关心、互相帮助，和睦友好；努力形成社会主义的新型人际关系。

所以，"爱国、敬业、诚信、友善"，是评价公民道德行为选择的基本价值标准，也是社会对公民道德的基本要求，既是社会要求公民个体必须恪守的基本道德，也是个体要求自己必须遵守的基本道德。个体严私德，才能规范个人行为，并夯实全社会道德建设的基石。

三、全面提出了新时代树人的根本要求

《管子·权修》曰："一年之计，莫如树谷；十年之计，莫如树木；终身之计，莫如树人。""树人"就是有意识地培养塑造人

才的过程,"立德"是"树人"的前提和基础,"树人"是"立德"的价值和旨归。

当今国内外形势变化和我国各项事业发展都为立德树人提出了新的时代命题。习近平总书记紧紧围绕这一新的时代命题,以全新的视野深化对中国特色社会主义教育规律、人才成长成才规律的认识,强调树人就要培养"德智体美劳全面发展的社会主义建设者和接班人",即树"社会发展、知识积累、文化传承、国家存续、制度运行所要求的人"[1]。习近平总书记提出的树人根本要求,既是一种宏观上的顶层设计,又是具体工作上的明确指向。

(一) 树社会发展所要求的人

社会发展指整个社会的向前运动过程。包括两个方面:一是纵向,指社会由低级向高级的运动和发展过程;二是横向,指在特定的社会发展阶段一个社会各方面整体的运动和发展过程。

当下,中国社会发展的主旋律是实现中华民族伟大复兴的中国梦。中国梦,反映了近代以来一代又一代中国人的美好夙愿,揭示了中华民族的历史命运和当代中国的发展走向,指明了全党全国各族人民共同的奋斗目标。这个梦想,是以习近平同志为核心的党中央对全体人民的庄严承诺,是党和国家面向未来社会发展的政治宣言。

中国梦,把国家的追求、民族的向往、人民的期盼融为一体,体现了中华民族和中国人民的整体利益,表达了每一个中华儿女的共同愿景。实现中国梦,意味着中国经济实力和综合国力、国际地位和国际影响力大大提升,意味着中华民族以更加昂扬向上、

---

[1] 习近平. 在北京大学师生座谈会上的讲话[N]. 人民日报, 2018-05-03.

文明开放的姿态屹立于世界民族之林，意味着中国人民过上更加幸福安康的生活。

实现中华民族伟大复兴，不是哪一个人、哪一部分人的梦想，而是全体中国人民共同的追求；中国梦的实现，不是成就哪一个人、哪一部分人，而是造福全体人民。中国梦不是镜中花、水中月，不是空洞的口号，必须紧紧依靠人民来实现，人民是中国梦的主体，是中国梦的创造者和享有者。

树社会发展所要求的人，当下就是要树逐梦人，教育引导学生当好"梦之队"的一员，把个人的前途命运与国家和民族的前途命运紧密相连，把人生的理想融入国家和民族的伟大梦想之中，敢于有梦、勇于追梦、勤于圆梦，成为中国梦的参与者、书写者，成为实现中国梦的强大力量。

（二）树知识积累所要求的人

习近平总书记指出："在 21 世纪的今天，几千年来人类积累的一切理性知识和实践知识依然是人类创造性前进的重要基础。只有不断发掘和利用人类创造的一切优秀思想文化和丰富知识，我们才能更好认识世界、认识社会、认识自己，才能更好开创人类社会的未来。"[①] 人类文明发展史告诉我们，社会发展进步的本质就是知识积累的过程，知识积累为社会发展进步提供最基础最持久的动力。

所谓知识是指人们在实践、认识、再实践、再认识的循环往复中获得的认识和经验的总和。而知识积累则是人们在改造自然、改造社会的实践活动中对知识进行学习储备以及对知识结构进行

[①] 习近平. 在纪念孔子诞辰 2 565 周年国际学术研讨会暨国际儒学联合会第五届会员大会开幕会上的讲话［N］. 人民日报，2014 - 09 - 25.

不断完善的过程，它既包括个人知识由少到多的纵向积累，也包括知识在多个人之间传播的横向积累，它既是量的增加也是质的提高。

荀子曾在《劝学篇》中讲了一段十分精辟的话："不积跬步，无以至千里；不积细流，无以成江海。"一个人只有不断地学习前人、他人的知识、经验，积累和构建自己的知识结构，并结合本身的实践以提高自己的能力，才能独立钻研、发展知识、创立成果，有所作为。

知识积累具有乘数效应和可内化性。所谓知识积累的乘数效应，就是以现有的知识为基础，学习吸收更多的知识，知识积累的雪球会越滚越大，知识分量和知识价值都会呈倍数增加，从而为生产力的发展提供雄厚的知识资本。而知识积累的可内化性又能将客观存在的外向性知识内化为真正能推动生产力发展的内因性知识。所以，知识积累能从根本上推动社会发展进步。

知识积累的乘数效应和可内化性，本质上是一种创新。知识积累既是知识创新的活水源头又是其归宿。人类知识创新的每一朵奇葩，都离不开其脚下积累的沃土，而任何创新成果都最终汇入人类知识积累的海洋成为人类永久的财富。牛顿说过："我之所以能看得这么远，是因为站在了巨人的肩上。"

创新是引领发展的第一动力，抓住了创新，就抓住了牵动经济社会发展全局的"牛鼻子"。为此，习近平总书记强调，必须把创新摆在国家发展全局的核心位置，"不断增加知识积累，不断强化创新意识，不断提升创新能力，不断攀登创新高峰"[1]，不断推进理论创新、制度创新、科技创新、文化创新等各方面创新，为

---

[1] 习近平：我国广大知识分子要主动担当积极作为 为国家富强民族振兴人民幸福多作贡献[N]. 人民日报，2017-03-05.

实现中华民族伟大复兴的中国梦奠定坚实的根基。

知识积累是一个国家创新的基础。没有知识积累，创新就是一句空话，不培养知识型技能型人才，建设创新型国家也是一句空话。习近平总书记强调要树知识积累所要求的人，实质上是要求培养具有创新意识的人，培养具有创新能力的人，培养攀登创新高峰的人。

（三）树文化传承所要求的人

文化是一个国家、一个民族的灵魂，中华优秀传统文化是中华民族的精神命脉，是社会主义核心价值观的重要源泉。文化传承是人类社会发展的内在精神动力，也是中华民族继续发展的不竭源泉和在世界文化交往交锋中站稳脚跟的不竭动力。

作为中华民族的"根"和"魂"，中华传统文化源远流长、博大精深，其中最核心的内容已经成为中华民族最基本的文化基因。传承中华优秀传统文化就是把中华文化中跨越时空、超越国度、富有永恒魅力、具有当代价值的文化精神和思想理念弘扬起来。

习近平总书记对树文化传承人的本质要求是：

第一，教育引导广大学生坚定文化自信。文化传承的本质是文化自信。习近平总书记深刻地指出："我们说要坚定中国特色社会主义道路自信、理论自信、制度自信，说到底是要坚持文化自信。"[1] "文化自信，是更基础、更广泛、更深厚的自信，是更基本、更深沉、更持久的力量。"[2] 坚定文化自信，是事关国运兴衰、事关文化安全、事关民族精神独立性的重大问题。如果缺失

---

[1] 习近平. 在哲学社会科学工作座谈会上的讲话 [N]. 人民日报，2015-05-19.
[2] 习近平. 在中国文联十大、中国作协九大开幕式上的讲话 [N]. 人民日报，2016-12-01.

了文化自信、制度自信、道路自信、理论自信便会成为无源之水、无本之木，文化也就无法传承。

第二，把中华优秀传统文化贯穿国民教育始终。要围绕立德树人根本任务，遵循学生认知规律和教育教学规律，按照一体化、分学段、有序推进的原则，把中华优秀传统文化全方位融入思想道德教育、文化知识教育、艺术体育教育、社会实践教育各环节，贯穿启蒙教育、基础教育、职业教育、高等教育、继续教育各领域。

第三，培养"推动中华优秀传统文化创造性转化、创新性发展"① 的人。文化的主体是人，传承的载体也是人。教育引导学生坚持辩证唯物主义和历史唯物主义，秉持客观、科学、礼敬的态度对待中国传统文化。教育引导学生坚持交流互鉴、开放包容，以我为主、为我所用，取长补短、择善而从，既不简单拿来，也不盲目排外，吸收借鉴国外优秀文明成果，积极参与世界文化的对话交流，不断丰富和发展中华文化。教育引导学生弘扬工匠精神，努力成为德技双馨的传承人。

（四）树国家存续所要求的人

当代中国，道路问题是关系党的事业兴衰成败第一位的问题，也是国家存续的核心问题。

我们党和人民在长期实践探索中，坚持独立自主走自己的路，取得革命、建设、改革伟大胜利，从根本上改变了中国人民和中华民族的前途命运。

中国特色社会主义道路，是马克思主义中国化的道路，是实

---

① 习近平. 在第十三届全国人民代表大会第一次会议上的讲话［N］. 人民日报，2018-03-02.

现我国社会主义现代化的必由之路，是创造人民美好生活的必由之路，是实现中华民族伟大复兴的必由之路。中国特色社会主义道路，既坚持以经济建设为中心，又全面推进经济建设、政治建设、文化建设、社会建设、生态文明建设以及其他各方面建设；既坚持四项基本原则，又坚持改革开放；既不断解放和发展社会生产力，又逐步实现全体人民共同富裕、促进人的全面发展。这条道路既不是"传统的"，也不是"外来的"，更不是"西化的"，而是我们"独创的"，是一条人间正道。只有这条道路而没有别的道路，能够引领中国进步，实现人民福祉。

习近平总书记指出："这条道路来之不易，它是在改革开放30多年的伟大实践中走出来的，是在中华人民共和国成立60多年的持续探索中走出来的，是在对近代以来170多年中华民族发展历程的深刻总结中走出来的，是在对中华民族5 000多年悠久文明的传承中走出来的，具有深厚的历史渊源和广泛的现实基础。"[①]

实践充分表明，中国特色社会主义道路，是中国共产党和人民历尽千辛万苦、付出巨大代价取得的根本成就。历史告诉我们，坚持中国特色社会主义道路，关乎国家前途、民族命运、人民福祉；中国共产党领导中国人民开辟的中国特色社会主义道路是正确的，必须长期坚持，永不动摇。

在中国特色社会主义道路前进征程上，肯定会有激流险滩、难关险隘。遇到的新情况新问题越多，面临的风险和挑战会越多。越是接近中华民族的伟大复兴，越是需要付出更为艰巨、更为艰苦的努力。走好中国特色社会主义道路，需要一代又一代中国共

---

① 习近平. 在第十二届全国人民代表大会第一次会议上的讲话[N]. 人民日报，2013-03-18.

产党人带领人民接续奋斗,需要培养一代又一代坚持社会主义道路的人。这也是习近平总书记强调树国家存续所要求的人的初心。

(五)树制度运行所要求的人

习近平总书记强调:"我们党立志于中华民族千秋伟业,必须培养一代又一代拥护中国共产党领导和我国社会主义制度、立志为中国特色社会主义事业奋斗终身的有用人才。"[①] 制度优势是一个国家的最大优势,制度竞争是国家间最根本的竞争。制度稳则国家稳。新中国成立 70 多年来,中华民族之所以能迎来从站起来、富起来到强起来的伟大飞跃,最根本的原因是党领导人民建立和完善了中国特色社会主义制度,形成和发展了党的领导和经济、政治、文化、社会、生态、军事、外事等各方面的制度。

中国特色社会主义制度包括:人民代表大会制度的根本政治制度,中国共产党领导的多党合作和政治协商制度、民族区域自治制度和基层群众自治制度等基本政治制度,以公有制为主体、多种所有制经济共同发展的基本经济制度,以及建立在这些制度基础上的经济体制、政治体制、文化体制、社会体制等各项具体制度。

中国特色社会主义制度,坚持和完善党的领导制度,提高党科学执政、民主执政、依法执政水平;坚持和完善人民当家作主制度,发展社会主义民主政治;坚持和完善中国特色社会主义法治制度,提高党依法治国、依法执政能力;坚持和完善中国特色社会主义行政制度,构建职责明确、依法行政的政府治理体系;坚持和完善社会主义基本经济制度,推动经济高质量发展;坚持

---

① 习近平. 习近平谈治国理政:第 3 卷 [M]. 北京:外文出版社,2020:328-329.

和完善繁荣发展社会主义先进文化的制度，巩固全体人民团结奋斗的共同思想基础；坚持和完善统筹城乡的民生保障制度，满足人民日益增长的美好生活需要；坚持和完善共建共治共享的社会治理制度，保持社会稳定、维护国家安全；坚持和完善生态文明制度，促进人与自然和谐共生；坚持和完善党对人民军队的绝对领导制度，确保人民军队忠实履行新时代使命任务；坚持和完善"一国两制"制度，推进祖国和平统一；坚持和完善独立自主的和平外交政策，推动构建人类命运共同体。总的来说，中国特色社会主义制度符合我国国情，既坚持了社会主义的根本性质，又借鉴了古今中外制度建设的有益成果，集中体现了中国特色社会主义的特点和优势，是中国发展进步的根本制度保障。

随着中国特色社会主义进入新时代，必然要求坚持和完善支撑中国特色社会主义制度的根本制度、基本制度、重要制度，着力固根基、扬优势、补短板、强弱项，构建系统完备、科学规范、运行有效的制度，为夺取中国特色社会主义新胜利提供更加有效的制度保障。实现这一目标要求，需要培养一大批对中国特色社会主义制度高度认同和坚决执行的人，即树制度运行所要求的人，这是习近平总书记坚持中国特色社会主义制度的战略构想，也是立德树人的重大使命。

立德树人要精准发力

习近平总书记立德树人的新理念新思想新观点，既体现认识论和方法论，又蕴含工作内容和行动指南。

一、要在坚定理想信念上下功夫

理想信念问题，是习近平总书记经常讲、反复讲的一个极其重要的问题，也是立德树人的首要问题。崇高的理想、坚定的信念，不仅永远是中国共产党人的政治灵魂，也永远是学生成长成才的"定海神针"。没有崇高理想和良好品质，掌握再多知识也无法成为德才兼备的优秀人才。习近平总书记关于理想信念的重要论述，形成了一个完整的逻辑体系，深刻回答了学生为什么要树立理想信念、应该树立什么样的理想信念、怎样树立和坚定理想信念的重大问题。

（一）学生为什么要树立理想信念

理想信念，是人们所信仰、所向往、所追求的奋斗目标，是人们的世界观、人生观和价值观在奋斗目标上的集中体现，是人类特有的对自己生命活动的规划和人类不断前行的强大动力。

人类社会生活的多样性、人们对现实的认识和对未来想象的多层次性，决定了人们的理想信念是丰富多彩的。理想信念，从特征上，有现实性、时代性、阶级性、可能性、超前性、实践性之分；从性质上，有崇高、远大与狭隘、庸俗之分；从主体上，有个人与社会之分；从目标的关联上，有共同和最终之分；从时序上，有长远与近期之分。

通常按内容，人生理想信念可分为社会政治理想信念、道德理想信念、职业理想信念和生活理想信念。这四种理想信念都是社会发展的产物，有着鲜明的时代特征，四者密切联系，相互渗透，共同构成人生理想信念的大系统，对人们的活动产生综合性影响。其中，社会政治理想信念起着主导作用，贯穿于其他三个理想信念之中；而道德理想信念、职业理想信念、生活理想信念从不同的方面体现着社会政治理想信念，从属于社会政治理想信念。我们通常所讲的理想信念，主要是指社会政治理想信念，因为社会政治理想信念决定了人生理想信念的方向、性质，是人生理想信念的核心。

习近平总书记揭示了理想信念的本质，指出"理想因其远大而为理想，信念因其执着而为信念"[1]。理想和信念是相辅相成的统一体。理想是人们追求的目标，信念是人们向着这个目标前进的意志和定力。理想崇高，才能坚定信念；信念坚定，才能坚守理想。他强调："只有理想信念坚定的人，才能始终不渝、百折不挠，不论风吹雨打，不怕千难万险，坚定不移为实现既定目标而奋斗。"[2] 理想信念是我们不断战胜困难、从胜利走向胜利的强大精神支柱。没有理想信念，就会迷失前进方向，就会失去奋斗动力。

1. 理想信念是中华民族的强大支撑

中华民族具有 5 000 多年连绵不断的文明历史，创造了博大精深的中华文化，为人类文明进步做出了不可磨灭的贡献。是什么因素使中华文明成为世界上唯一没有中断的古老文明？究其原

---

[1] 习近平. 在庆祝中国共产党成立 95 周年大会上的讲话 [N]. 人民日报，2016－07－02.
[2] 习近平. 在纪念朱德同志诞辰 130 周年座谈会上的讲话 [N]. 人民日报，2016－11－30.

因，正如习近平总书记指出的，"经过几千年的沧桑岁月，把我国56个民族、13亿多人紧紧凝聚在一起的，是我们共同经历的非凡奋斗，是我们共同创造的美好家园，是我们共同培育的民族精神，而贯穿其中的、更重要的是我们共同坚守的理想信念"①。理想信念是中华民族的强大支撑。

一个国家、一个民族，要赖以长久生存，要同心同德迈向前进，必须以共同的理想信念为强大支撑。唯有理想信念形成的思想上精神上的吸引力和凝聚力，才是内在的强大的持久的，这个民族才能在历史的洪流中岿然屹立、奋勇向前。

2. 理想信念是中国共产党人的政治灵魂

习近平总书记指出，崇高的理想、坚定的信念，永远是中国共产党人的政治灵魂，是中国共产党人经受住各种考验的精神支柱②。中国共产党从成立之日起，就把共产主义确立为远大理想，始终团结带领中国人民朝着这个伟大理想前行。我们党之所以能够经受一次次挫折而又一次次奋起，归根到底是因为我们党有远大理想和崇高追求，理想之光不灭，信念之光不灭。

一百年来，共产主义远大理想激励了一代又一代共产党人英勇奋斗，成千上万的烈士为了这个理想献出了宝贵生命。"砍头不要紧，只要主义真""敌人只能砍下我们的头颅，决不能动摇我们的信仰"……这些视死如归、大义凛然的誓言生动表达了共产党人对共产主义远大理想的坚定追求。

世界社会主义实践的曲折历程告诉我们，马克思主义政党一旦放弃马克思主义信仰、社会主义和共产主义的理想信念，就会

---

① 习近平. 在第十二届全国人民代表大会第一次会议上的讲话 [N]. 人民日报，2013-03-18.

② 习近平. 在全国党校工作会议上的讲话 [J]. 求是，2016（9）.

土崩瓦解。共产党人理想信念坚定，骨头就硬；没有理想信念，或理想信念不坚定，精神上就会"缺钙"，就会得"软骨病"，就必然导致政治上变质、经济上贪婪、道德上堕落、生活上腐化。为此，习近平总书记在主持起草党的十八大报告时，专门要求写了这样一段话："对马克思主义的信仰，对社会主义和共产主义的信念，是共产党人的政治灵魂，是共产党人经受住任何考验的精神支柱。"①

3. 理想信念是实现中华民族伟大复兴中国梦的强大力量

实现中华民族伟大复兴的中国梦，反映了近代以来一代又一代中国人的美好夙愿，进一步揭示了中华民族的历史命运和当代中国的发展走向，指明了全党全国各族人民共同的奋斗目标。

实现中华民族伟大复兴的中国梦，激励全党全国各族人民心往一处想、劲往一处使，艰苦奋斗同心干，需要坚定理想信念；坚持中国道路、弘扬中国精神、凝聚中国力量，需要坚定理想信念；增强道路自信、理论自信、制度自信、文化自信，需要坚定理想信念；协调推进全面建成小康社会、全面深化改革、全面依法治国、全面从严治党"四个全面"战略布局，需要坚定理想信念；落实创新、协调、绿色、开放、共享发展理念和统筹推进经济、政治、文化、社会、生态文明建设，同样需要坚定理想信念。

习近平总书记指出："如果一个社会没有共同理想，没有共同目标，没有共同价值观，整天乱哄哄的，那就什么事也办不成。我国有13亿多人，如果弄成那样一个局面，就不符合人民利益，也不符合国家利益。"② 只要始终坚定理想信念，实现中华民族伟大复兴就有源源不断的强大力量。

---

① 习近平. 在全国党校工作会议上的讲话[J]. 求是，2016（9）.
② 习近平. 在网络安全和信息化工作座谈会上的讲话[N]. 人民日报，2016-04-26.

4. 理想信念是广大学生成长成才的强大动力

广大学生的理想信念关乎国家未来。广大学生理想远大、信念坚定，是一个国家、一个民族无坚不摧的前进动力。广大学生志存高远，就能激发奋进潜力，青春岁月就不会像无舵之舟漂泊不定。为此，习近平总书记反复强调，历史和现实都告诉我们，青年兴则国家兴，青年强则国家强。青年一代有理想、有本领、有担当，国家就有前途，民族就有希望，实现中华民族伟大复兴就有源源不断的强大力量。青春理想，青春活力，青春奋斗，是中国精神和中国力量的生命力所在，也是我们党历经百年风雨而始终充满生机活力的一个重要原因。

理想信念是广大学生健康成长成才的定星盘、压舱石。如果没有崇高理想和坚定信念，广大学生无法成为德智体美劳全面发展的社会主义建设者和接班人。只有理想信念坚定，广大学生才能勤学，下得苦功夫，求得真学问；才能修德，加强道德修养，注重道德实践；才能明辨，善于明辨是非，善于决断选择；才能笃实，扎扎实实干事，踏踏实实做人；才能担当起党和人民赋予的历史重任，在实现中国梦的伟大实践中创造自己的精彩人生，在激扬青春、开拓人生、奉献社会的进程中书写无愧于时代的壮丽篇章。

（二）学生应该树立什么样的理想信念

在当代中国，广大学生的社会政治理想信念是什么？这是广大学生树立理想信念的首要问题。习近平总书记对此做出了鲜明的回答："新时代中国青年要树立对马克思主义的信仰"[①]，"教育

---

① 习近平. 在纪念五四运动100周年大会上的讲话[N]. 人民日报，2019-05-01.

引导学生树立共产主义远大理想和中国特色社会主义共同理想"[1]，"中国梦是全国各族人民的共同理想，也是青年一代应该牢固树立的远大理想"[2]。习近平总书记的这些重要论述，指明了广大学生的社会政治理想信念主要包括四个方面：马克思主义、共产主义、中国特色社会主义和中国梦。马克思主义、共产主义、中国特色社会主义、中国梦具有理想信念的科学性、崇高性、现实性、时代性、阶级性、实践性等一切要素。所以，马克思主义、共产主义、中国特色社会主义、中国梦是广大学生应具备的理想信念。

1. 马克思主义是广大学生的理想信念

马克思主义是关于全世界无产阶级和全人类彻底解放的学说。它由马克思主义哲学、马克思主义政治经济学和科学社会主义三大部分组成，是马克思、恩格斯在批判地继承和吸收人类关于自然科学、思维科学、社会科学优秀成果的基础上于19世纪40年代创立的，是在实践中不断地丰富、发展和完善的无产阶级思想的科学体系。

马克思主义是科学的理论，揭示了人类社会发展的一般规律，揭示了资本主义运行的特殊规律，为人类指明了从必然王国走向自由王国的途径，为人民指明了实现自由和解放的道路。

马克思主义是人民的理论，第一次站在人民的立场探求人类自由解放的道路，以科学的理论为最终建立一个没有压迫、没有剥削、人人平等、人人自由的理想社会指明了方向。

马克思主义是实践的理论，它不是书斋里的学问，而是为了

---

[1] 习近平：坚持中国特色社会主义教育发展道路 培养德智体美劳全面发展的社会主义建设者和接班人［N］. 人民日报，2018-09-11.
[2] 习近平. 在同各界优秀青年代表座谈时的讲话［N］. 人民日报，2013-05-05.

改变人民历史命运而创立的,是在人民求解放的实践中形成的,也是在人民求解放的实践中丰富和发展的,为人民认识世界、改造世界提供了强大精神力量。

马克思主义是不断发展的开放的理论,始终站在时代前沿,不断吸收人类历史上一切优秀思想文化成果丰富自己,不断探索时代发展提出的新课题,回应人类社会面临的新挑战,不断根据时代、实践、认识发展而发展。

马克思主义为中国革命、建设、改革提供了强大思想武器,使中国这个古老的东方大国创造了人类历史上前所未有的发展奇迹。为此,习近平总书记强调,"马克思主义奠定了共产党人坚定理想信念的理论基础","马克思主义是我们共产党人理想信念的灵魂"[①]。所以,马克思主义是广大学生理想信念的灵魂。

2. 共产主义是广大学生的理想信念

共产主义既是一种社会状态更是一种政治信仰。共产主义社会是一个消灭剥削、消灭阶级统治的社会;是一个社会生产力高度发达,物质极大丰富,人们各取所需、按需分配的社会;是一个人们科学文化水平、思想觉悟、道德水平极大提高的社会;是一个每个人自由而全面发展的社会。显然,这样的社会是全人类心目中最理想的社会。因此,共产主义社会是人类最美好、最理想的社会。

共产主义社会的整体实现不是一蹴而就的事,而是一个遥远而漫长的过程。但马克思坚信历史潮流奔腾向前,只要人民成为自己的主人、社会的主人、人类社会发展的主人,共产主义远大理想就一定能够在不断改变现存状况的现实运动中一步一步实现。

---

① 习近平. 在纪念马克思诞辰200周年大会上的讲话[N]. 人民日报,2018-05-05.

所以，共产主义理想是照耀广大学生前行的指路明灯。

3. 中国特色社会主义是广大学生的理想信念

中国特色社会主义是科学社会主义的基本原则与中国实际相结合的产物，具有鲜明的时代特征和中国特色，是改革开放以来党的全部理论和实践的主题。中国特色社会主义不是从天上掉下来的，是党和人民历尽千辛万苦、付出各种代价取得的根本成就。

中国共产党诞生后，中国共产党人把马克思主义基本原理同中国革命和建设的具体实际结合起来，团结带领人民经过长期奋斗，完成新民主主义革命和社会主义革命，建立起中华人民共和国和社会主义基本制度，进行了社会主义建设的艰辛探索，实现了中华民族从"东亚病夫"到站起来的伟大飞跃。

改革开放以来，中国共产党人把马克思主义基本原理同中国改革开放的具体实际结合起来，团结带领人民进行建设中国特色社会主义新的伟大实践，使中国大踏步赶上了时代，实现了中华民族从站起来到富起来的伟大飞跃。

在新时代，中国共产党人把马克思主义基本原理同新时代中国具体实际结合起来，团结带领人民进行伟大斗争、建设伟大工程、推进伟大事业、实现伟大梦想，推动党和国家事业取得全方位、开创性历史成就，发生深层次、根本性历史变革，中华民族迎来了从富起来到强起来的伟大飞跃。

中国特色社会主义道路是实现社会主义现代化、创造人民美好生活的必由之路，中国特色社会主义理论体系是指导党和人民实现中华民族伟大复兴的正确理论，中国特色社会主义制度是当代中国发展进步的根本制度保障，中国特色社会主义文化是激励全党全国各族人民奋勇前进的强大精神力量，社会主义核心价值观是当代中国精神的集中体现和凝聚中国力量的思想道德基础。

所以，中国特色社会主义理想信念是社会主义事业建设者和接班人必须树立的理想信念。

4. 中国梦是广大学生的理想信念

习近平总书记指出，实现中华民族伟大复兴，就是中华民族近代以来最伟大的梦想，其本质是国家富强、民族振兴、人民幸福。

中国梦是历史的、现实的，也是未来的中国梦。中国梦，凝聚了近代以来一代又一代中国人的美好夙愿，揭示了中华民族的历史命运和当代中国的发展走向，体现了中华民族和中国人民的整体利益，指明了全党全国各族人民共同的奋斗目标，昭示了国家富强、民族振兴、人民幸福的美好前景，是激励中华儿女团结奋进、开辟未来的精神旗帜。

中国梦是国家情怀、民族情怀、人民情怀相统一的梦。中国梦把国家的追求、民族的向往、人民的期盼融为一个命运共同体，把国家利益、民族利益和每个人的具体利益紧紧联系在一起，体现了中华民族的"家国天下"情怀。

中国梦归根到底是人民的梦。中国梦的深厚源泉在于人民，中国梦的根本归宿也在于人民。实现中华民族伟大复兴，不是哪一个人、哪一部分人的梦想，而是全体中国人民共同的追求；中国梦的实现，不是成就哪一个人、哪一部分人，而是造福全体人民。

中国梦是国家的梦、民族的梦，也是每一个中国人的梦，更广大学生的梦。国家好，民族好，大家才会好。我们每个人都是"梦之队"的一员，都是中国梦的参与者、书写者。只要把中国梦作为自己的理想信念，中华民族伟大复兴终将在广大学生的接力奋斗中变为现实。

（三）学生怎样树立和坚定理想信念

作为培养社会主义建设者和接班人的学校，不应仅限于帮助学生获取文化知识，更应帮助学生选择信仰体系，坚信马克思主义，坚信共产主义，坚信中国特色社会主义，坚信中国梦。做不到这一点，培养社会主义建设者和接班人就是一句空话。

1. 认识科学真理才能坚定理想信念

关于如何帮助广大学生坚定理想信念，习近平总书记反复强调，要固本培元、夯实根基，"坚定的理想信念，必须建立在对马克思主义的深刻理解之上"[1]。要引导广大学生深入学习马克思列宁主义、毛泽东思想、邓小平理论、"三个代表"重要思想、科学发展观，深入学习习近平新时代中国特色社会主义思想，"让真理武装我们的头脑，让真理指引我们的理想，让真理坚定我们的信仰"[2]。只有学懂了领会了贯穿其中的马克思主义立场、观点、方法，才能心明眼亮，才能深刻认识和准确把握共产党执政规律、社会主义建设规律、人类社会发展规律，才能始终保持对远大理想和奋斗目标的清醒认知和执着追求。

2. 把握历史规律才能坚定理想信念

关于如何让理想信念在学生心中扎根，习近平总书记强调，"历史是最好的教科书"[3]，要"用历史的眼光启示青年"[4]，在学生中加强中国历史特别是中国近现代史、中国革命史、中国共产

---

[1] 习近平. 在庆祝中国共产党成立 95 周年大会上的讲话 [N]. 人民日报，2016-07-02.
[2] 习近平. 在纪念红军长征胜利 80 周年大会上的讲话 [N]. 人民日报，2016-10-22.
[3] 习近平：在对历史的深入思考中更好走向未来 交出发展中国特色社会主义合格答卷 [N]. 人民日报，2013-06-27.
[4] 习近平：紧跟党走在时代前列走在青年前列 在实现中华民族伟大复兴的征途中续写新光荣 [N]. 人民日报，2013-06-21.

党史、中华人民共和国史、中国改革开放史的教育。教育引导学生把握只有社会主义才能救中国、只有坚持和发展中国特色社会主义才能实现中华民族伟大复兴这一反复被实践证明了的历史逻辑和现实逻辑。教育引导学生从社会主义思想源头和历史演进中、从我们党探索中国特色社会主义历史发展和伟大实践中，认识和把握人类社会发展的历史必然性，认识和把握中国特色社会主义的历史必然性，从而对不同的理想信念进行辨别和选择，把理想信念"建立在对历史规律的正确认识上"[①]，不断树立为共产主义远大理想和中国特色社会主义共同理想奋斗的信念和信心。

3. 不懈追求奋斗才能坚定理想信念

学生时代树立正确的理想、坚定的信念十分紧要，不仅要树立，而且要在心中扎根，一辈子都能坚持为之奋斗。这样的有志学生，成千上万这样的有志学生，正是党、国家、人民所需要的。正确的理想、坚定的信念必须从学生抓起。学生时代，是激情满怀、富有朝气的时代，是放飞理想、人生出彩的时代。一个人在学生时代确立的正确理想、坚定信念对自己成长和人生奋斗具有重要意义。

理想信念既是奋斗目标，更是追求行动。对于如何把理想信念化为追求的行动，习近平总书记强调，"要坚持学而信、学而思、学而行"[②]，把学习成果转化为不可撼动的理想信念，转化为正确的世界观、人生观、价值观，转化为对奋斗目标的执着追求、对本职工作的不懈进取、对高尚情操的笃定坚持、对艰难险阻的勇于担当。

[①] 习近平. 在同各界优秀青年代表座谈时的讲话 [N]. 人民日报, 2013-05-05.
[②] 习近平. 在纪念红军长征胜利80周年大会上的讲话 [N]. 人民日报, 2016-10-22.

坚定理想信念，不能空喊口号，一定要同实际相结合。要教育引导学生把理想信念作为照亮前路的灯、把准航向的舵，树立与这个时代主题同心同向的理想信念，把自己的梦和祖国的伟大事业联系在一起，将奋斗的平台放在祖国伟大事业上，勇于担当这个时代赋予的历史责任，励志勤学、刻苦磨炼，努力练好人生和事业的基本功，做有理想、有追求的学生，做有担当、有作为的学生，做有品质、有修养的学生，用理想之光照亮奋斗之路，用信仰之力开创美好未来。

二、要在厚植爱国主义情怀上下功夫

爱国主义是中华民族的民族魂，也是立德树人的魂。立德树人必须厚植学生的爱国情怀。

（一）爱国主义是中华民族精神的核心

习近平总书记指出："爱国主义是中华民族精神的核心。"[1] 古往今来，任何一个民族的发展进步、任何一个国家的繁荣强盛，都离不开爱国情怀和报国之志的激励，都需要以爱国主义为凝心聚力的强大精神动力。在中华民族的历史长河中，爱国主义始终是贯穿中华民族绵延发展的高昂旋律，始终是维系中华民族团结奋斗的精神纽带，始终是激励各族人民自强不息的强大力量。

"五千多年来，中华民族之所以能够经受住无数难以想象的风险和考验，始终保持旺盛生命力，生生不息，薪火相传，同中华

---

[1] 习近平：大力弘扬伟大爱国主义精神　为实现中国梦提供精神支柱[N]. 人民日报，2015-12-31.

民族有深厚持久的爱国主义传统是密不可分的。"① 中华民族历经磨难但衰而复兴，始终保持着旺盛的生命力；历经动荡但蹶而复振，始终保持着高度的凝聚力；历经无数内忧外患但转危为安，始终保持着强大的向心力，并在世界古代文明中创造出唯一能够延续至今的灿烂中华文明。这固然是有着经济、政治、社会等多种因素，但根本上是因为中华民族代代相传的爱国主义精神基因在发生作用，它为中华民族的发展进步提供了强大的精神动力。历史深刻表明，爱国主义自古以来就流淌在中华民族的血脉之中，去不掉，打不破，灭不了，是中华民族的民族心、民族魂，是中华民族最重要的精神财富，是中国人民和中华民族维护民族独立和民族尊严的强大精神动力。

2012年11月29日，党的十八大闭幕不久，习近平总书记在参观《复兴之路》展览时向世界庄严宣告："实现中华民族伟大复兴，就是中华民族近代以来最伟大的梦想。"② 从此，中国梦成为当下中国的最强音，成为中国走向未来的鲜明指引，成为激励中华儿女团结奋进、开辟未来的一面精神旗帜。为此，习近平总书记强调："实现中华民族伟大复兴的中国梦，是当代中国爱国主义的鲜明主题。"③ 实现中华民族伟大复兴的中国梦，为爱国主义注入了新鲜内涵，成为回荡在14亿多人心中的高昂旋律，是当代爱国主义的新境界，是当代中国爱国主义的鲜明主题。中国道路、中国精神、中国力量，既是当代爱国主义的新特征新内涵，又是中国梦成真的根本保证。

---

① 习近平：大力弘扬伟大爱国主义精神　为实现中国梦提供精神支柱［N］. 人民日报，2015-12-31.

② 习近平：承前启后　继往开来　继续朝着中华民族伟大复兴目标奋勇前进［N］. 人民日报，2011-11-30.

③ 同①.

为此，习近平总书记强调，要大力弘扬伟大爱国主义精神，大力弘扬以改革创新为核心的时代精神，为实现中华民族伟大复兴的中国梦提供共同精神支柱和强大精神动力。只要高举爱国主义的伟大旗帜，中国人民和中华民族就能在发展中国的拼搏中迸发出排山倒海的历史伟力，就能实现中华民族伟大复兴的中国梦，就能为人类社会和文明做出新的伟大贡献。

（二）爱国主义是一个人立德之源、立功之本

习近平总书记强调："爱国，是人世间最深层、最持久的情感，是一个人立德之源、立功之本。"[①] 爱国主义不仅体现在政治、法律、道德、文化、艺术、宗教等各种意识形态和整个上层建筑之中，而且渗透到社会生活各个方面，成为影响民族和国家命运的重要因素，成为影响立德树人的重要因素。

爱国主义的内涵十分丰富，通常是指个体对自己祖国的情怀，包括情感、态度和行为。

爱国主义情感，体现为人们对于自己祖国的爱，包括爱国土、爱国民、爱国家这三种情感的统一。其中，爱国土是一种自然情感，是爱国主义情感的基本表现；爱国民是一种社会情感，是爱国主义情感的重要内容；爱国家是一种政治情感，是爱国主义情感的最高形式，也是爱国情感升华为爱国主义情感的根本标志。

爱国主义态度，是指个体对祖国的依存关系，是人们对自己家乡、民族和文化的归属感、认同感、尊严感与荣誉感，包括：对家乡故土、祖国河山的依恋，对祖宗先辈、骨肉同胞的热爱和牵挂，对本民族风土人情、生活习俗、历史文化特点的尊重，特

---

① 习近平. 在北京大学师生座谈会上的讲话[N]. 人民日报，2018-05-03.

别是对国家领土主权、社会制度的维护，等等。

爱国主义行为，包括道德行为、政治行为和法律行为。道德行为要求人们把关心和维护祖国的前途命运视为义不容辞的职责，把个人利益服从祖国、民族利益看作自己应尽的道德义务，把爱国、报国、救国、兴国、强国看作崇高美德，视辱国、卖国、叛国、乱国、祸国为对祖国和民族最不道德的丑恶行径。政治行为要求人们维护社会制度的稳定发展，服从国家权威力量，信奉社会核心价值观。法律行为要求每个公民必须履行维护国家统一、安全、荣誉和利益，维护民族团结和保卫祖国，抵抗侵略等神圣职责。

爱国主义的情感、态度和行为，要求每一个人慎终追远，爱乡恋土敬祖；薪火相传，守护中华文化；忧国忧民，担当天下兴亡；团结统一，坚决抗击外侮；自强不息，追求富民强国。爱国主义的情感、态度和行为，是一首雄浑壮美的乐曲，需要用激情与奉献来演奏。唯有"祖国利益高于一切、重于一切"的崇高情操，唯有"百折不挠、锲而不舍"的坚强意志，唯有"国家兴亡，匹夫有责"的担当意识，唯有"先天下之忧而忧，后天下之乐而乐"的宏大抱负，才能弹奏出人世间最美妙的音符。

为此，习近平总书记强调指出："一个人不爱国，甚至欺骗祖国、背叛祖国，那在自己的国家、在世界上都是很丢脸的，也是没有立足之地的。对每一个中国人来说，爱国是本分，也是职责，是心之所系、情之所归。对新时代中国青年来说，热爱祖国是立身之本、成才之基。"[①] 只有具有爱国主义情怀，才能有中华民族的民族心、民族魂，时时想到国家，处处想到人民；才能爱祖国

---

① 习近平. 在纪念五四运动 100 周年大会上的讲话 [N]. 人民日报，2019-05-01.

的河山，爱祖国的人民，爱祖国的文化，才能成为能为民族大义、能为国家利益做出贡献和牺牲的有灵魂、有血性、有气节、有人格、有道德的人。所以说，爱国主义是一个人的立德之源、立功之本。

（三）让爱国主义精神在广大学生心中牢牢扎根

爱祖国是人类共有的情感。世界各国历来都把爱国主义视为凝聚民族精神、动员和鼓舞人民团结奋斗的伟大旗帜。爱国主义教育是世界各国教育的必修课，热爱祖国是国家对国民的最起码要求，只要国家没有消亡，只要民族继续存在，爱国主义教育在任何一个国家都会被始终提倡，爱国主义精神也都会被大力弘扬。在人类文明发展史上，无论国家大小，无论实行什么样的制度，无论何种民族，都无不重视对其国民特别是对学生的爱国主义教育。

作为中国特色社会主义国家，坚持立德树人，更要厚植广大学生爱国主义情怀，让爱国主义精神在广大学生心中牢牢扎根。为此，习近平总书记提出了新时代弘扬爱国主义精神"六个必须"。

第一，弘扬爱国主义精神，必须把爱国主义教育作为永恒主题。

习近平总书记强调："弘扬爱国主义精神，必须把爱国主义教育作为永恒主题。要把爱国主义教育贯穿国民教育和精神文明建设全过程。要深化爱国主义教育研究和爱国主义精神阐释，不断丰富教育内容、创新教育载体、增强教育效果。"[①] 他特别强调，要从少年儿童抓起，"把加强青少年的爱国主义教育摆在更加突出

[①] 习近平：大力弘扬伟大爱国主义精神　为实现中国梦提供精神支柱 [N]. 人民日报，2015-12-31.

的位置，把爱我中华的种子埋入每个孩子的心灵深处"[①]。

要教育引导广大学生把自身的理想同祖国的前途、把自己的命运同民族的命运紧密联系在一起，引导学生树立和坚持正确的历史观、民族观、国家观、文化观，增强爱国意识和爱国情感，增强民族自豪感和自信心。

要充分利用我国改革发展的伟大成就、重大历史事件纪念活动、爱国主义教育基地、中华民族传统节庆、国家公祭仪式等来增强广大学生的爱国主义情怀和意识，运用艺术形式和新媒体，以理服人、以文化人、以情感人，生动传播爱国主义精神，唱响爱国主义主旋律，让爱国主义成为广大学生的坚定信念和精神依靠。

要结合弘扬和践行社会主义核心价值观，在广大学生中开展深入、持久、生动的爱国主义宣传教育，让广大学生培养爱国之情，砥砺强国之志，实践报国之行，让爱国主义精神代代相传，发扬光大。

要将爱国主义精神贯穿于学校教育全过程，推动爱国主义教育进课堂、进教材、进头脑。在中小学、中职学校，将爱国主义教育内容融入语文、道德与法治、历史等学科教材编写和教育教学中；在高校，将爱国主义教育与哲学社会科学相关专业课程有机结合，增加爱国主义教育内容的比重。

要创新爱国主义教育的形式，丰富和优化课程资源，支持和鼓励多种形式开发微课、微视频等教育资源和在线课程，开发体现爱国主义教育要求的音乐、美术、书法、舞蹈、戏剧作品等，进一步增强吸引力、感染力。

只有把爱国主义教育作为永恒主题，才能让爱国主义精神在

[①] 习近平．在全国民族团结进步表彰大会上的讲话［N］．人民日报，2019-09-28．

广大学生心中牢牢扎根。

第二，弘扬爱国主义精神，必须坚持爱党爱国爱社会主义相统一。

习近平总书记强调："祖国的命运和党的命运、社会主义的命运是密不可分的。只有坚持爱国和爱党、爱社会主义相统一，爱国主义才是鲜活的、真实的，这是当代中国爱国主义精神最重要的体现。"[1] 在当代中国，爱党、爱社会主义是爱国主义必然的、符合逻辑的发展。

中国共产党是爱国主义精神最坚定的弘扬者和实践者，始终把实现中华民族伟大复兴作为自己的历史使命。一百年来，我们党团结带领全国各族人民进行的革命、建设、改革实践，是爱国主义的伟大实践，写下了中华民族爱国主义精神的辉煌篇章。

在当代中国，弘扬爱国主义就必须深刻认识到，中国共产党领导是中国特色社会主义最本质的特征和最大的制度优势，坚持党的领导，坚持走中国特色社会主义道路，是实现国家富强的根本保障和必由之路，中国共产党领导和中国社会主义制度必须长期坚持，不可动摇；中国共产党领导中国人民开辟的中国特色社会主义必须长期坚持，不可动摇；中国共产党和中国人民扎根中国大地、借鉴人类文明优秀成果、独立自主实现国家发展的大政方针必须长期坚持，不可动摇。今天我们讲爱国主义，这个道理要经常讲、反复讲。要教育引导广大学生热爱和拥护中国共产党，立志听党话、跟党走，胸怀忧国忧民之心、爱国爱民之情，以一生的真情投入、一辈子的顽强奋斗来体现爱国主义情怀，让爱国主义的伟大旗帜始终在心中高高飘扬！

---

[1] 习近平：大力弘扬伟大爱国主义精神　为实现中国梦提供精神支柱［N］. 人民日报，2015－12－31.

第三，弘扬爱国主义精神，必须维护祖国统一和民族团结。

习近平总书记强调："弘扬爱国主义精神，必须维护祖国统一和民族团结。在新的时代条件下，弘扬爱国主义精神，必须把维护祖国统一和民族团结作为重要着力点和落脚点。"[1]

国家统一和民族团结是中华民族根本利益所在。要始终不渝坚持民族团结是各族人民的生命线，巩固和发展平等团结互助和谐的社会主义民族关系，巩固和发展最广泛的爱国统一战线，教育引导广大学生铸牢中华民族共同体意识，像爱护自己的眼睛一样珍惜民族团结，维护全国各族人民大团结的政治局面，不断增强对伟大祖国、中华民族、中华文化、中国共产党、中国特色社会主义的认同。

要加强祖国统一教育，深刻认识维护国家主权和领土完整、实现祖国完全统一是大势所趋、大义所在、民心所向，增进广大同胞心灵契合、互信认同，引导广大学生坚决维护国家主权、安全、发展利益，旗帜鲜明反对分裂国家、破坏民族团结的言行，筑牢国家统一、民族团结、社会稳定的铜墙铁壁。

第四，弘扬爱国主义精神，必须尊重和传承中华民族历史和文化。

习近平总书记强调："弘扬爱国主义精神，必须尊重和传承中华民族历史和文化。对祖国悠久历史、深厚文化的理解和接受，是人们爱国主义情感培育和发展的重要条件。"[2] 我们是中华儿女，要了解中华民族历史，秉承中华文化基因，有民族自豪感和文化自信心。

中华优秀传统文化是中华民族的精神命脉。要引导广大学生

---

[1][2] 习近平：大力弘扬伟大爱国主义精神　为实现中国梦提供精神支柱[N]. 人民日报，2015-12-31.

多阅读最能感召中华儿女团结奋斗的家国情怀作品如范仲淹的"先天下之忧而忧，后天下之乐而乐"，陆游的"王师北定中原日，家祭无忘告乃翁""位卑未敢忘忧国""夜阑卧听风吹雨，铁马冰河入梦来"，文天祥的"人生自古谁无死，留取丹心照汗青"，林则徐的"苟利国家生死以，岂因祸福避趋之"，岳飞的《满江红》，方志敏的《可爱的中国》，等等。向学生讲清楚中华优秀传统文化的历史渊源、发展脉络、基本走向，讲清楚中华文化的独特创造、价值理念、鲜明特色，引导广大学生努力从中华民族世世代代形成和积累的优秀传统文化中汲取营养和智慧，延续文化基因，萃取思想精华，展现精神魅力，"把传承和弘扬中华优秀传统文化同培育和践行社会主义核心价值观统一起来，引导人民树立和坚持正确的历史观、民族观、国家观、文化观，不断增强中华民族的归属感、认同感、尊严感、荣誉感"[①]，使中华优秀传统文化成为涵养爱国主义的重要源泉。

中华文化是我们国家、我们民族的灵魂。要教育引导广大学生坚定文化自信。中华民族有着深厚文化传统，形成了富有特色的思想体系，体现了中国人几千年来积累的知识智慧和理性思辨。在5 000多年文明发展中孕育的中华优秀传统文化，在党和人民伟大斗争中孕育的革命文化和社会主义先进文化，积淀着中华民族最深层的精神追求，代表着中华民族独特的精神标识。14亿多中国人民凝聚力强，就是因为我们拥有博大精深的中华文化，这是我国强大而独特的优势。

要以时代精神激活中华优秀传统文化的生命力，推进中华优秀传统文化创造性转化和创新性发展，使中华民族最基本的文化

---

① 习近平：大力弘扬伟大爱国主义精神　为实现中国梦提供精神支柱[N]. 人民日报，2015-12-31.

基因与当代文化相适应、与现代社会相协调,把跨越时空、超越国界、富有永恒魅力、具有当代价值的文化精神弘扬起来。

第五,弘扬爱国主义精神,必须崇尚英雄、学习英雄、争当英雄。

习近平总书记指出:"一个有希望的民族不能没有英雄,一个有前途的国家不能没有先锋。"[1] 英雄都是中华民族的脊梁,英雄精神就是我们的民族精神,它是激励我们实现中华民族伟大复兴的磅礴力量,也是激励立德树人的澎湃力量。

在英雄身上,充分展现了"天下兴亡,匹夫有责"的爱国情怀,充分展现了视死如归、宁死不屈的民族气节,充分展现了不畏强暴、血战到底的英雄气概,充分展现了百折不挠、坚忍不拔的必胜信念。英雄为推进灿烂的中华文明发展做出了重大贡献,为铸就伟大的中华民族精神做出了重大贡献。

中华民族是崇尚英雄、成就英雄、英雄辈出的民族,和平年代同样需要英雄情怀。在我国社会主义革命、建设、改革的非凡历程中,一代又一代奋斗者顽强拼搏、不懈奋斗,涌现出无数感天动地的英雄模范。他们用智慧和汗水,甚至鲜血和生命,为国家富强、民族振兴、人民幸福书写下了可歌可泣的壮丽篇章。

今天,中国正在发生日新月异的变化,我们比历史上任何时期都更加接近实现中华民族伟大复兴的中国梦。实现我们的目标,需要英雄,需要英雄精神,绝不做亵渎祖先、亵渎经典、亵渎英雄的事情。

要用英雄模范的感人故事激励广大学生,教育引导广大学生多看英雄的作品、多听英雄的故事、多记英雄的事迹,崇敬英雄、

---

[1] 习近平在纪念中国人民抗日战争暨世界反法西斯战争胜利70周年系列活动上的讲话[N]. 人民日报,2015-09-02.

传颂英雄、捍卫英雄，学习英雄、追求英雄、关爱英雄，把英雄立为心中的标杆，作为心中的偶像，从英雄身上汲取奋发向上的力量，坚守爱国情怀，坚定奋斗意志，努力成为新时代的英雄。

第六，弘扬爱国主义精神，必须坚持立足民族又面向世界。

习近平总书记强调："弘扬爱国主义精神，必须坚持立足民族又面向世界。"[①] 中国的命运与世界的命运紧密相关。一个国家、一个民族，只有开放兼容，才能富强兴盛。

要把弘扬爱国主义精神与扩大对外开放结合起来，坚持实施更大范围、更宽领域、更深层次对外开放，依托我国大市场优势，促进国际合作，实现互利共赢。

要促进不同国度、不同文明相互尊重、和谐共处、共同进步，让文明交流互鉴成为增进各国人民友谊的桥梁、推动人类社会进步的动力、维护世界和平的纽带。

要积极倡导求同存异、交流互鉴，尊重各国的历史特点、文化传统，尊重各国人民选择的发展道路，善于从不同文明中寻求智慧、汲取营养，增强中华文明生机活力，携手解决人类共同面临的各种挑战。

教育引导广大学生正确把握中国与世界的发展大势，正确认识中国与世界的关系，既不妄自尊大也不妄自菲薄，做到自尊自信、理性平和。

三、要在加强品德修养上下功夫

品德修养，亦称品行道德修养或道德修养。"一个民族的文明

[①] 习近平：大力弘扬伟大爱国主义精神　为实现中国梦提供精神支柱［N］. 人民日报，2015-12-31.

素养很大程度上体现在青年一代的道德水准和精神风貌上。"① 立德为先，修身为本，这是人才成长的基本逻辑，也是立德树人的基本逻辑。因此，习近平总书记强调，"要在加强品德修养上下功夫"②。

（一）品德修养的本质

品德，即品行道德或道德品质，其内涵丰富，外延宽广，通常是指"个人依据一定的道德行为准则在行动时所表现出来的稳定心理特征及价值趋向，是个人道德自觉的结晶，也是社会道德规范、道德原则在个人身上的综合体现，它涵盖道德认识、道德情感、道德意志、道德行为等各个方面"③。

唯物史观认为，道德是一定生产方式的产物，是对经济基础的反映，是一种社会意识形态，是人们共同生活及其行为的准则和规范。道德不是抽象的概念，道德具有历史性、继承性、实践性、时代性。现存的道德是在前人的道德基础上实践发展的，同时总是随着社会的进步不断丰富发展。品德是道德价值和道德规范在个人身上内化的产物，个人品德则是个体社会行为的内部调节机制，它构成并影响社会道德的面貌。品德修养是个人在道德上的自我修养、自我修炼，由此达到较高的道德水平和道德境界。

2019年10月，中共中央、国务院颁布印发的《新时代公民道德建设实施纲要》指出："中华文明源远流长，孕育了中华民族的宝贵精神品格，培育了中国人民的崇高价值追求。中国共产党

---

① 习近平. 在同各界优秀青年代表座谈时的讲话 [N]. 人民日报，2013-05-05.
② 习近平：坚持中国特色社会主义教育发展道路　培养德智体美劳全面发展的社会主义建设者和接班人 [N]. 人民日报，2018-09-11.
③ 《伦理学》编写组. 伦理学 [M]. 北京：高等教育出版社，2012：296.

领导人民在革命、建设和改革历史进程中，坚持马克思主义对人类美好社会的理想，继承发扬中华传统美德，创造形成了引领中国社会发展进步的社会主义道德体系。"从某种意义上讲，中华民族的精神品格、中国人民的价值追求、社会主义的道德体系是当今中国公民的品德范式。

中华民族精神品格和中国人民价值追求内涵极其丰富，包含着优良道德品质、崇高民族气节、高尚民族情感、良好民族礼仪等等，犹如擎天柱石，支撑着中华民族在几千年的历史长河中生生不息、薪火相传、顽强发展。其中有四点极为重要，孕育了民族之魂，铸造了独树一帜的精神世界。

一是忠心报国，勇赴国难。这一精神品格和价值追求，把民族和国家利益放在至高无上的地位，这种高度的社会责任意识是中华民族品格的一个重要特征，是品德修养的本质要求。如甲午海战中的爱国将领邓世昌、林永升"捐躯赴国难，视死忽如归"，为反对外来侵略浴血奋战；张自忠"为国家民族死之决心，海不清，石不烂，决不半点改变"，在战斗中，他身负重伤，仍高呼"杀敌报国"，直至壮烈牺牲；共产党员吉鸿昌就义前高歌"恨不抗日死，留作今日羞，国破尚如此，我何惜此头"。他们所展示的就是一种高尚品德。

二是国而忘家，公而忘私。这一精神品格和价值追求，把"天下为公"作为崇高的理想，是品德修养的根本要求。如范仲淹主张"先天下之忧而忧，后天下之乐而乐"，孙中山提倡"天下为公，大同世界"，中国共产党人坚持"完全彻底为人民服务"等，都是以天下为己任，为国为民无私奉献精神的高尚品德体现。

三是勤劳俭朴，艰苦奋斗。这一精神品格和价值追求，体现了中华民族向来以勤劳勇敢、吃苦耐劳、富于创造力而著称于世的品格,是品德修养的基本要求。我国古人早就讲"忧劳兴国,逸豫亡身","艰难困苦,玉汝于成"。所谓"奉公以勤,律身以俭","静以修身,俭以养德"等,集中体现了这一美德的内涵。马钧发明翻车,李春营建赵州桥,黄道婆改进、推广先进的棉纺织技术,都是这一美德的杰出代表。

四是不畏强暴,自强不息。这一精神品格和价值追求,是中华民族独立意识、自我意识和自觉能动性的鲜明标志,是品德修养的明确要求。如:越王勾践卧薪尝胆;徐悲鸿公开表示"人不可有傲气,但不可无傲骨",绝不趋炎附势;中国共产党人在大革命失败后的白色恐怖中"从地下爬起来,揩干净身上的血,掩埋好同伴的尸体,又继续战斗了"。这些都充分表现了中华民族不屈不挠的精神。这种精神正是中华民族历尽艰难不断走向强盛的巨大动力和宝贵品德。

作为中华优秀传统文化的继承者,中国共产党人深知道德建设的重要性。中国共产党领导人民在革命、建设、改革历史进程中,坚持马克思主义对人类美好社会的理想,继承发扬中华传统美德,创造形成了引领中国社会发展进步的社会主义道德体系。

社会主义道德体系是以为人民服务为核心,以集体主义为原则,以爱祖国、爱人民、爱劳动、爱科学、爱社会主义为基本要求,以社会公德、职业道德和家庭美德为着力点,以诚实信用为突破口的新道德体系。社会主义道德体系是社会主义经济、政治、文化的反映。为人民服务是社会主义道德的本质规定,集体主义是社会主义道德的基本原则,"五爱"是每个公民的价值取向,社会公德、职业道德、家庭美德是人们活动三大空间的道德规范,诚实守信是社会主义市场经济发展的通行证,爱祖国、爱人民、爱劳动、爱科学、爱社会主义都是对社会主义品德的具象化。

社会主义道德体系与社会主义核心价值观有着密切的关系，是社会主义核心价值观形成和发展的必要条件、重要载体。从一定意义上说，没有社会主义道德体系，就不会有社会主义核心价值观的产生和演进，社会主义核心价值观就无所依托。社会主义核心价值观是社会主义道德体系的本质内核，是对社会主义道德体系的高度概括和最高抽象，决定其根本性质、基本方向和基本特征，引领和主导社会主义道德体系的建构。

（二）品德修养的价值

品行道德修养，古往今来都被人们看作立身之本、治国之要。在中国，先秦时期人们就十分重视品行道德修养，把个人的品行道德修养同齐家、治国、平天下结合起来，认为"物有本末，事有终始"，一切都要从修养个人的品行道德做起，只有修身才能齐家，然后才能达到治国平天下的目的。宋明时期的理学家们也提出要"居敬穷理"和"省察克治"。明清之际的思想家颜元等人则强调"习行"，主张在习行中迁善改过，提高人的道德品质。

中国共产党继承中华优秀传统文化的精髓，非常重视人的品德修养，尤其是青年的品德修养。毛泽东反复强调，要"全心全意为人民服务"，坚持集体主义原则，要把爱祖国、爱人民、爱劳动、爱科学、爱护公共财物作为全体国民的公德。邓小平强调，根本的问题在于教育人，要开展持久的、有效的思想道德教育，特别要让学生逐步具有高度的思想觉悟、高尚的道德情操和崇高的精神境界。江泽民强调，要切实加强思想道德建设，特别要加强学生的思想道德建设，引导其在遵守基本行为准则的基础上，追求更高的思想道德目标。胡锦涛强调，要以基本道德规范为基础，教育引导学生形成良好的道德情操和道德修养，能够自觉遵守道德规范，进行道德自律。党的十八大以来，习近平总书记更是强调，要在加强品德修养上下功夫，把"品德修养"作为社会主义建设者和接班人的基本素质，教育引导学生培育和践行社会主义核心价值观，踏踏实实修好品德，成为有大爱大德大情怀的人。

学校教育不仅要传播知识、传播思想、传播真理，更要塑造灵魂、塑造生命、塑造新人。换言之，教育不仅要传递给学生专业知识，更要塑造学生的品德修养、价值追求和精神品格。因为，学生将来有所作为，不仅要靠学识能力，更要靠品德修养。正如爱因斯坦所说，"用专业知识教育人是不够的"，"要使学生对价值有所理解并产生热烈的感情，那是最基本的。他必须获得对美和道德的鲜明的辨别力"。没有这种道德上的辨别力，就不会有良好的品行道德，自身行为就可能越出社会规范的边界。

事实上，真与善、知识与道德、工具理性与价值理性不可偏废，一个人只有成人才能成材，只有立心立德才能立功立言。习近平总书记指出，"广大青年人人都是一块玉，要时常用真善美来雕琢自己，不断培养高洁的操行和纯朴的情感，努力使自己成为高尚的人"[1]。"要学会做人的准则，就要学习和传承中华民族传统美德。"[2]

品德修养指引人生方向、决定事业成败。优秀的道德品质对个人成长和社会发展至关重要。"人而无德，行之不远。没有良好的道德品质和思想修养，即使有丰富的知识，高深的学问，也难

---

[1] 习近平：立德树人德法兼修抓好法治人才培养 励志勤学刻苦磨炼促进青年成长进步[N]. 人民日报，2017-05-04.

[2] 习近平：美好的生活属于你们 美丽的中国梦属于你们[N]. 人民日报，2015-06-02.

成大器。"① 所以，品德教育既是学生入学的第一课，也是学生离校前的最后一课，必须贯穿学生学习始终，贯穿学校工作各方面各环节，使学校真正成为化育为人的天地，而不仅仅是教授技能、发放文凭的场所。

（三）品德修养的重点

2013年11月26日，习近平总书记在山东考察时对品德修养提出了明确要求："激发人们形成善良的道德意愿、道德情感，培育正确的道德判断和道德责任，提高道德实践能力尤其是自觉践行能力，引导人们向往和追求讲道德、尊道德、守道德的生活，形成向上的力量、向善的力量。"② 习近平总书记提出的道德意愿、道德情感、道德判断、道德责任、道德实践能力等五个方面是新时代学生品德修养的重点。

一是强化道德意愿。要通过教育，让学生充分认识到加强品德修养的时代价值。坚持和发展中国特色社会主义，需要物质文明和精神文明全面发展，人民物质生活和精神生活水平全面提升。中国特色社会主义进入新时代，加强包括学生在内的全体公民的道德建设，提高全社会道德水平，是实现中国梦的战略任务，是适应社会主要矛盾变化、满足人民对美好生活向往的迫切需要，是促进社会全面进步、人的全面发展的必然要求，是立德树人、成为社会主义事业建设者和接班人的必然和应然，从而激化品德修养的内生动力。

二是培养道德情感。道德情感培养既是教育的灵魂，也是灵

---

① 习近平. 之江新语［M］. 杭州：浙江人民出版社，2007：64.
② 习近平：认真贯彻党的十八届三中全会精神　汇聚起全面深化改革的强大正能量［N］. 人民日报，2013-11-29.

魂的教育。品德修养，最重要和最关键的就是通过以理育情、以境育情、以行育情，培育学生的公正感、责任感、义务感、自尊感、羞耻感、友谊感、荣誉感、集体主义情感、爱国主义情感等道德情感。道德情感培养必须立足中华优秀传统文化，充分汲取中华优秀传统文化蕴含的讲仁爱、重民本、守诚信、崇正义、尚和合、求大同等思想理念，全面弘扬自强不息、敬业乐群、扶正扬善、扶危济困、见义勇为、孝老爱亲等传统美德，并结合新的时代条件和实践要求继承创新，充分彰显其时代价值和永恒魅力，使之与现代文化、现实生活相融相通，成为精神生活、道德实践的鲜明标识。

三是增强道德判断。要通过教育，让学生充分认识到道德是一种社会意识形态，是社会发展的产物。面对复杂的世界大变局，要明辨是非、恪守正道，不人云亦云、盲目跟风。面对外部诱惑，要保持定力、严守规矩，用勤劳的双手和诚实的劳动创造美好生活，拒绝投机取巧，远离自作聪明。面对美好岁月，要有饮水思源、懂得回报的感恩之心，感恩党和国家，感恩社会和人民。要在奋斗中摸爬滚打，体察世间冷暖、民众忧乐、现实矛盾，从中找到人生真谛、生命价值、事业方向。

四是提高道德责任。要通过教育，让学生充分认识到，作为社会主义事业的建设者和接班人必须自觉担负新时代道德责任，做到"六个坚持"，即坚持马克思主义道德观、社会主义道德观，倡导共产主义道德，以为人民服务为核心，以集体主义为原则，以爱祖国、爱人民、爱劳动、爱科学、爱社会主义为基本要求，始终保持道德建设的社会主义方向。坚持以社会主义核心价值观为引领，将国家、社会、个人层面的价值要求贯穿到道德建设各方面，以主流价值建构道德规范，强化道德认同，指引道德实践，自觉明大德、守公德、严私德。坚持在继承传统中创新发展，自觉传承中华传统美德，自觉继承革命道德，不断增强道德建设的时代性实效性。坚持提升道德认知与推动道德实践相结合，自觉向往和追求讲道德、尊道德、守道德的生活。坚持德法兼治，借助法治的力量承载道德理念，明确道德指向，弘扬美德义行，不断向上向善。以道德滋养法治精神，以法治体现道德理念。坚持重在建设，立破并举，树立新风正气，祛除歪风邪气。

五是增强道德实践能力。要通过教育让学生充分认识到，道德是一个理论问题，更是一个实践问题，最好的道德不是说出来，而是做出来的。必须自觉做到知行合一，加强道德实践养成。

——筑牢理想信念之基。不断增强道路自信、理论自信、制度自信、文化自信，把共产主义远大理想与中国特色社会主义共同理想统一起来，把实现个人理想融入实现国家富强、民族振兴、人民幸福的伟大梦想之中。

——培育和践行社会主义核心价值观。把社会主义核心价值观作为明德修身、立德树人的根本遵循，并将其要求融入日常生活，抓好落细落小落实，使之成为日用而不觉的道德规范和行为准则。

——传承中华传统美德。以礼敬自豪的态度对待中华优秀传统文化，充分发掘文化经典、历史遗存、文物古迹承载的丰厚道德资源，弘扬古圣先贤、民族英雄、志士仁人的嘉言懿行，让中华文化优秀基因更好植根于自己的思想意识和道德观念之中。

——弘扬民族精神和时代精神。弘扬中国人民伟大创造精神、伟大奋斗精神、伟大团结精神、伟大梦想精神，继承优良传统，传承红色基因，赓续精神谱系，倡导"幸福源自奋斗""成功在于奉献""平凡孕育伟大"的理念，始终保持昂扬向上、奋发有为的精神状态。

——把正确的道德认知、自觉的道德养成、积极的道德实践紧密结合起来，从做好小事、管好小节开始起步，不断修身立德，打牢道德根基，学会感恩，学会助人，学会谦让，学会宽容，学会自省，学会自律，成为有大爱大德大情怀的人，在人生道路上走得更正、更远。

四、要在增长知识见识上下功夫

作为理论的知识，是人类对物质世界以及精神世界探索的结果的总和，是增长本领和成就梦想的重要基础；作为实践的见识，是人们对客观事物和主观事物的见解和知识，是实现人生价值和履行社会责任的重要支点。所以，立德树人就必须"在增长知识见识上下功夫"[①]。

（一）知识见识就是力量

2013年9月7日，习近平总书记在纳扎尔巴耶夫大学发表演讲时强调"知识就是力量"[②]。2014年6月9日，习近平总书记在中国科学院第十七次院士大会、中国工程院第十二次院士大会上发表讲话，再次强调"知识就是力量"[③]。2014年9月24日，习近平总书记在纪念孔子诞辰2565周年国际学术研讨会暨国际儒学联合会第五届会员大会开幕会上发表讲话，再次诠释了知识见

---

① 习近平：坚持中国特色社会主义教育发展道路 培养德智体美劳全面发展的社会主义建设者和接班人 [N]. 人民日报，2018-09-11.
② 习近平. 弘扬人民友谊 共创美好未来：在纳扎尔巴耶夫大学的演讲 [N]. 人民日报，2013-09-09.
③ 习近平. 在中国科学院第十七次院士大会、中国工程院第十二次院士大会上的讲话 [N]. 人民日报，2014-06-10.

识的价值:"几千年来人类积累的一切理性知识和实践知识依然是人类创造性前进的重要基础。只有不断发掘和利用人类创造的一切优秀思想文化和丰富知识,我们才能更好认识世界、认识社会、认识自己,才能更好开创人类社会的未来。"[1]

知识见识有前人传承的,也有今人创造的。前人传承的知识见识积累了人们历史上对处理人、社会、自然三者关系的重要认知和经验,今人创造的知识见识形成了人们应对时代问题的智慧和探索。这两方面的知识见识都是人类继往开来的重要力量。

1. 知识见识推动历史进程

习近平总书记揭示了知识见识与历史进程的关系,指出:"人类社会每一次重大跃进,人类文明每一次重大发展,都离不开哲学社会科学的知识变革和思想先导。"[2]

从西方历史看,古希腊、古罗马时期,产生了苏格拉底、柏拉图、亚里士多德、西塞罗等人的思想学说,推动了古希腊、古罗马的繁荣发展。文艺复兴时期,产生了但丁、薄伽丘、达·芬奇、拉斐尔、哥白尼、布鲁诺、伽利略、莎士比亚、托马斯·莫尔、康帕内拉等一批文化和思想大家,他们的作品深刻反映了其对社会的思想认识,极大地推动了资产阶级反封建的新文化运动。英国资产阶级革命、法国资产阶级革命、美国独立战争前后,产生了霍布斯、洛克、伏尔泰、孟德斯鸠、卢梭、狄德罗、爱尔维修、潘恩、杰弗逊、汉密尔顿等一大批资产阶级思想家,形成了反映新兴资产阶级政治诉求的思想和观点,有力地推动了资本主义的发展。20世纪以来,社会矛盾不断激化,为缓和社会矛盾,

---

[1] 习近平. 在纪念孔子诞辰2 565周年国际学术研讨会暨国际儒学联合会第五届会员大会开幕会上的讲话[N]. 人民日报,2014-09-25.
[2] 习近平. 在哲学社会科学工作座谈会上的讲话[N]. 人民日报,2015-05-19.

修补制度弊端，西方各种各样的学说都在开药方，包括凯恩斯主义、新自由主义、新保守主义、民主社会主义、实用主义、存在主义、结构主义、后现代主义等，这些既是西方社会发展到一定阶段的产物，也深刻影响着西方社会[①]。

中国古代丰富的知识见识、治国理政智慧，为古人认识世界、改造世界提供了重要依据，也为中华文明提供了重要内容，为人类文明做出了重大贡献。鸦片战争后，随着列强入侵和国门被打开，我国逐步成为半殖民地半封建国家。在旧式的农民战争走到尽头、不触动封建根基的自强运动和改良主义屡屡碰壁、资产阶级革命派领导的革命和西方资本主义的其他种种方案纷纷破产的情况下，十月革命一声炮响，为中国送来了马克思列宁主义，中国共产党诞生了。中国共产党人把马克思主义基本原理同中国具体实际结合起来，团结带领人民艰苦奋斗，取得了新民主主义革命、社会主义建设和改革开放的伟大胜利，实现了中华民族从站起来到富起来再到强起来的伟大飞跃。2018 年 5 月 4 日，习近平总书记在纪念马克思诞辰 200 周年大会上指出，实践证明，"马克思主义为中国革命、建设、改革提供了强大思想武器，使中国这个古老的东方大国创造了人类历史上前所未有的发展奇迹"[②]。

2. 知识见识深刻影响社会发展

社会发展史表明，科技知识见识革命总是能够深刻改变社会发展格局。16、17 世纪的科学革命标志着人类知识见识增长的重大转折。18 世纪出现了蒸汽机等重大发明，成就了第一次工业革命，开启了人类社会现代化历程。19 世纪，知识见识促成科学技术的突飞猛进，催生了由机械化转向电气化的第二次工业革命。

---

① 习近平. 在哲学社会科学工作座谈会上的讲话 [N]. 人民日报，2015 - 05 - 19.
② 习近平. 在纪念马克思诞辰 200 周年大会上的讲话 [N]. 人民日报，2018 - 05 - 05.

20世纪前期，量子论、相对论的诞生形成了第二次科学革命，继而发生了信息科学、生命科学变革，基于新科学知识见识的重大技术突破层出不穷，引发了以航空、电子技术、核能、航天、计算机、互联网等为里程碑的技术革命，极大提高了人类认识自然、利用自然的能力和社会生产力水平[1]。包括我国在内的一些国家抓住科技革命的难得机遇，实现了经济实力、科技实力、国防实力的迅速增强，综合国力快速提升。

1978年12月13日，邓小平在中央工作会议闭幕会上发表题为《解放思想，实事求是，团结一致向前看》的重要讲话，开启了中国思想解放的闸门和改革开放的航程。为了搞好现代化建设，邓小平号召"全党必须再重新进行一次学习"。学习什么？学习科学理论，学习业务知识，即"一个是学经济学，一个是学科学技术，一个是学管理"[2]等知识见识，把知识见识作为推动思想解放和改革开放的强大动力。

2014年3月27日，习近平主席在联合国教科文组织总部发表演讲。在引用拿破仑的话"世上有两种力量：利剑和思想；从长而论，利剑总是败在思想手下"之后，他说："我们要积极发展教育事业，通过普及教育，启迪心智，传承知识，陶冶情操，人们在持续的格物致知中更好认识各种文明的价值，让教育为文明传承和创造服务。我们要大力发展科技事业，通过科技进步和创新，认识自我，认识世界，改造社会，让人们在持续的天工开物中更好掌握科技知识和技能，让科技为人类造福。我们要大力推动文化事业发展，通过文化交流，沟通心灵，开阔眼界，增进共

---

[1] 习近平. 为建设世界科技强国而奋斗：在全国科技创新大会、两院院士大会、中国科协第九次全国代表大会上的讲话[N]. 人民日报，2016-06-02.
[2] 邓小平. 邓小平文选：第2卷[M]. 2版. 北京：人民出版社，1994：153.

识，让人们在持续的以文化人中提升素养，让文化为人类进步助力。"① 习近平主席这些重要论述，凸显了一个重要思想：在影响社会发展方面，知识见识的力量要远远大于利剑的力量；让教育为文明传承和创造服务，让科技为人类造福，让文化为人类进步助力，其本质是让知识见识影响社会的发展。

3. 知识见识改变个人命运

有人说，古今中外，屹立于世间最璀璨、最明亮的那颗明珠就是知识见识。知识见识是石，敲出生命之火；知识见识是火，点燃命运之灯；知识见识是灯，照亮命运之路；知识见识是路，引领我们走向灿烂的明天！无论是政治家、科学家还是艺术家，无论是名人还是传人，都是知识见识改变了他们一生的命运。

是知识见识，让爱迪生一生有2 000多项发明，拥有专利1 000多项；是知识见识，让高尔基成为苏联伟大的无产阶级作家、诗人、评论家、政论家、学者；是知识见识，让失去视力和听力的海伦·凯勒先后完成了《假如给我三天光明》等14部著作，并成为著名的美国女作家、教育家、慈善家、社会活动家；是知识见识，让轮椅上的斯蒂芬·霍金成为现代最伟大的物理学家之一、20世纪享有国际盛誉的伟人之一。

在中国，知识见识改变人生命运的例子不胜枚举。西汉匡衡凿壁借光刻苦学习，成为西汉著名的学者，官至丞相。晋朝车胤囊萤读书，学识见识与日俱增，后入朝拜吏部尚书。晋朝孙康映雪勤奋读书，砥砺求进，终于成为一位很有名望的御史大夫。华罗庚，初中毕业后自学成才，成为著名数学家、中国科学院院士、美国国家科学院外籍院士、第三世界科学院院士、联邦德国巴伐

---

① 习近平. 在联合国教科文组织总部的演讲[N]. 人民日报，2014-03-28.

利亚科学院院士，曾任全国政协副主席。张海迪，身体高位截瘫，但她身残志坚，自学完成了小学、中学和大学的知识，获哲学硕士，她先后翻译了数十万字的英文小说，撰写出版了《绝顶》等作品，获"五个一工程"图书奖等奖项。她还获得"八十年代新雷锋""当代保尔"两个美誉。邓小平为其亲笔题词："学习张海迪，做有理想、有道德、有文化、守纪律的共产主义新人！"

用知识见识改变人生，是我们党治国理政的战略思想。邓小平主导的1977年恢复高考是一个载入人类文明发展史册的历史事件。恢复高考是高等教育战线拨乱反正的重要标志，是中国改革开放的伟大起点，不仅改变了国家的命运，更改变了一代人的命运，使许多人成为国家栋梁。

党的十八大以来，在"决胜脱贫攻坚"的伟大战役中，习近平总书记特别强调，"要通过知识改变命运"。2015年5月22日，习近平主席在致国际教育信息化大会贺信中强调："努力以信息化为手段扩大优质教育资源覆盖面。我们将通过教育信息化，逐步缩小区域、城乡数字差距，大力促进教育公平，让亿万孩子同在蓝天下共享优质教育、通过知识改变命运。"[①]

2015年9月9日，习近平总书记给"国培计划（2014）"北京师范大学贵州研修班参训教师回信要求："要让每一个孩子充分享受到充满生机的教育，让每一个孩子带着梦想飞得更高更远，让更多的孩子走出大山、共享人生出彩的机会。……扶贫必扶智。让贫困地区的孩子们接受良好教育，是扶贫开发的重要任务，也是阻断贫困代际传递的重要途径。……让贫困地区每一个孩子都能接

---

① 习近平. 致国际教育信息化大会的贺信［N］. 人民日报，2015-05-24.

受良好教育，实现德智体美全面发展，成为社会有用之才。"①

2015年11月27日，习近平总书记在中央扶贫开发工作会议上发表讲话要求实施"五个一批"扶贫工程，其中包括"发展教育脱贫一批"。习近平总书记强调："治贫先治愚，扶贫先扶智。教育是阻断贫困代际传递的治本之策。"并要求"脱贫攻坚期内，职业教育培训要重点做好。一个贫困家庭的孩子如果能接受职业教育，掌握一技之长，能就业，这一户脱贫就有希望了。国家教育经费要继续向贫困地区倾斜、向基础教育倾斜、向职业教育倾斜，特岗计划、国培计划同样要向贫困地区基层倾斜。要帮助贫困地区改善办学条件，加大支持乡村教师队伍建设力度，建立省级统筹乡村教师补充机制。要探索率先从建档立卡的贫困家庭学生开始实施普通高中教育免学（杂）费，落实中等职业教育免学（杂）费政策，实行大城市优质学校同贫困地区学校结对等帮扶政策"②。

（二）知识见识是每个人成才的基石

2018年5月2日，习近平总书记在北京大学师生座谈会上强调，"'玉不琢，不成器；人不学，不知道。'知识是每个人成才的基石"③，深刻揭示了知识见识与个人成才和事业的关系。

1. 知识见识是攀登高峰顶点的阶梯

习近平总书记指出："才不大者不能博见。"④ 事有所成，必

---

① 习近平总书记给"国培计划（2014）"北京师范大学贵州研修班参训教师的回信[N]. 中国政府网，2015-09-09.
② 习近平. 十八大以来重要文献选编：下[M]. 北京：中央文献出版社，2018：42-43.
③ 习近平. 在北京大学师生座谈会上的讲话[N]. 人民日报，2018-05-03.
④ 习近平. 在中国文联十大、中国作协九大开幕式上的讲话[N]. 人民日报，2016-12-01.

是学有所成；学有所成，必是读有所得。也就是说，事有所成，必须增长知识见识，借助知识见识的阶梯攀登高峰的顶点。

马克思的一生，是不畏艰难险阻、为追求真理而勇攀思想高峰的一生。马克思曾经写道："在科学上没有平坦的大道，只有不畏劳苦沿着陡峭山路攀登的人，才有希望达到光辉的顶点。"马克思为创立科学理论体系，付出了常人难以想象的艰辛，最终达到了光辉的顶点。他博览群书、广泛涉猎，不仅深入了解和研究哲学社会科学各个学科知识，而且深入了解和研究各种自然科学知识，努力从人类创造的一切文明成果中汲取养料。马克思毕生忘我工作，经常每天工作16个小时。马克思在给友人的信中谈到，为了《资本论》的写作，"我一直在坟墓的边缘徘徊。因此，我不得不利用我还能工作的每时每刻来完成我的著作"。即使在多病的晚年，马克思仍然不断迈向新的科学领域和目标，写下了数量庞大的历史学、人类学、数学等学科笔记。正如恩格斯所说的："马克思在他所研究的每一个领域，甚至在数学领域，都有独到的发现，这样的领域是很多的，而且其中任何一个领域他都不是浅尝辄止。"[1] 正因借助知识见识的阶梯不断攀登高峰，马克思成为近代以来最伟大的思想家。

2. 知识见识是修身的利器

修身齐家治国平天下，是中华民族的情怀，是中国人民的抱负。在修身齐家治国平天下中，修身是齐家治国平天下的基础，而知识见识是修身的利器。古人讲，治天下者先治己，治己者先治心。治心养性，一个直接、有效的方法就是认真读书学习，增长知识见识。

---

[1] 习近平. 在纪念马克思诞辰200周年大会上的讲话 [N]. 人民日报，2018 - 05 - 05.

毛泽东与读书学习、增长知识见识结下了不解之缘。他的成长过程，共产主义信仰的确立，离不开读书学习、增长知识见识；他的革命理论，推翻旧的统治秩序和建立新中国的实践，离不开读书学习、增长知识见识；他开创社会主义发展道路，确立社会主义制度，还是离不开读书学习、增长知识见识。

习近平总书记更是把增长知识见识作为修身的利器。他强调："青年时期学识基础厚实不厚实，影响甚至决定自己的一生。"① 2013年5月4日，习近平参加五四青年节主题团日活动时对青年讲了这样一段话："我到农村插队后，给自己定了一个座右铭，先从修身开始。一物不知，深以为耻，便求知若渴。上山放羊，我揣着书，把羊圈在山坡上，就开始看书。锄地到田头，开始休息一会儿时，我就拿出新华字典记一个字的多种含义，一点一滴积累。我并不觉得农村7年时光被荒废了，很多知识的基础是那时候打下来的。"② 厚实的知识见识，为习近平同志担任总书记后探索和形成习近平新时代中国特色社会主义思想奠定了坚实的基础。

3. 知识见识是树立核心价值观的重要基础

习近平总书记指出，"德不优者不能怀远"③，"知识是树立核心价值观的重要基础"④，鲜明地揭示了知识见识与核心价值观的关系。

人的知识见识主要来自读书学习。习近平总书记特别强调

---

① 习近平. 在知识分子、劳动模范、青年代表座谈会上的讲话 [N]. 人民日报，2016-04-30.

② 中国有梦　青春无悔：习近平五四青年节参加主题团日活动侧记 [N]. 人民日报，2013-05-06.

③ 习近平. 在中国文联十大、中国作协九大开幕式上的讲话 [N]. 人民日报，2016-12-01.

④ 习近平. 青年要自觉践行社会主义核心价值观：在北京大学师生座谈会上的讲话 [N]. 人民日报，2014-05-05.

"静下来多读经典，多知其所以然"①。通过研读历史经典，看成败、鉴是非、知兴替，起到"温故而知新""彰往而察来"的作用，历史知识丰富了，眼界胸襟就可以大为开阔；通过研读文学经典陶冶情操、增加才情，做到"腹有诗书气自华"，文化底蕴厚了，文化滋养心灵就可以大为结果；通过研读哲学经典，改进思维、把握规律，增强哲学思考和思辨能力，思维能力强了，精神境界就可以大为提高；通过研读伦理经典，知廉耻、明是非、懂荣辱、辨善恶，道德品格高尚了，修身慎行就可以大为自觉。

总之，通过读书学习，把前人修身齐家治国平天下等方面一切有益的知识见识入脑入心，沉淀在血液里，融汇在行为中，就能把握人生道理，领悟人生真谛，体会人生价值，实践人生追求，养浩然之气、塑高尚人格；就能明大德、守公德、严私德，自觉培育和践行社会主义核心价值观。

（三）要善于读书学习增长知识见识

习近平总书记强调："大学是立德树人、培养人才的地方，是青年人学习知识、增长才干、放飞梦想的地方。"② 要"教育引导学生珍惜学习时光，心无旁骛求知问学，增长见识，丰富学识，沿着求真理、悟道理、明事理的方向前进"③。这些重要论述告诉我们，青年要放飞梦想，要沿着求真理、悟道理、明事理的方向前进，必须善于读书学习，增长知识见识。

---

① 习近平：立德树人德法兼修抓好法治人才培养　励志勤学刻苦磨炼促进青年成长进步[N]．人民日报，2017-05-04．
② 习近平．在北京大学师生座谈会上的讲话[N]．人民日报，2018-05-03．
③ 习近平：坚持中国特色社会主义教育发展道路　培养德智体美劳全面发展的社会主义建设者和接班人[N]．人民日报，2018-09-11．

1. 勤奋学习，深入思考

当今时代，知识见识更新周期大大缩短，各种新知识新见识、新情况新事物层出不穷。有人研究过，18世纪以前，知识见识更新速度为90年左右翻一番；20世纪90年代以来，知识见识更新加速到3~5年翻一番。近50年来，人类社会创造的知识见识比过去3 000年的总和还要多。还有人说，在农耕时代，一个人读几年书，就可以用一辈子；在工业经济时代，一个人读十几年书，才够用一辈子；到了知识经济时代，一个人必须学习一辈子，才能跟上时代前进的脚步。要教育引导学生增强学习紧迫感，如饥似渴、孜孜不倦学习，努力学习马克思主义立场观点方法，努力掌握科学文化知识和专业技能，努力提高人文素养，主动加快知识更新，优化知识结构，拓宽眼界和视野，不断增强本领，以真才实学打牢知识功底，积蓄前进能量，努力成为可堪大用、能担重任的栋梁之材。

仅勤奋学习是不够的。古人说："学而不思则罔，思而不学则殆。"书本上的东西是别人的，要把它变为自己的，离不开思考；书本上的知识见识是死的，要把它变为活的，为我所用，同样离不开思考。读书学习、增长知识见识的过程，实际上是一个不断思考认知的过程。思考是学习的深化，是认知的必然，是把书读活的关键。如果只是机械地读书学习、被动地接受知识见识，没有思考，人云亦云，再好的知识见识也难以吸收和消化。爱因斯坦说："学习知识要善于思考、思考、再思考，我就是靠这个方法成为科学家的。"为此，习近平总书记强调，要"把学习同思考、观察同思考、实践同思考紧密结合起来，保持对新事物的敏锐，学会用正确的立场观点方法分析问题，善于把握历史和时代的发展方向，善于把握社会生活的主流和支流、现象和本质"①。学生养成了历史思维、辩证思维、系统思维、创新思维，必将终身受用。

2. 刻苦读书，自觉运用

当今世界，科学技术日新月异，知识见识总量呈几何级数增长，知识见识更新速度大大加快，必须刻苦学习，才能跟上时代的步伐。

每个人的世界都是一个圆，学习是半径，半径越大，拥有的世界就越广阔。要教育引导学生珍惜韶华、不负青春，惜时如金、孜孜不倦，下一番心无旁骛、静谧自怡的功夫，"以韦编三绝、悬梁刺股的毅力，以凿壁借光、囊萤映雪的劲头，努力扩大知识半径"②，刻苦读书学习、增长知识见识。既要突出主干、择其精要又要做到又博又专、愈博愈专，既要重视知识的宽度也要重视学习的深度，既要读有字之书也要读无字之书，既要善于向书本学习也要善于向实践学习，掌握真才实学，增益其所不能，使自己的知识见识水平跟上越来越快的时代发展。

读书学习、增长知识见识的过程，客观上是一个去粗取精、去伪存真和联系实际、知行合一的运用过程。大凡有作为者，都注重读书学习、增长知识见识与运用的结合，而不是读死书、死读书。一个人如果不注重把学到的知识见识运用到实践中、落实在行动上，即使他学富五车、才高八斗，也不能说达到了读书学习、增长知识见识的最终目的。要教育引导学生以学益智，以学修身，以学增才，着力提高把知识见识转化为运用的能力，着力

---

① 习近平在中国政法大学考察时强调：立德树人德法兼修抓好法治人才培养 励志勤学刻苦磨炼促进青年成长进步 [N]. 新华每日电讯，2017-05-04.
② 习近平. 在欧美同学会成立 100 周年庆祝大会上的讲话 [N]. 人民日报，2013-10-22.

避免陷入少知而迷、不知而盲、无知而乱的困境，着力克服本领不足、本领恐慌、本领落后的问题。

3. 发扬"三劲"，持之以恒

读书学习、增长知识见识是一个长期的需要付出辛劳的过程，不能心浮气躁、浅尝辄止，而应当先易后难、由浅入深、循序渐进、水滴石穿。

一是要教育引导学生发扬"挤劲"。习近平总书记指出"人的潜力是无限的，只有在不断学习、不断实践中才能充分发掘出来"[1]。要善于把各种零碎时间利用起来，挤出更多的时间，特别要像海绵汲水一样汲取知识见识。"要通过学习知识，掌握事物发展规律，通晓天下道理，丰富学识，增长见识。"[2]

二是要教育引导学生发扬钻劲。书读百遍，其义自见。功夫下到一定程度，就能达到出神入化的境界。一本好书、一篇好文章，要反复读、仔细品，甚至把相关书籍和背景材料找来对照读、比较读，彻底琢磨清楚。"不能满足于碎片化的信息、快餐化的知识。"[3]

三是要教育引导学生发扬韧劲。读书学习、增长知识见识最可贵的是终身坚持，无论处于哪个年龄段都孜孜不倦地读书。"少而好学，如日出之阳；壮而好学，如日中之光；老而好学，如秉烛之明。"以锲而不舍的精神、常读常新的态度、百读不厌的劲头，读书学习、增长知识见识。

五、要在培养奋斗精神上下功夫

奋斗精神，是不怕牺牲、前赴后继、敢于压倒一切敌人的民

---

[1][2][3] 习近平. 在北京大学师生座谈会上的讲话 [N]. 人民日报，2018-05-03.

族气概,是不怕困难、百折不挠、愈挫愈勇的斗争意志,是立志高远、积极进取、求新求变的创新意识,是忍辱负重、坚忍不拔、奋发图强的奉献精神。历史和现实都表明,一个没有奋斗精神作支撑的民族,是难以自立自强的;一个没有奋斗精神作支撑的政党,是难以走向辉煌的;一个没有奋斗精神作支撑的个人,是难以有所作为的。为此,习近平总书记强调"要在培养奋斗精神上下功夫"[1]。

(一) 一切伟大成就都是接续奋斗的结果

中华民族的奋斗精神,不仅是自然生命力的勃发,而且是人类文明的弘扬,有着崇高的价值定位。

1. 奋斗精神是中华文明兴盛之源

中华民族历来以勤劳勇敢、不畏艰苦著称于世。"女娲补天""精卫填海""后羿射日""愚公移山"等经典故事,是对先民奋斗精神的颂扬。《易经》所讲的"天行健,君子以自强不息"等奋斗精神已经融化于中华文明血液中。

习近平总书记指出:"中国人民是具有伟大奋斗精神的人民。在几千年历史长河中,中国人民始终革故鼎新、自强不息,开发和建设了祖国辽阔秀丽的大好河山,开拓了波涛万顷的辽阔海疆,开垦了物产丰富的广袤粮田,治理了桀骜不驯的千百条大江大河,战胜了数不清的自然灾害,建设了星罗棋布的城镇乡村,发展了门类齐全的产业,形成了多姿多彩的生活。"[2] 奋斗是中华文明兴

---

[1] 习近平:坚持中国特色社会主义教育发展道路 培养德智体美劳全面发展的社会主义建设者和接班人 [N]. 人民日报,2018-09-11.

[2] 习近平. 在第十三届全国人民代表大会第一次会议上的讲话 [N]. 人民日报,2018-03-02.

盛之源。中华文明赓续至今，既依靠中华民族的勤劳智慧，也源于中华文化的包容并蓄，更是中华儿女在苦难面前接力奋斗的结果。古代先贤不仅靠奋斗拓展了中华民族的生存空间，更是靠奋斗创造了烛照千古的灿烂文化。源远流长、生生不息的中华优秀传统文化，历经先秦诸子百家争鸣、两汉经学兴盛、魏晋南北朝玄学流行、隋唐儒释道并立、宋明理学发展等历史时期，积累数不胜数的文化典籍，形成丰富的思想理念、传统美德、人文精神，具有强大生命力和凝聚力。包括丰厚的物质文明和丰富的精神文明在内的中华文明，都是靠奋斗积淀而凝成的结晶。中华文明具"仁者"之寿，汇钟灵毓秀之智，归根结底在于中华民族具有一往无前、自强不息、厚德载物的奋斗品质。

2. 奋斗精神是立党立国之基

我们党是靠奋斗发展壮大的，我们国家也是靠奋斗精神奠基和成就伟业的，一部党史就是一部党的艰苦奋斗史。

井冈山是中国革命的摇篮。在艰苦卓绝的井冈山斗争中，我们党形成了"坚定信念、艰苦奋斗，实事求是、敢闯新路，依靠群众、勇于胜利"的井冈山精神，为中国革命播撒了燎原火种。

长征是中国共产党和红军谱写的壮丽史诗。"伟大长征精神，就是把全国人民和中华民族的根本利益看得高于一切，坚定革命的理想和信念，坚信正义事业必然胜利的精神；就是为了救国救民，不怕任何艰难险阻，不惜付出一切牺牲的精神；就是坚持独立自主、实事求是，一切从实际出发的精神；就是顾全大局、严守纪律、紧密团结的精神；就是紧紧依靠人民群众，同人民群众生死相依、患难与共、艰苦奋斗的精神。"[①] 正是依靠艰苦奋斗精

---

① 习近平. 在纪念红军长征胜利 80 周年大会上的讲话[N]. 人民日报, 2016-10-22.

神，长征实现了中国共产党和中国革命事业从挫折走向胜利的伟大转折，开启了中国共产党为实现民族独立、人民解放而斗争的新的伟大征程。

延安精神是马克思主义与中国革命实践相结合的产物。其内涵是：坚定正确的政治方向、解放思想实事求是的思想路线、全心全意为人民服务的根本宗旨、自力更生艰苦奋斗的创业精神。正是因为弘扬了自力更生艰苦奋斗的创业精神，才为革命成功提供了源源不断的物质力量和精神支撑。

西柏坡是我们党进入北京、解放全中国的最后一个农村指挥所，党中央和毛泽东在这里指挥了辽沈、平津、淮海三大战役，召开了著名的七届二中全会，毛泽东向全党提出了"务必继续地保持谦虚谨慎、不骄不躁的作风，务必继续地保持艰苦奋斗的作风"。包含艰苦奋斗在内的"两个务必"思想，蕴含着对我国几千年历史治乱规律的深刻把握，蕴含着对我党艰苦卓绝奋斗历程的深刻总结，蕴含着我党永远不变质、红色江山永远不变色的法宝。

新中国成立后，毛泽东反复强调"艰苦奋斗是我们的政治本色"，多次要求全党同志和领导干部"把我们党艰苦奋斗的传统好好发扬起来"。

邓小平一再告诫全党：艰苦奋斗是我们的传统，艰苦朴素的教育今后要抓紧，一直要抓六十至七十年。我们的国家越发展，越要抓艰苦创业。

江泽民强调：我们党正是靠艰苦奋斗不断发展壮大起来的。过去干革命需要艰苦奋斗，今天搞社会主义现代化建设，同样要靠艰苦奋斗。

胡锦涛也强调：艰苦奋斗、自觉奉献，是中国共产党克服各种艰难困苦的重要保证。要不断开创中国特色社会主义事业新局面，必须始终谦虚谨慎、艰苦奋斗。

党的十八大以来，习近平总书记多次反复强调，"一切伟大成就都是接续奋斗的结果，一切伟大事业都需要在继往开来中推进"①。他号召全党全国人民"高举中国特色社会主义伟大旗帜，锐意进取，埋头苦干，为实现推进现代化建设、完成祖国统一、维护世界和平与促进共同发展三大历史任务，为决胜全面建成小康社会、夺取新时代中国特色社会主义伟大胜利、实现中华民族伟大复兴的中国梦、实现人民对美好生活的向往继续奋斗！"②

综上所述，奋斗精神犹如一根红线，始终贯穿立党立国每一个历史进程，成为立党立国之基。

3. 奋斗是青春最亮丽的底色

有人说，青春是一条永不停息的河，青春是一朵永不凋谢的花，青春是一幅永不褪色的画，青春是一首永不言败的诗，青春是一本永不厌看的书；有人说，青春是民族的足迹，青春是国家的未来，青春是勇敢的代言，青春是自强的符号，青春是责任的担当。这些对青春的比喻和描述都是对的，怎样用一句话来诠释和回答"青春是什么？"2013年5月4日，习近平总书记在同各界优秀青年代表座谈时对这个问题给出了回答："青春是用来奋斗的。"2019年4月30日，习近平总书记在纪念五四运动100周年大会上，再次对这个问题做出了阐释："奋斗是青春最亮丽的底色。"③"青春是用来奋斗的""奋斗是青春最亮丽的底色"是习近平总书记对青春本质的最深刻揭示，是对马克思主义青年观、对我们党青年工作理论的创新发展。

---

① 习近平. 在国家勋章和国家荣誉称号颁授仪式上的讲话［N］. 人民日报，2019-09-30.
② 习近平. 在中国共产党第十九次全国代表大会上的报告［N］. 人民日报，2017-10-28.
③ 习近平. 在纪念五四运动100周年大会上的讲话［N］. 人民日报，2019-05-01.

作为先锋军,中国青年用奋斗发起了震惊中外的五四运动,"以磅礴之力鼓动了中国人民和中华民族实现民族复兴的志向和信心"[①];作为生力军,五四运动以来的100多年,中国青年满怀对祖国和人民的赤子之心,积极投身党领导的革命、建设、改革伟大事业,一代又一代接续奋斗、凯歌前行,为人民战斗,为祖国献身,为幸福生活奋斗,用青春之我创造青春之中国、青春之民族。

实践充分证明,当代青年的奋斗精神根植于博大精深的中华文明,勃发于中国特色社会主义火热的社会实践,升华凝结于日新月异的时代性创新创造之中。学生树立奋斗精神,意味着保持一种生活准则、一种优良作风、一种利益观念、一种价值取向。无论过去、现在还是未来,奋斗是青春最亮丽的底色!

(二)艰苦奋斗可以净化灵魂、磨砺意志、坚定信念

习近平总书记强调:"奋斗本身就是一种幸福。只有奋斗的人生才称得上幸福的人生。奋斗是艰辛的,艰难困苦、玉汝于成,没有艰辛就不是真正的奋斗,我们要勇于在艰苦奋斗中净化灵魂、磨砺意志、坚定信念。"[②]习近平总书记不仅深刻阐释了奋斗的实质,更是揭示了奋斗精神可以净化灵魂、磨砺意志、坚定信念。这是培养奋斗精神的根本所在。

第一,培养奋斗精神可以教育引导青年学生坚定理想信念。奋斗是艰辛的,没有坚定的理想信念是不能坚持的。青年的理想信念关乎国家未来。青年理想远大、信念坚定,是一个国家、一个民族无坚不摧的前进动力。青年志存高远,就能激发奋进潜力,

---

① 习近平. 在纪念五四运动100周年大会上的讲话[N]. 人民日报,2019-05-01.
② 习近平. 在2018年春节团拜会上的讲话[N]. 人民日报,2018-02-15.

青春岁月就不会像无舵之舟漂泊不定。青年的人生目标会有不同，职业选择也有差异，但只有把自己的小我融入祖国的大我、人民的大我之中，与时代同步伐、与人民共命运，才能更好实现人生价值，升华人生境界。离开了祖国需要、人民利益，任何孤芳自赏都会陷入越走越窄的狭小天地。所以，培养奋斗精神必须教育引导青年学生坚定对马克思主义的信仰、对中国特色社会主义的信念、对中华民族伟大复兴中国梦的信心，到人民群众中去，到新时代新天地中去，让理想信念在创业奋斗中升华，让青春在创新创造中闪光！

第二，培养奋斗精神可以教育引导青年学生担当时代责任。奋斗需要应对重大挑战，抵御重大风险，克服重大阻力，解决重大矛盾，没有迎难而上、挺身而出的担当精神是不行的。青年勇挑重担、勇克难关、勇斗风险，中国特色社会主义就能充满活力、充满后劲、充满希望。一切视探索尝试为畏途、一切把负重前行当吃亏、一切"躲进小楼成一统"的逃避责任的思想和行为，都是要不得的，都是成不了事的，也是难以真正获得人生快乐的。所以，培养奋斗精神必须教育引导青年学生担负时代使命，勇挑重担、勇克难关、勇斗风险，在担当中历练，在尽责中成长，勇做走在时代前列的奋进者、开拓者、奉献者，在劈波斩浪中开拓前进，在披荆斩棘中开辟天地，在攻坚克难中创造业绩，用青春和汗水创造出让世界刮目相看的新奇迹！

第三，培养奋斗精神可以教育引导青年学生练就过硬本领。奋斗不只是响亮的口号，而且是要做好每一件事情、完成每一项任务、履行每一项职责，这就需要过硬的本领。青年学生是苦练本领、增长才干的黄金时期。当今时代，知识更新不断加快，社会分工日益细化，新技术新模式新业态层出不穷。这既为青年学生施展才华、竞展风采提供了广阔舞台，也对青年学生能力素质提出了新的更高要求。不论是成就自己的人生理想，还是担当时代的神圣使命，青年学生都要珍惜韶华、不负青春，努力学习掌握科学知识，提高内在素质，锤炼过硬本领，使自己的思维视野、思想观念、认识水平跟上时代越来越快的发展。所以，培养奋斗精神必须教育引导青年学生增强学习紧迫感，如饥似渴、孜孜不倦学习，努力学习马克思主义立场观点方法，努力掌握科学文化知识和专业技能，努力提高人文素养，在学习中增长知识、锤炼品格，在工作中增长才干、练就本领，以真才实学服务人民，以创新创造贡献国家！

第四，培养奋斗精神可以教育引导青年学生锤炼品德修为。要奋斗就要奉献，就要牺牲自我。青年学生树立奋斗精神，意味着保持一种生活准则、一种优良作风、一种利益观念、一种价值取向，这就需要净化灵魂，而净化灵魂要从锤炼品德修为做起。人无德不立，品德是为人之本。止于至善，是中华民族始终不变的人格追求。社会主义现代化强国，不仅要在物质上强，更要在精神上强。精神上强，才是更持久、更深沉、更有力量的。所以，培养奋斗精神可以教育引导青年学生培育和践行社会主义核心价值观，善于从中华民族传统美德中汲取道德滋养，从英雄人物和时代楷模身上感受道德风范，从自身内省中提升品德修为，明大德、守公德、严私德，把正确的道德认知、自觉的道德养成、积极的道德实践紧密结合起来，不断修身立德，打牢道德根基。面对复杂的世界大变局，明辨是非、恪守正道，不人云亦云、盲目跟风；面对外部诱惑，保持定力、严守规矩，用勤劳的双手和诚实的劳动创造美好生活，拒绝投机取巧，远离自作聪明；面对美好岁月，饮水思源，懂得回报，感恩党和国家，感恩社会和人民；

追求更有高度、更有境界、更有品位的人生！

（三）立鸿鹄志，做奋斗者

2018年5月2日，习近平总书记在北京大学师生座谈会上要求青年学生"立鸿鹄志，做奋斗者"[①]。2018年9月10日，习近平总书记在全国教育大会上的讲话中又对学生提出"立鸿鹄志，做奋斗者"的希望。2019年3月18日，习近平总书记主持召开学校思想政治理论课教师座谈会并发表讲话，再次强调"教育引导学生把人生抱负落实到脚踏实地的实际行动中来，把学习奋斗的具体目标同民族复兴的伟大目标结合起来，立鸿鹄志，做奋斗者"[②]。一个大党大国的领袖，反复强调学生"立鸿鹄志，做奋斗者"，足以说明这个问题的极端重要性。习近平总书记要求的"立鸿鹄志，做奋斗者"包括立志树立共产主义远大理想和中国特色社会主义共同理想并为其奋斗，立志实现中华民族伟大复兴并为其奋斗，立志成为社会主义事业建设者和接班人并为其奋斗。

1. 为实现共产主义远大理想和中国特色社会主义共同理想而奋斗

从原始社会、奴隶社会到封建社会、资本主义社会，再到社会主义社会、共产主义社会，这是人类社会发展演进的一般规律。但是，历史道路不会是平坦的、笔直的，社会主义从提出到现在的500多年间，就是在曲折中前进的。这就像一条汹涌澎湃的大河，蜿蜒曲折，却始终奔腾向前。现在，一些人宣扬所谓"共产主义渺茫论""共产主义过时论"，说到底，不是意识形态偏见，就是历史短见。共产主义作为一种运动，是在现实实践中不断向

[①] 习近平. 在北京大学师生座谈会上的讲话［N］. 人民日报，2018-05-03.
[②] 习近平. 思政课是落实立德树人根本任务的关键课程［J］. 求是，2020（17）.

前发展的，我们今天建设中国特色社会主义就是共产主义实践。要引导学生从社会主义思想源头和历史演进中，从我们党探索中国特色社会主义的历史发展和伟大实践中，认识和把握人类社会发展的历史必然性，认识和把握中国特色社会主义的历史必然性，自觉做共产主义远大理想和中国特色社会主义共同理想的坚定信仰者、忠实实践者和努力奋斗者。

2. 为实现中华民族伟大复兴而奋斗

"青年一代有理想、有本领、有担当，国家就有前途，民族就有希望。""实现中华民族伟大复兴的中国梦，离不开一代代青年的接力奋斗。"习近平总书记揭示了实现中华民族伟大复兴与青年一代奋斗的关系，指出："中国梦是历史的、现实的，也是未来的；是我们这一代的，更是青年一代的。中华民族伟大复兴的中国梦终将在一代代青年的接力奋斗中变为现实。"[①]

今天，处于人生黄金期的高校学生，有幸为"两个一百年"奋斗目标的实现奋斗。亲自参与这个伟大历史进程，实现几代中国人的夙愿，实乃人生之大幸。"宝剑锋从磨砺出，梅花香自苦寒来。"实现中国梦任重而道远，需要锲而不舍、驰而不息的艰苦努力。我们的国家、我们的民族，从近代积贫积弱一步一步走到今天的发展繁荣，靠的就是中华民族自强不息的奋斗精神，靠的就是一代又一代人的顽强拼搏。实现中华民族伟大复兴是中国人民最伟大的梦想，更要靠自强不息的奋斗精神，更要靠一代又一代人的顽强拼搏。

今天，我们比历史上任何时期都更接近实现中华民族伟大复兴的光辉目标，但前进道路不可能一帆风顺，宏伟蓝图不可能一

[①] 习近平. 在中国共产党第十九次全国代表大会上的报告［N］. 人民日报，2017-10-28.

蹴而就，伟大梦想不可能一夜成真。距离实现中华民族伟大复兴的目标越近，我们就越不能懈怠，越要加倍努力，越需要一代代青年人勠力同心、不懈追求、接力奋斗。为实现中华民族伟大复兴的中国梦而奋斗，是我们人生难得的际遇，每个青年都应该珍惜这个伟大时代，做新时代的奋斗者。

3. 为成为社会主义事业建设者和接班人而奋斗

实现中华民族伟大复兴，坚持和发展中国特色社会主义，关键在党，关键在人，归根到底在培养造就一代又一代可靠接班人，这是党和国家事业发展的百年大计。

青年学生应该如何奋斗成为社会主义事业建设者和接班人？2018年5月2日，习近平总书记在北京大学师生座谈会上对此提出了四点明确的要求[①]。第一，要爱国，忠于祖国，忠于人民。爱国，是人世间最深层、最持久的情感，是一个人立德之源、立功之本。要时时想到国家，处处想到人民，做到"利于国者爱之，害于国者恶之"。爱国，不能停留在口号上，而是要把自己的理想同祖国的前途、把自己的人生同民族的命运紧密联系在一起，扎根人民，奉献国家。

第二，要励志，立鸿鹄志，做奋斗者。广大青年要培养奋斗精神，做到理想坚定，信念执着，不怕困难，勇于开拓，顽强拼搏，永不气馁。幸福都是奋斗出来的，奋斗本身就是一种幸福。为实现中华民族伟大复兴的中国梦而奋斗，是人生难得的际遇。每个青年都应该珍惜这个伟大时代，做新时代的奋斗者。

第三，要求真，求真学问，练真本领。知识是每个人成才的基石，在学习阶段一定要把基石打深、打牢。学习就必须求真学

---

① 习近平. 在北京大学师生座谈会上的讲话 [N]. 人民日报，2018-05-03.

问，求真理、悟道理、明事理，不能满足于碎片化的信息、快餐化的知识。要通过学习知识，掌握事物发展规律，通晓天下道理，丰富学识，增长见识。广大青年要珍惜大好学习时光，求真学问，练真本领，更好为国争光、为民造福。

第四，要力行，知行合一，做实干家。学到的东西，不能停留在书本上，不能只装在脑袋里，而应该落实到行动上，做到知行合一，以知促行，以行求知，正所谓"知者行之始，行者知之成"。每一项事业，不论大小，都是靠脚踏实地、一点一滴干出来的。做人做事，最怕的就是只说不做，眼高手低。不论学习还是工作，都要面向实际、深入实践，实践出真知；都要严谨务实，一分耕耘一分收获，苦干实干。广大青年要努力成为有理想、有学问、有才干的实干家，在新时代干出一番事业。

六、要在增强综合素质上下功夫

"青年的素质和本领直接影响着实现中国梦的进程"[1]，事关中华民族前途命运，事关我们党和国家长治久安。为此，习近平总书记强调"要在增强综合素质上下功夫"[2]。

（一）综合素质的核心是价值观念、行为规范和应对能力的总和

什么是人的素质？马克思主义认为，人的素质是以往全部活动的客观结果，也是以后活动的主体条件。素质是以往全部活动

---

[1] 习近平. 在同各界优秀青年代表座谈时的讲话 [N]. 人民日报，2013-05-05.
[2] 习近平：坚持中国特色社会主义教育发展道路　培养德智体美劳全面发展的社会主义建设者和接班人 [N]. 人民日报，2018-09-11.

的客观结果告诉我们，人的素质是一个由多种因素构成的复杂系统，它虽然与人的遗传及胎儿期发育有关系，但更多是后天教育和实践的产物，即通过后天的教育、环境等因素的影响，并经过个体的认识和实践活动，最终形成的比较稳定的基本品质。素质是以后活动的主体条件告诉我们，人是社会的主体，社会历史发展是通过人的能动活动实现的。人的素质是比自然资源和资本资源更重要的资源，不仅直接决定着其实践活动的方式、方法及其成效，更在一定程度上影响经济政治社会发展，左右历史前行的轨迹。

什么是人的综合素质？人的自然属性、社会属性和精神属性构成了人的自然素质、社会素质和精神素质，所以人的综合素质内涵很丰富，外延很广阔，并根据不同人群特点要求的重点也不同。学界对综合素质有五种说法。一是要素说，人的综合素质是由德智体美劳等多种要素组成的。二是构成说，人的综合素质是由自然生理素质（先天遗传）、社会文化素质、后天习得和心理素质（个性品格）等方面构成的。三是能力说，人的综合素质体现在适应能力、生存能力、社交能力、创新能力、实践能力等方面。四是发展说，人的综合素质是由三个发展阶段形成的：从心智全面发展（观察、思维、想象、创造、实践等）到身心全面发展（生理与心理素质的统一），再到个体与社会协调发展（形成思维、能力、品格等）。五是统一说，人的综合素质是构成要素的"量"与"质"的统一、静态与动态的统一，具有整体性、社会性和适应性。这五种说法是从不同的角度对人的综合素质的描述定义。一般来说，综合素质是指一个人的政治态度、知识水平、道德修养以及各种能力等方面的综合素养，主要包括政治素质、思想素质、道德素质、业务素质、审美素质、实践素质、创新素质、劳技素质、身体素质、心理素质等，是一个人在社会工作、学习、生活中思想与行为的具体表现。

学生的综合素质是什么？学生的综合素质具有综合素质的一般特征，但从教育的培养目标和人的全面发展来看，学生的综合素质是指在学校期间应具备的以及将来在社会工作、学习、生活中所表现出来的价值观念、行为规范和应对能力的总和，主要包括政治理论素质、思想道德素质、人文科学素质、专业技能素质、创造创新素质、实践能力素质、身心健康素质等。这些素质，既各自独立、特色鲜明，又相互联系、相互影响，共同形成一个整体作用于学生身上。

（二）增强综合素质是立德树人的必然和应然

立德树人就是培养德才兼备、全面发展的高素质人才。这个高素质人才，实际上也是综合素质强的人才。

1. 学生综合素质是国家发展活力的重要体现和国家核心竞争力的重要因素

当今世界正经历新一轮大发展大变革大调整，大国战略博弈全面加剧，国际体系和国际秩序深度调整，人类文明发展面临的新机遇新挑战层出不穷，不确定不稳定因素明显增多。如何在百年未有之大变局的综合国力竞争中取得胜利，习近平总书记给出了明确的答案，强调指出："综合国力竞争说到底是人才竞争。人才资源作为经济社会发展第一资源的特征和作用更加明显，人才竞争已经成为综合国力竞争的核心。谁能培养和吸引更多优秀人才，谁就能在竞争中占据优势。"[1]

---

[1] 习近平. 在欧美同学会成立100周年庆祝大会上的讲话[N]. 人民日报，2013-10-22.

坚持把立德树人作为根本任务

国以才立，政以才治，业以才兴，综合素质是人才的根本。2017年5月3日，习近平总书记在中国政法大学考察时讲了一段意味深长的话："中国的未来属于青年，中华民族的未来也属于青年。青年一代的理想信念、精神状态、综合素质，是一个国家发展活力的重要体现，也是一个国家核心竞争力的重要因素。"[①] 这一重要论述把青年学生的综合素质上升到国家发展活力和国家核心竞争力的层面，深刻揭示了青年学生综合素质是"科技是第一生产力"背后的本质要素，因为科技是建立在人的综合素质基础上的。

纵观世界各国的发展，可以清楚地看到，国家的强大和民族的振兴有多方面的因素，但人的综合素质无疑是最重要和最具潜力的因素。一个国家可以从国外引进技术、引进资金，也可以引进管理方法，唯独不能引进的就是人的综合素质。不少发展中国家都走过弯路，以为落后是因为技术设备的落后，于是大量引进技术设备。结果由于人的素质没有跟上，同样的技术设备、同样的方法，却没有达到应有的效果。所以，人的综合素质是最重要的，尤其是青年学生的综合素质是最重要的。

2. 增强学生综合素质是立德树人的根本任务

马克思主义认为，人的自由而全面的发展，主要包括人的活动特别是劳动的全面发展、社会关系的全面发展以及个性的自由发展这三个方面，而人的全面发展是未来高质量社会的本质和体现，要实现最高理想社会，根本途径就是全面提高人的综合素质。

提高人的综合素质，从根本上来说必须靠教育。2018年9月10日，习近平总书记在全国教育大会上强调，"教育是民族振兴、

---

① 习近平. 在中国政法大学考察时的讲话［N］. 人民日报，2017－05－04.

社会进步的重要基石,是功在当代、利在千秋的德政工程,对提高人民综合素质、促进人的全面发展、增强中华民族创新创造活力、实现中华民族伟大复兴具有决定性意义"[1]。这一重要论述,揭示了教育与提高综合素质的关系,教育事业的发展对提高人民综合素质具有决定性意义。

社会主义事业需要德智体美劳全面发展的合格建设者和可靠接班人,中华民族伟大复兴需要人的求实精神、创新精神、无私奉献精神,社会主义市场经济需要人的创造力、应变力、竞争力,人的实践需要人的能动性、创造性、自主性。人的这种精神、这种能力、这种主体性是从哪里来的呢?从根本上说,来源于人的综合素质。从一定意义上讲,人才培养,就是人的综合素质培养。人的综合素质培养与教育密切相关、紧密相连。只有通过立德树人才能不断提高人的综合素质,才能推进人的全面发展,造就数以亿计的高素质劳动者、数以千万计的专门人才和一大批拔尖创新人才。所以,增强青年学生的综合素质是立德树人的应然和必然。

(三)增强综合素质要抓根本抓重点

综合素质的增强不是一朝一夕可以实现的,而是伴随学生成长成才的全过程。必须抓根本,这个根本就是提高人才培养质量;必须抓重点,这个重点就是增强学生的思想道德素质、科学文化素质和创新创造素质。

1. 增强综合素质要抓住提高人才培养质量这个根本

增强综合素质,要深化教育改革,提高教育质量。2013 年 9 月 30 日,习近平总书记在十八届中共中央政治局第九次集体学习

---

[1] 习近平:坚持中国特色社会主义教育发展道路 培养德智体美劳全面发展的社会主义建设者和接班人 [N]. 人民日报,2018-09-11.

时强调,"要深化教育改革,推进素质教育,创新教育方法,提高人才培养质量"[①]。2013 年 10 月 23 日,习近平总书记在会见清华大学经济管理学院顾问委员会海外委员时又强调,"推进教育改革,提高教育质量,培养更多、更高素质的人才"[②]。2017 年 10 月 18 日,习近平总书记在党的十九大报告中再次强调,"要全面贯彻党的教育方针,落实立德树人根本任务,发展素质教育,推进教育公平,培养德智体美全面发展的社会主义建设者和接班人"[③]。

党的十八大以来,为了提高高校人才培养质量,培养高素质人才,中央先后下发了《关于深化考试招生制度改革的实施意见》《关于深化高等学校创新创业教育改革的实施意见》《统筹推进世界一流大学和一流学科建设总体方案的通知》《关于改革完善博士后制度的意见》《关于强化学校体育促进学生身心健康全面发展的意见》《关于深化医教协同进一步推进医学教育改革与发展的意见》《关于改革完善全科医生培养与使用激励机制的意见》《关于全面深化新时代教师队伍建设改革的意见》《国家职业教育改革实施方案》《关于深化新时代学校思想政治理论课改革创新的若干意见》《关于全面加强新时代大中小学劳动教育的意见》《关于加快医学教育创新发展的指导意见》《深化新时代教育评价改革总体方案》《关于全面加强和改进新时代学校体育工作的意见》《关于全面加强和改进新时代学校美育工作的意见》等一系列文件,为增强学生综合素质做了顶层设计。落实好习近平总书记的重要讲话精神,贯彻好中央文件,必将大力提高人才培养质量,大力增强

[①] 习近平:敏锐把握世界科技创新发展趋势 切实把创新驱动发展战略实施好[N]. 人民日报,2013-10-02.

[②] 习近平. 在会见清华大学经济管理学院顾问委员会海外委员时的讲话[N]. 人民日报,2013-10-24.

[③] 习近平. 在中国共产党第十九次全国代表大会上的报告[N]. 人民日报,2017-10-28.

学生综合素质。

2. 增强综合素质要抓住重点促进全面

学生的综合素质是涵盖各方面的全面素质。增强学生的综合素质必须抓住重点促进全面。习近平总书记为学生增强综合素质指明了重点,反复要求学生,"不断提高思想道德素质和科学文化素质"[1],"勇于创新创造"[2]。也就是说,增强学生综合素质的重点是增强思想道德素质、科学文化素质、创新创造素质。

第一,着力增强思想道德素质。思想道德素质是人们的思想意识状态按社会规范的要求所达到的水准,是学生综合素质的核心。思想道德素质主要是思想觉悟、道德水准。学生思想觉悟、道德水准高了,心中就有明灯,立身、立业、立言、立功就有基石。教育引导学生提高思想觉悟、道德水准要紧紧抓住三个重点:

一是坚定理想信念。"让真理武装我们的头脑,让真理指引我们的理想,让真理坚定我们的信仰"[3],深入学习习近平新时代中国特色社会主义思想,坚定树立对马克思主义的信仰,坚定树立共产主义远大理想和中国特色社会主义共同理想,坚定树立中华民族伟大复兴的共同理想,坚持中国特色社会主义道路自信、理论自信、制度自信、文化自信,并将理想信念转化为正确的世界观、人生观、价值观,转化为对奋斗目标的执着追求、对知识学习的不懈进取、对高尚情操的笃定坚持、对艰难险阻的勇于担当,立志肩负起民族复兴的时代重任。

二是弘扬爱国主义精神。树立和坚持正确的历史观、民族观、

---

[1] 习近平. 在庆祝"五一"国际劳动节暨表彰全国劳动模范和先进工作者大会上的讲话 [N]. 人民日报, 2015 - 04 - 29.

[2] 习近平. 致信祝贺全国青联十三届全委会全国学联二十七大召开 [N]. 人民日报, 2020 - 08 - 18.

[3] 习近平. 在纪念红军长征胜利80周年大会上的讲话 [N]. 人民日报, 2016 - 10 - 22.

国家观、文化观，增强爱国意识和爱国情感，增强民族自豪感和自信心，让爱国主义精神在心中牢牢扎根，把自身的前途同祖国的前途、把自己的命运同民族的命运紧密联系在一起，立志听党话、跟党走，立志扎根人民、奉献国家。

三是加强品德修养。以社会主义核心价值观为指导，强化道德意愿，培养道德情感，加强道德判断，提高道德责任，增强道德能力，继承发扬中华传统美德，弘扬践行中华民族精神品格、中国人民价值追求和社会主义道德体系，坚持为人民服务，坚持集体主义，坚持"五爱"，加强社会公德、职业道德、家庭美德和诚实信用建设，培育公正感、责任感、义务感、自尊感、羞耻感、友谊感、荣誉感，从做好小事、管好小节开始起步，不断修身立德，打牢道德根基，学会感恩、学会助人、学会谦让、学会宽容、学会自省、学会自律，成为有大爱大德大情怀的人。

第二，着力增强科学文化素质。一个人的作为取决于个人的科学文化素质不断提高，一个民族的屹立取决于群众的科学文化素质普遍提高，一个国家的发展取决于国民的科学文化素质广泛提高。可见，科学文化素养对于个人、对于民族、对于国家都是至关重要的。

习近平总书记多次强调要提高科学文化素质。2013年3月1日，习近平总书记在中央党校建校80周年庆祝大会暨2013年春季学期开学典礼上的讲话中指出："如果我们不努力提高各方面的知识素养，不自觉学习各种科学文化知识，不主动加快知识更新、优化知识结构、拓宽眼界和视野，那就难以增强本领，也就没有办法赢得主动、赢得优势、赢得未来。"[①] 2015年4月28日，

---

① 习近平. 在中央党校建校80周年庆祝大会暨2013年春季学期开学典礼上的讲话 [N]. 人民日报，2013-03-03.

习近平总书记在庆祝"五一"国际劳动节暨表彰全国劳动模范和先进工作者大会上的讲话中强调:"我们一定要深入实施科教兴国战略、人才强国战略、创新驱动发展战略,……不断提高思想道德素质和科学文化素质。"[①] 2019年9月27日,习近平总书记在全国民族团结进步表彰大会上提道:"不断提高各族群众科学文化素质。"[②] 2020年7月23日,习近平总书记在空军航空大学视察时再次强调:"要坚持立德树人、为战育人,加强军魂教育,强化战斗精神,全面打牢飞行学员思想政治、军事专业、科学文化、身体心理等素质基础,把兵之初、飞之初搞扎实。"[③]

如何提高学生的科学文化素质,习近平总书记也提出了明确的要求。要"教育引导学生珍惜学习时光,心无旁骛求知问学,增长见识,丰富学识,沿着求真理、悟道理、明事理的方向前进"[④]。

一是学习科学理论。教育引导学生学习马克思列宁主义、毛泽东思想、邓小平理论、"三个代表"重要思想、科学发展观,学习习近平新时代中国特色社会主义思想,特别是领会贯穿其中的立场、观点、方法,为其一生成长奠定科学的思想基础。

二是学习文史知识。教育引导学生学习中华优秀传统文化和革命文化、社会主义先进文化,学习党史、国史、改革开放史、社会主义发展史,积淀文化底蕴,不断提升人文素养和精神境界,去庸俗、远低俗、不媚俗,修身慎行、怀德自重,永葆社会主义

---

① 习近平. 在庆祝"五一"国际劳动节暨表彰全国劳动模范和先进工作者大会上的讲话[N]. 人民日报,2015-04-29.
② 习近平. 在全国民族团结进步表彰大会上的讲话[N]. 人民日报,2019-09-28.
③ 习近平:深化改革创新 不断提高办学育人水平[N]. 人民日报,2020-07-24.
④ 习近平:坚持中国特色社会主义教育发展道路 培养德智体美劳全面发展的社会主义建设者和接班人[N]. 人民日报,2018-09-11.

事业建设者和接班人的本色。

三是学习专业知识。严谨笃学打牢专业基础，刻苦钻研夯实知识功底，了解学科前沿、探索新的领域，加快知识更新、优化知识结构，掌握真才实学、积蓄前进能量，不断提高与时代发展、事业要求相适应的科学素养和专业能力，努力成为可堪大用、能担重任的栋梁之材。

第三，着力增强创新创造素质。创新创造是民族进步的灵魂，是一个国家兴旺发达的不竭源泉，也是中华民族最深沉的民族禀赋。习近平总书记反复强调"广大青年一定要勇于创新创造"[1]。要求广大青年有敢为人先的锐气，勇于解放思想、与时俱进，敢于上下求索、开拓进取，树立在继承前人的基础上超越前人的雄心壮志，"以青春之我……，创建青春之国家，青春之民族"。要有逢山开路、遇河架桥的意志，为创新创造百折不挠、勇往直前。要有探索真知、求真务实的态度，在立足本职的创新创造中不断积累经验，取得成果[2]。要"找准专业优势和社会发展的结合点，找准先进知识和我国实际的结合点，真正使创新创造落地生根、开花结果"[3]。

创新创造能力不是先天就具有的，而是通过后天有意识的培养获得的。因此，要把创新创造教育贯穿教育活动全过程，倡导"处处是创新创造之地，天天是创新创造之时，人人是创新创造之人"的教育氛围，鼓励学生善于奇思妙想并努力实践，以创新创造之教育培养创新创造之人才，以创新创造之人才造就创新创造之国家。要教育引导学生把创新创造的理念融入自己的学习、生

---

[1][2] 习近平．在同各界优秀青年代表座谈时的讲话［N］．人民日报，2013-05-05．

[3] 习近平．在欧美同学会成立100周年庆祝大会上的讲话［N］．人民日报，2013-10-22．

活中，着力在提高丰富的想象力、敏锐的观察力上下功夫，在挖掘创新潜能、提高创造能力上下功夫，培养独立思考、理性分析、善于质疑、勇于探索的创新思维特质，培养敢为人先、开拓进取的锐气，培养逢山开路、遇水搭桥的意志，培养探索真知、求真务实的创造态度。

七、要在促进身心健康上下功夫

身心健康，包括身体健康和心理健康。促进广大学生身心健康，不仅是立德树人培养高素质人才的重要任务，更是事关中华民族未来的重要使命。为此，习近平总书记强调，"要把身心健康牢牢抓在手上"①，引导广大学生"通过多种方式怡情养性"②，努力做一个心灵纯洁、人格健全、意志坚强、身体健康的人。

（一）学生身心健康是事关国家和民族未来的重大问题

一个民族昌盛，要有三个基本核心要素。一个是文化，"从延续民族文化血脉中开拓前进"③；一个是经济，"推动经济持续健康发展"④；一个是健康，让国民身心健康，尤其是"让祖国青年一代身心都健康成长"⑤。

人类文明越发展，人的身心健康就越得到重视。世界卫生组织曾对身体健康提出十项标准：（1）有充沛的精力，能从容不迫

---

①② 习近平：全面贯彻落实党的教育方针　努力把我国基础教育越办越好［N］. 人民日报，2016-09-10.
③ 习近平. 在纪念孔子诞辰2 565周年国际学术研讨会暨国际儒学联合会第五届会员大会开幕会上的讲话［N］. 人民日报，2014-09-25.
④ 习近平. 在中国共产党第十九次全国代表大会上的报告［N］. 人民日报，2017-10-28.
⑤ 习近平. 给中央美术学院老教授的回信［N］. 人民日报，2018-08-31.

地担负日常的繁重工作；(2) 处事乐观，态度积极，勇于承担责任，不挑剔所要做的事；(3) 善于休息，睡眠良好；(4) 身体应变能力强，能适应外界环境变化；(5) 能抵抗一般性感冒和传染病；(6) 体重适当，身体匀称，站立时头、肩、臂位置协调；(7) 眼睛明亮，反应敏捷，眼和眼睑不发炎；(8) 牙齿清洁，无龋齿，不疼痛，牙龈颜色正常且无出血现象；(9) 头发有光泽，无头屑；(10) 肌肉丰满，皮肤富有弹性。

心理健康是人在成长和发展过程中认知合理、情绪稳定、行为适当、人际和谐、适应变化的一种完好状态。心理学家认为心理健康有六大标志：(1) 有良好的自我意识，能做到自知自觉，既对自己的优点和长处感到欣慰，保持自尊、自信，又不因自己的缺点感到沮丧。(2) 坦然面对现实，既有高于现实的理想，又能正确对待生活中的缺陷和挫折，做到"胜不骄，败不馁"。(3) 保持正常的人际关系，能承认别人，限制自己；能接纳别人，包括别人的短处。在与人相处中，尊重多于嫉妒，信任多于怀疑，喜爱多于憎恶。(4) 有较强的情绪控制力，能保持情绪稳定与心理平衡，对外界的刺激反应适度，行为协调。(5) 处事乐观，满怀希望，始终保持一种积极向上的进取态度。(6) 珍惜生命，热爱生活，有经久一致的人生哲学。

2016 年 8 月 19 日，习近平总书记在全国卫生与健康大会上指出，要把包括身心健康在内的人民健康放在优先发展的战略地位[1]。身心健康是人们创造美好生活和全面建成小康社会的基础和保障，是综合国力和社会文明的重要体现，是社会发展和人类进步的重要标志。

---

[1] 习近平：把人民健康放在优先发展战略地位　努力全方位全周期保障人民健康 [N]. 人民日报，2016 - 08 - 21.

广大学生是祖国的未来、民族的希望。广大学生身心健康、体魄强健、意志坚强、充满活力，是一个民族旺盛生命力的体现，是社会文明进步的标志。为此，习近平总书记特别希望广大学生"身心健康，茁壮成长"[①]。学生身心健康，不仅是事关学生成长成才的重要环节，也是事关亿万家庭幸福生活的重要前提，更是事关实现中华民族伟大复兴的重要基础。促进学生身心健康，对于提高人民身心素质、旺盛民族生命力，对于丰富人民精神文化生活、推动社会和谐发展，对于激励弘扬追求卓越、突破自我的精神，都有着极其重要的作用，是事关国家和民族未来的重大问题。

（二）促进学生身心健康是培养高素质人才的重要任务

学校是培养人的重要场所，促进学生身心健康，是我们党的教育方针的重要内容，是学校教育的重要任务。

1. 促进学生身心健康是培养高素质人才的重要任务

学校担负着培养高素质人才的光荣使命，学生身心健康素质事关学校人才培养工作的成败。对于什么是高素质人才，习近平总书记创造性地提出一系列新理念新思想新要求，强调要"努力做到修身立德、志存高远，勤学上进、追求卓越，强健体魄、健康身心、锤炼意志、砥砺坚韧"[②]，为新时代高素质人才立标准。身心健康是标准之一。

高素质人才，既要有良好的思想道德素质、科学文化素质和

[①] 习近平. 做党和人民满意的好老师：同北京师范大学师生代表座谈时的讲话[N]. 人民日报，2014-09-10.

[②] 习近平：全面贯彻落实党的教育方针 努力把我国基础教育越办越好[N]. 人民日报，2016-09-10.

身体素质，也要有良好的身心健康素质。事实说明，一个民族，没有振奋的精神和坚强的意志，不可能自立于世界民族之林；一个人，没有振奋的精神和坚强的意志，不可能成为高素质人才。而身心健康是振奋的精神和坚强的意志的重要基础。

科学研究发现，许许多多成功人士的身上有一个共同的特点，就是不仅有扎实的知识素养、较强的专业能力，而且有良好的身心健康素质。而那些事业失败、人生遭受挫折的人，也往往与其身心素质比较脆弱，经不起困难、挫折乃至成功的挑战和考验有关。

所以，身心健康问题，越来越为社会所重视，为广大学生所认识。加强学生身心健康素质教育，培养良好的个性心理品质和身体品质，提高学生的社会适应能力、承受挫折能力和情绪调节能力，促进他们的身心健康素质与思想道德素质、科学文化素质的全面协调发展，是新时代培养高素质人才的重要任务。

2. 促进学生身心健康是满足学生成长成才的重要任务

学生是学校教育培养的对象。立德树人，不断满足学生发展的多方面需要，促进学生全面成长成才，成为中国特色社会主义事业的合格建设者和可靠接班人，是学校一切工作的出发点和落脚点。

目前，在校学生尤其是大学生大多为独生子女，他们是一个承载社会、家庭高期望值的特殊群体。他们自我定位比较高，成才欲望非常强，但社会阅历比较浅，心理、生理发展并不成熟，身心极易出现波动。特别是随着经济社会的发展，学生面临的社会环境、家庭环境和学校环境日益纷繁复杂，面临的学习、就业、经济和情感等方面的压力越来越大，不可避免地会形成各种各样的心理和生理问题，急需疏导和调节。只有把这些问题解决好了，学生才能更好地成长成才。

3. 促进学生身心健康是做好学生思想工作的重要任务

学生正处于人生发展的重要时期，是世界观、人生观、价值观形成的关键时期。对于在校学生来说，他们在成长过程中遇到的困难和矛盾，产生的困扰和冲突，会形成这样或那样的身心问题。而这些身心问题又往往同他们世界观、人生观、价值观的问题交织在一起。身心问题，是世界观、人生观、价值观问题在身心方面的反映。身心问题的解决，从根本上讲要以树立正确的世界观、人生观、价值观为前提。反过来，身心问题的存在，也必然影响正确世界观、人生观、价值观的确立。因此，做好学生思想政治工作，要在理想信念、思想品德、行为养成、身心健康等各个层面全面展开，使思想教育与身心健康教育互相补充、互相促进。

（三）促进学生身心健康要抓住关键环节

影响学生身心健康的因素是多方面的，促进学生身心健康要抓关键环节。

1. 减轻教育的压力

目前，我们的教育总体上符合我国国情、适应经济社会发展需要，但也存在一些突出问题和短板，特别是教育的压力普遍前移，学前教育、基础教育普遍存在超前教育、过度教育现象，有损学生身心健康成长。教育压力普遍前移，原因很多，但根本是考试制度"惹的祸"。只有改变考试招生制度的指挥棒，才能真正实现学生成长、国家选才、社会公平的有机统一。

2014年8月18日，习近平总书记主持召开中央全面深化改革领导小组第四次会议，对深化考试招生制度改革做出了部署。

他讲话强调："深化考试招生制度改革，总的目标是形成分类考试、综合评价、多元录取的考试招生模式，健全促进公平、科学选才、监督有力的体制机制，构建衔接沟通各级各类教育、认可多种学习成果的终身学习立交桥。"[1] 深化考试招生制度改革，要全面贯彻党的教育方针，坚持立德树人，适应经济社会发展对多样化高素质人才的需要，突出问题导向，回应社会关切，进一步促进教育公平，提高选拔水平，培养德智体美劳全面发展的社会主义事业建设者和接班人。要改进招生计划分配方式，提高中西部地区和人口大省高考录取率，增加农村学生上重点高校人数，完善中小学招生办法破解择校难题。要改革考试形式和内容，完善高中学业水平考试，规范高中学生综合素质评价，加快推进高职院校分类考试，深化高考考试内容改革。要改革招生录取机制，减少和规范考试加分，完善和规范自主招生，完善高校招生选拔机制，改进录取方式，拓宽社会成员终身学习通道。

现在，全社会都关心学生身心素质，学生身心健康水平仍是学生素质的短板，"小胖墩""小眼镜"越来越多。习近平总书记就此专门做了批示："我国学生近视呈现高发、低龄化趋势，严重影响孩子们的身心健康，这是一个关系国家和民族未来的大问题，必须高度重视，不能任其发展。"[2] 他要求"全社会都要行动起来，共同呵护好孩子的眼睛，让他们拥有一个光明的未来"[3]。

2. 整顿校外培训机构

一些校外培训机构违背教育规律和学生成长发展规律，开展

---

[1] 习近平：共同为改革想招一起为改革发力 群策群力把各项改革工作抓到位[N]. 人民日报，2014-08-19.

[2][3] 习近平：共同呵护好孩子的眼睛 让他们拥有一个光明的未来[N]. 人民日报，2018-08-29.

以"应试"为导向的培训,增加了学生课外负担,增加了家庭经济负担,甚至扰乱了学校正常教育教学秩序,社会反响强烈。2018年7月6日,习近平总书记主持召开中央全面深化改革委员会第三次会议。会议强调,要规范校外培训机构发展,切实解决人民群众反映强烈的中小学生课外负担过重问题[①]。2018年9月10日,习近平总书记在全国教育大会上发表讲话,再次要求对校外培训机构依法管起来,让校外教育培训回归育人正常轨道。

治理整顿校外培训机构,这是当前面临的紧迫难题,这个难题破不了,教育的良好生态就难以形成,促进学生身心健康就是一句空话。这件事非办不可,必须主动作为,把因果链搞清楚,把责任链理清楚,把新的路径划清楚,把学生从校外学科类补习中解放出来,把家长从送学陪学中解放出来。

治理整顿校外培训机构,是老问题又是新问题。要按照中央的要求,制定治理方案,按照系统观念设计整治路径,打出政策组合拳。治理的重点应是发表错误言论、师德失范、虚假广告等行为。治理的原则是坚持源头治理、系统治理、严格治理,综合运用经济、法治、行政办法,对培训机构的办学条件、培训内容、教材教案、收费管理、营销方式、教师资质等全方位提出要求。治理的力量要注重统筹,进一步明确市场监管、民政、发展改革、财政、公安等部门的责任,共同发力,依法管理校外培训机构,让校外教育培训回归育人正常轨道,成为促进学生身心健康的重要阵地。

3. 切实解决好学校内、课堂内教育不到位的问题

学生身心健康问题,与学校内、课堂内等"两内"教育不到

---

① 习近平:激发制度活力激活基层经验激励干部作为 扎扎实实把全面深化改革推向深入[N]. 人民日报,2018-07-07.

位问题密切相关。促进学生身心健康，同时要切实解决好"两内"教育不到位的问题。对此，习近平总书记早已开出良方：要坚决克服唯分数、唯升学、唯文凭、唯论文、唯帽子的顽瘴痼疾，从根本上解决教育评价指挥棒问题，扭转教育功利化倾向，全面落实立德树人根本任务，推进育人方式、办学模式、管理体制、保障机制改革，建立促进学生身心健康、全面发展的长效机制。

2014年5月30日，习近平总书记在北京市海淀区民族小学主持召开座谈会时强调："学校要把德育放在更加重要的位置，全面加强校风、师德建设，坚持教书育人，根据少年儿童特点和成长规律，循循善诱，春风化雨，努力做到每一堂课不仅传播知识、而且传授美德，每一次活动不仅健康身心、而且陶冶性情，让同学们都得到倾心关爱和真诚帮助，让社会主义核心价值观的种子在学生们心中生根发芽。"[①] "每一堂课不仅传播知识、而且传授美德，每一次活动不仅健康身心、而且陶冶性情""让社会主义核心价值观的种子在学生们心中生根发芽"，这是解决好"两内"教育不到位问题的指导思想。

身心问题，与人的世界观、人生观、价值观问题密切相关。促进学生身心健康，从根本上讲要以教育引导学生树立正确的世界观、人生观、价值观为前提。为此，习近平总书记强调："哲学社会科学有重要的育人功能，要面向全体学生，帮助学生形成正确的世界观、人生观、价值观，提高道德修养和精神境界，养成科学思维习惯，促进身心和人格健康发展。"[②] 这是解决好"两内"教育不到位问题的重要理念，只有教育引导学生树立正确的

[①] 习近平. 从小积极培育和践行社会主义核心价值观：在北京市海淀区民族小学主持召开座谈会时的讲话[N]. 人民日报，2014-05-31.

[②] 习近平. 在哲学社会科学工作座谈会上的讲话[N]. 人民日报，2015-05-19.

世界观、人生观、价值观，才能真正促进学生的身心健康。

　　解决好"两内"教育不到位问题要加强针对性，抓住两个重要环节。一是要培育理性平和的健康心态，加强人文关怀和心理疏导，帮助学生培育不怕失败的心理素质，锤炼坚强的意志和品格，培养奋勇争先的进取精神，保持乐观向上的人生态度，敢于面对各种困难和挫折，不断提升心理健康素质。对于如何提高学生的心理素质，习近平总书记突出强调："要加大心理健康问题基础性研究，做好心理健康知识和心理疾病科普工作，规范发展心理治疗、心理咨询等心理健康服务。"① 要加强"心理咨询教师等队伍建设，保证这支队伍后继有人、源源不断"。只有落实好这两点要求，才能帮助学生"有过硬的心理素质和意志品质"②。

　　二是"要树立健康第一的教育理念，开齐开足体育课，帮助学生在体育锻炼中享受乐趣、增强体质、健全人格、锤炼意志"③。

　　习近平总书记极其重视学生的身体健康，提出了很多重要思想。2013年4月2日，习近平总书记在参加首都义务植树活动时指出，"身体是人生一切奋斗成功的本钱，少年儿童要注意加强体育锻炼，家庭、学校、社会都要为少年儿童增强体魄创造条件，让他们像小树那样健康成长，长大后成为建设祖国的栋梁之才"④。

　　2014年5月30日，习近平总书记在参加北京市海淀区民族

---

① 习近平：把人民健康放在优先发展战略地位　努力全方位全周期保障人民健康［N］．人民日报，2016-08-21．
② 习近平看望南京青奥会中国体育代表团［N］．人民日报，2014-08-16．
③ 习近平：坚持中国特色社会主义教育发展道路　培养德智体美劳全面发展的社会主义建设者和接班人［N］．人民日报，2018-09-11．
④ 习近平：把义务植树深入持久开展下去　为建设美丽中国创造更好生态条件［N］．人民日报，2013-04-03．

小学庆祝"六一"国际儿童节活动时强调,"希望孩子们要文明精神、野蛮体魄,把身体锻炼好,把知识学好"①。

2014年8月15日,习近平总书记看望南京青奥会中国体育代表团时提出要求,"既把学习搞得好好的,又把身体搞得棒棒的,做到德智体美全面发展,将来成为祖国建设的栋梁之材"②。

2016年9月9日教师节前夕,习近平总书记回母校北京市八一学校看望并慰问师生,要求广大学生"养成良好的生活习惯,经常参加劳动和体育锻炼,通过多种方式怡情养性"③,"希望同学们把足球爱好保持和发展下去,在足球运动中感受集体力量、体验运动乐趣、强健身体素质"④。

习近平总书记在植树活动、青奥会、儿童节、教师节这四个节点的讲话要求:身体是人生一切奋斗成功的本钱,家庭、学校、社会都要为少年儿童增强体魄创造条件;既把学习搞得好好的,又把身体搞得棒棒的,文明精神,野蛮体魄;经常参加劳动和体育锻炼,感受集体力量,体验运动乐趣,强健身体素质。这些都具有极其重要的意义,是新时代提升学生身体健康素质的基本遵循,我们必须全面贯彻好,把促进学生身心健康工作落到实处。

八、要在改进美育上下功夫

美是纯洁道德、丰富精神的重要源泉,没有美滋养的人生必然是单调的、干涸的人生。美育是党的教育方针的重要内容,也是立德树人的重要内容。习近平总书记强调:"要全面加强和改进

---

① http://cpc.people.com.cn/n/2014/0530/c64094-25088386.htm.
② 习近平看望南京青奥会中国体育代表团[N].人民日报,2014-08-16.
③④ 习近平:全面贯彻落实党的教育方针 努力把我国基础教育越办越好[N].人民日报,2016-09-10.

学校美育,坚持以美育人、以文化人,提高学生审美和人文素养。"①

(一) 美育的概念与内涵

美育作为审美和教育相结合的产物,在人类历史上可谓源远流长。西方早在古希腊时期,在城邦保卫者的教育中就有艺术教育的内容。自古以来,中国就十分重视美育。孔子提倡的诗教、乐教就是美育。

近代意义上的"美育"概念及其专门研究,是由德国诗人和美学家席勒首先提出和创立的。1795年,席勒在《美育书简》中提出:"为了在经验中解决政治问题,就必须通过美育的途径,因为正是通过美,人们才可以达到自由。"② 他明确提出了体、智、德、美四育的概念。他说:"有促进健康的教育,有促进认识的教育,有促进道德的教育,还有促进鉴赏力和美的教育。"而美育的目的在于"培养我们感性和精神力量的整体达到尽可能的和谐"③。中国近现代相交时期一位享有国际声誉的著名中国学者王国维在《孔子之美育主义》一文中较早(1904年)使用了"美育"概念,被视为美育作为一门独立学科在中国的发端。

《辞海》对美育的解释是:美育亦称"审美教育"或"美感教育",是关于审美与创造美的教育。通过对艺术美、自然美、社会美的审美活动和理性的美学教育,学生树立正确的审美观念,培养健康的审美趣味,提高对美的欣赏力与创造力。学界对美育的

---

① 习近平:坚持中国特色社会主义教育发展道路 培养德智体美劳全面发展的社会主义建设者和接班人 [N]. 人民日报,2018-09-11.
② 席勒. 美育书简 [M]. 北京:中国文联出版公司,1984:39.
③ 同②102,108.

概念与内涵主要有以下观点：

1. 美育是美学知识的教育

有学者认为，美育主要指教育者引导学生掌握系统的美学和哲学、教育学、文学、心理学、生理学等有关学科的基础知识，培养学生感受美、鉴赏美、表现美和初步按照美的规律创造美的能力以及促进形体美、陶冶审美情操、树立审美理想而采取的一整套"以美育人"的综合教育措施。

2. 美育是艺术教育

"美育是艺术教育"这种观点在美育史上影响最深远最持久。很多学者认为，美育的实质是培养学生对于美在艺术和生活中充分知觉的能力和正确理解的能力，是培养他们审美的概念、兴趣和标准，并发展他们在艺术方面的创造性素质和才能。

3. 美育是情感教育

不少学者认为，美育的实质就是情感教育，就是一种通过一定的审美媒介（主要是艺术作品，也包括社会美、自然美、科技美等形态）引导学生进行健康的审美活动，使情感理性化和审美化升华为一种高级情感的过程，其最终目的就是要建立一种以审美为核心为旨归的审美心理结构，以培养全面发展的人。许多学者进一步阐述，美育是审美情感的教育。与情感教育相比，审美情感教育是对美育更深入的阐发。审美情感是指人对审美对象所持的一种主观态度，它往往以肯定（爱）与否定（恶）的形式表现出来。审美情感既以初级的生理快感、痛感为基础，又与高级的对审美对象的理性、社会性评价相联系，属于高级的心理体验。

4. 美育是培养审美能力的教育

学界有一种观点，美育是指教育者按照一定时代的审美意识，借助多种审美媒介，培养受教育者正确的审美观点，发展感受美、鉴赏美、创造美的能力，并组织开展树立和发展人们正确的审美观点、健康的审美情趣和高尚的审美理想的教育活动。所谓审美，不外乎鉴别美、欣赏美、创造美、感受美、表达美、体现美，概括起来，美育就是要培养受教育者的审美欣赏、审美表现、审美创造的能力。

5. 美育是"全面育人"的教育

近来有不少学者认为，美育从根本上讲是一种为实现崇高的理想、充分发挥人的潜能、实现人的全面发展的教育方式。具体地说，它是有目的、有计划、有组织地，通过各种美的事物、美的作品，如文学艺术和其他审美方式来打动人的感情，人在心灵深处受到感染和感化，从而使人的感情得以升华，情操得以陶冶，审美能力得以提高，人的身心结构更趋完美和谐，德智体美劳全面发展。

6. 美育是教育的一种境界

现在有很多学者都认为，美育是在年轻一代身上发展按照美的规律建设生活的需要。美育的实质是按照美的规律来实施的教育。教育是人类的一项特殊活动，它要遵循实践的一般规律即"美的规律"。要求教育作为一个具有美的规定的活动整体，不仅具备美的形式，而且兼有美的内涵，进入教育领域每一个美的因素不是孤立、外在地起作用，而是融合到教育的整体中发挥作用，使它们充分发挥自己的价值，进而能达到"1+1>2"的效果。这种观点将美育视为整个教育的一种境界，不再把美育当成一种自发的行为，而是一种自觉的行为，最终使教育达到一种自由创造的境界。

美育是教育的一种境界的观点，把对美育的认识从一个个单一教育的樊篱中解放出来，将美育的视野扩大到整个教育领域，以一种全新的角度来审视美育。它实际上要求各学科各课程教学和教育的内在逻辑美和外在形式美的统一，使教学的各种内在因素、外在因素都转化为审美对象，把师生教学关系转化为一种特殊审美关系，把整个教学活动转化为审美欣赏、审美表现和审美创造的活动。这与时下倡导的素质教育的宗旨——减轻学生过重负担、提高学习效率、激发学生学习兴趣和主动性、尊重与培养个性和创造性等完全吻合，也与人类始终追求的教育的科学性和艺术性（审美性）和谐统一的理想高度一致。

（二）美育的功能与作用

美育是党的教育方针的重要组成部分，是立德树人的重要内容和重要载体。在对学生进行全面素质教育中，美育有着独特的功能和作用。如果学生的精神世界没有童话、歌谣和大自然的云彩、花朵、鸟叫虫鸣，如果学生的心灵世界没有动人的音符和丰富的颜色，如果学生没有艺术爱好和艺术修养，是不可能全面发展的。学界从四个方面论述了美育的功能和作用。

1. 美育能够促进德智体劳

第一，美育对德育有促进作用。首先，美育和德育在目的上具有一致性。德育是通过恰当方式对学生进行理想信念、道德品质、法治观念等方面的教育，确保学生德才兼备、全面发展，在这一点上与美育崇尚真善美、塑造完美人格的目标完全一致。

其次，美育与德育在内容上具有交融性。一方面，德育给美育以丰富充实的内容，通过科学的人生观、世界观、价值观的培养以保证美育观念形成的正确方向；另一方面，美育为德育提供感染力、吸引力的手段，能提高德育的效果。

最后，美育是德育的必要前提。从个体角度看，道德状态是从审美状态发展而来的，道德修养是建立在审美的基础之上的。美育使人的心灵达到和谐，通过在个体心灵中培养起一种明晰的形式秩序感，为道德意志和理智的发展打下必要的基础。

第二，美育对智育有促进作用。人的认知能力与审美能力相互关联、相互促进，决定了美育与智育之间存在必然的联系。美育和智育都能发展人的智力，但其作用不同。智育着重于知识方面的教育，美育着重于感情、意志方面的陶冶。二者既不能互相代替，也不能偏废任何一面，只有同时兼顾，才能使知识和感情达到调和并正确认识人生的价值。

美不仅可以丰富人的知识，而且还可以促进创造力和想象力的发展。优秀的艺术作品能够深刻揭示事物及社会的本质，可以让人通过典型形象，生动深刻地认识世界。而且这种认识富于理想、充满激情，并能获得深刻、持久的效果，从而极大地提高人的智力。人的审美能力本身是一种特殊的感悟能力，它一方面内在地包含认识能力的发展，另一方面也为认识能力的发展提供了必需的基础和有利条件。对于智育而言，美育可以激发人们的求知欲，提高人的学习兴趣，并对于促进创造性思维能力的发展具有不可低估的作用。

第三，美育对体育有促进作用。由于现代健康的特征主要是身心的协调发展，体育就不仅具有生理学的特征，而且还具有心理学的特征。在体育中，身体的运动促进着心理的发展和提高；在美育中，情感活动也带动着生理的发展；体育和美育共同促进着人的身心全面发展。

美育可以增强人们在体育活动中的审美感受，不断提高人体健美水平。人的美是外在美与内在美的结合。人类不仅按照美的规律改造对象，同时也按照美的规律来改造自己的形体。人对形体美的追求是在生存需要得到相对满足的基础上发展起来的精神需要。

对人的形体美的审美追求与审美观，是人们尤其是学生锻炼自己身体的动力和尺度。人类文明程度越高，这种动力和尺度就越具有普遍意义。并且，人们在对艺术美、社会美、自然美的欣赏中汲取塑造人体美的营养，还可以造就自己健美的形体，铸成自己健全的意志和丰富的情感。

第四，美育对劳动有促进作用。劳动是人类社会生活的最基本的内容，人的自由、自觉的创造活动以及才能、智慧、品格、意志、情感等本质力量也最直接、最集中地体现在生产劳动之中。因此，劳动是社会生活美的最基本载体和最客观反映。

美育是培养学生创造美的能力教育。通过美育，丰富学生知识，发展学生智力，激励学生创造活力和创造性劳动，主动地去创造美，从而使自己获得美。美育不仅生产审美客体——为社会所欢迎的产品或服务；而且完善审美主体——探求科学知识的欲望，对生产技艺精益求精的进取心，征服自然、排除困难的坚韧意志和团结互助的集体主义精神。这就是劳动创造美，美育提高劳动质量。

2. 美育能够培养创新素质

创新素质是人的重要素质，人的创造性的充分发挥是与人的审美水平密切相关的。美育不仅能培养学生具有高尚的情操，还能激发学生的学习活力，促进智力的开发，培养学生的创新能力。

美育是以自由和创造力为特征的情感教育，这一特征使它有利于创新精神的培养。审美和艺术创作是个性化活动，而个性的充分展现与张扬即是一种创造。一个有趣的统计表明，几乎所有的大科学家和大发明家同时又是艺术家、诗人、音乐家或作家。

美国心理生物学家斯佩里博士（Roger Wolcott Sperry，1913—1994）通过著名的割裂脑实验，证实了大脑不对称性的"左右脑分工理论"，并因此荣获1981年诺贝尔生理学或医学奖。实验得出的结论：人的左脑主要负责逻辑理解、记忆、时间、语言、判断、排列、分类、逻辑、分析、书写、推理、抑制、五感（视、听、嗅、触、味觉）等，思维方式具有连续性、延续性和分析性。因此，左脑可以称作"意识脑""学术脑""语言脑"。人的右脑主要负责空间形象记忆、直觉、情感、身体协调、视知觉、美术、音乐节奏、想象、灵感、顿悟等，思维方式具有无序性、跳跃性、直觉性等。因此，右脑可以称作"本能脑""潜意识脑""创造脑""音乐脑""艺术脑"。

从生理学角度讲，美育对于激发大脑创造欲望与情感的潜能具有重要的作用，因为人的右脑是创造力得以产生、发展的重要依托。而传统的教育比较重视左脑的开发，对右脑却不够重视。目前，学校教育中由于忽视艺术教育和美育，或者是把艺术教育和美育仅仅当作知识教育和技能训练，容易造成学生感觉迟钝、想象力贫乏、情感不丰富，严重影响他们创造能力的发展。

美育与创新教育密不可分，创新教育有赖于美育，而美育最充分地体现了创新教育的特征。如果我们能够将美育所特有的创新品质和功能内化在整个教育，使我们的教育更加重视对人的创新精神的培养，那么我们的教育就具有了创新教育的品质和功能，教育就能更好地体现以培养创新精神和实践能力为重点的素质教育的精神，教育也就真正成了素质教育。

3. 美育有助于促进社会和谐

美育对于促进社会和谐具有独特作用。这一作用早在古代就引起了人们的重视。儒家提出"仁者爱人""里仁为美"，其学说的核心是"仁",达到"仁"的境界也就达到了美的境界;而"诗教"和"乐教"是达到这一最高境界的重要途径。"移风易俗,莫善于乐。"按照现代的话来说,儒家认为美育具有改变社会风气,使社会和谐、天下太平的作用。

一般来说,规范人的行为,不外三重途径:一是靠规章制度,这是一种外在的强制;二是靠道德教育,这是一种内在的强制,即通过良心的谴责来制止不良行为;三是靠美的熏陶和感染,这依靠的是内在的自觉。

三者相比较,美的力量显然具有独特优势。这是因为,道德认识不必然伴随相应的道德行为;即使有了道德行为,也不一定总是带来良好品质的内化。这一矛盾的解决可以依赖美育所培养的审美情感。

审美情感可以使一般的行为规范进入人的心灵深处,使外在的社会要求成为人的自觉的内在道德需要,从而加速道德认识转化为道德行为的过程。从这一意义上讲,美是一种内在的道德,是一种无规范的规范。

一个充满爱心的人必然是美的人,一个充满爱的社会必然是美的社会,也就是和谐的社会。从人的爱心培养来看,伦理与审美都能发挥作用,但审美所产生的爱要比伦理的爱更广泛,更少功利性,更深入感情深处。审美正是人类爱心培养的主要方式之一。

一个人的成长、一个民族的兴旺,都离不开美的熏陶。在构建社会主义和谐社会的进程中,学校是一个重要的阵地,美育是一个不可忽视的方面。通过美育的陶冶作用,学生感受美、鉴赏美、创造美,从而提高其思想境界,丰富其精神生活,健全其人格修养,规范其外在行为。

（三）做好学校美育工作的对策

2018年8月，习近平总书记在给中央美术学院老教授的回信中说道："做好美育工作，要坚持立德树人，扎根时代生活，遵循美育特点，弘扬中华美育精神，让祖国青年一代身心都健康成长。"[①] 2020年10月，中办、国办印发了《关于全面加强和改进新时代学校美育工作的意见》。贯彻落实好习近平总书记指示精神，贯彻落实好中央精神，做好美育工作首先需要做到四个明确。

1. 明确学校美育的地位作用

由于一些人对美育的地位作用认识存在误区，或者将美育与德育混为一谈，或者将美育等同于艺术教育，或者将美育理解成美学知识的简单普及，或者干脆持美育虚无主义的态度，对美育的重视程度远远不及德育、智育、体育、劳育。在一些人眼中，美育似乎成了"中看不中用"的点缀和装饰品，"好听、好看、好玩但不实用"。这种对美育漠视、轻视、忽视的态度，使美育在学校教育中地位窘迫。加强美育首先要充分认识学校美育的地位和作用。

美育的价值则在于它通过审美对象对人的情感发生强烈的感染，从而使人的精神得以升华。马克思主义的美育观认为，美育是实现人的全面发展的重要途径。美是纯洁道德、丰富精神的重要源泉。美育不仅能陶冶情操，提高素养，而且有助于开发智力，对于促进学生全面发展具有不可替代的作用。

美育在立德树人中具有特殊的重要作用。德育主要解决学生的世界观和人生观问题，帮助他们树立正确的伦理政治观念，培

---

① 习近平给中央美术学院老教授的回信［N］. 人民日报，2018-08-31.

养高尚的道德情操，培养远大的人生理想，体现的是"善"的要求；智育主要是对学生传播文化知识和科学技能，培养其逻辑思维能力，开发其智能，体现的是"真"的要求；体育主要是通过运动和锻炼来增强学生体质，提高其健康水平，体现的是"健"的要求；劳育主要是"给每一个人提供全面发展和表现自己全面发展和表现自己全部的体力脑力的机会"①，体现的是"创造"。而美育则是以美育人，以情感人，使学生在美的鉴赏和创造中潜移默化地受到感染和陶冶，审美心理结构趋于完善，人格趋于完美，个性得到和谐发展，体现的是"美"的要求，是理想的追求。尽管美育与德、智、体、劳等在目标上具有一致性，都是培养人、教育人，但美育有其自身特殊的规律与特点，因而又具有不可代替性。美育作为一种更高层次的素质教育，作为一种独特的教育思想和教育方法，能够而且必须渗透在德、智、体、劳之中，德、智、体、劳等方面的教育活动只有与美育结合起来，才能让人愉快地接受。

2. 明确学校美育的总体要求

学校美育工作，要以立德树人为根本，以社会主义核心价值观为引领，以提高学生审美和人文素养为目标，弘扬中华美育精神，以美育人、以美化人、以美培元，把美育纳入各级各类学校人才培养全过程，贯穿学校教育各学段。

学校美育工作要坚持正确方向，把美育作为立德树人的重要载体，坚持弘扬社会主义核心价值观，强化中华优秀传统文化、革命文化、社会主义先进文化教育，引领学生树立正确的历史观、民族观、国家观、文化观，陶冶高尚情操，塑造美好心灵，增强

---

① 马克思，恩格斯. 马克思恩格斯选集：第 3 卷 [M]. 3 版. 北京：人民出版社，2012：681.

文化自信。

学校美育要坚持面向全体，健全面向人人的学校美育育人机制，缩小城乡差距和校际差距，让所有在校学生都享有接受美育的机会，整体推进各级各类学校美育发展，加强分类指导，鼓励特色发展，形成"一校一品""一校多品"的学校美育发展新局面。

学校美育要坚持改革创新，全面深化学校美育综合改革，坚持德智体美劳五育并举，加强各学科有机融合，整合美育资源，补齐发展短板，强化实践体验，完善评价机制，全员全过程全方位育人，形成充满活力、多方协作、开放高效的学校美育新格局。

学校美育要树立学科融合理念，加强美育与德育、智育、体育、劳育相融合，充分挖掘和运用各学科蕴含的体现中华美育精神与民族审美特质的心灵美、礼乐美、语言美、行为美、科学美、秩序美、健康美、勤劳美、艺术美等丰富美育资源，有机整合相关学科的美育内容，推进课程教学、社会实践和校园文化建设深度融合，大力开展以美育为主题的跨学科教育教学和课外校外实践活动。

3. 明确学校美育的主攻方向

当下，美育理论体系、教材体系和课程体系相对滞后，是加强美育的主攻方向。

一是构建美育理论体系。目前，美育理论体系的构建仍是一个非常薄弱的环节，美育理论尚未形成完整的体系。过去人们论述美育一般只有功能论和途径论两部分，显得没有根基。

美育内涵、美育功能、审美的心理过程等还存在多种说法，作为学术争鸣是正常的，但如果对美育基本概念的认识长期处于一种模糊的状态，势必影响其理论的深入研究和实践活动的目的性。亟须构建完善的美育大纲、美育计划，按照现代美学和现代教育学的要求来构建美育理论体系，正确厘清美育概念，准确诠释美育理论。

二是编写美育教材。教材是美育的重要载体。美育教材时有出版，但与其他教材相比，美育教材本身数量少，其中适用的美育教材更是少之甚少。

要加强大中小学美育教材一体化建设，组织专家编写一套完整的、贯穿学校教育全过程的美育教材，包括文字主教材、教学参考资料、学生学习指导书、音像、电子出版物等。要注重教材纵向衔接，实现主线贯穿、循序渐进。尤其在高校要形成以美学和艺术史论类、艺术鉴赏类、艺术实践类为主体的高校公共艺术课程教材体系。

美育教材的编写，要坚持马克思主义指导地位，扎根中国、融通中外，体现国家和民族基本价值观，格调高雅，凸显中华美育精神，充分体现思想性、民族性、创新性、实践性；要根据学生年龄特点和身心成长规律，围绕课程目标，精选教学素材，丰富教学资源。

三是完善美育课程设置。目前，一些学校美育方面的课程开设得比较"少""散""乱"，且很多学校在这个问题上也只满足于"做了"，至于"做得怎么样"，很少去想。因此，开设的课程只满足于上级的"最低"要求，未形成体系或"课群"，难以真正达到其应有的效果。要形成一套以美育综合课为核心——包括音乐、美术、书法、舞蹈、戏剧、戏曲、影视等——的美育课程体系，依据不同的学段，开设"精"而"广"的鉴赏课。

所谓"精"，就是对每一门类的艺术精选出最典型、最有代表性的作品作为鉴赏对象，引导学生从审美的角度进行比较和感受，启发学生领悟其中的奥妙。

所谓"广",就是要让学生从视觉艺术、听觉艺术、综合艺术中全面地接触代表作品,选择典型实例进行比较、感受、分析、评论,在审美鉴赏活动中培养审美能力和丰富的想象力。

学前教育阶段开展适合幼儿身心特点的艺术游戏活动。义务教育阶段丰富艺术课程内容,在开好音乐、美术、书法课程的基础上,逐步开设舞蹈、戏剧、影视等艺术课程。高中阶段开设多样化艺术课程,增加艺术课程的可选择性。职业教育将艺术课程与专业课程有机结合,强化实践,开设体现职业教育特点的拓展性艺术课程。高等教育阶段开设以审美和人文素养培养为核心、以创新能力培育为重点、以中华优秀传统文化传承发展和艺术经典教育为主要内容的公共艺术课程。

4. 明确学校美育的关键途径

美育是综合性的教育,要抓住关键,深入推进。

一是抓好各类课程美育。当前,仍有不少人认为美育是美术课、音乐课教师的事。这种狭隘的美育观是长期以来制约美育发展的瓶颈。艺术教育无疑是美育的重要组成部分,是美育的重要途径和手段。但是,美育比艺术教育的内容要丰富、广泛得多。把美育限于艺术教育,就不利于非艺术方面(如自然美、崇高美、人生美等)的审美素质的培育,也会影响音乐、美术专业以外教师实施美育的自觉性、能动性和创造性。

学校美育的一个重要特征就是审美教育可以寓于所有学科的教学活动中,美育要与其他学科课程相渗透,使美的素养在浸入式、体验式的美育氛围中逐步形成,如:数学学科中几何图形的美、思维过程的美,生物课、自然课中的自然美,语文课中的语言美、文学美,等等。此外,教师在日常行为中表现出的修养和风范，也可以达到潜移默化的美育效果。

二是抓好校园文化美育。各种校园活动、校园的物质环境和精神环境及其营造的文化氛围，对培养学生正确的审美观，提高学生对美的感受、理解、鉴赏和创造等审美能力，塑造健全的审美心理结构，都有着不可忽视的影响。社团活动、第二课堂、各种展览、艺术活动，不仅可以丰富校园生活，而且可以促进学生思想道德素质、文化科学素质、身心健康素质等各方面综合素质的全面提高。

学校要大力推广惠及全体学生的合唱、合奏、集体舞、课本剧、艺术实践工作坊和博物馆、非遗展示传习场所体验学习等实践活动，广泛开展班级、年级、院系、校级等群体性展示交流。还应根据学生的兴趣爱好，组织文学社、书评影评小组等社团，开展美术、书法、摄影、舞蹈、器乐、演唱演讲等活动，使学生在知识增长、技术提高的同时，锻炼多种能力，得到美的陶冶，启发学生按照美的规律去进行审美创造。同时，还应结合校内外资源以多种方式打造富有特色的校园文化生态，将人文讲座、学术演讲等文化素质教育活动常态化、制度化。

三是抓好美育教师队伍建设。美育是一门综合学科，融合了美学、教育学、心理学、伦理学等各种专业学科的知识；同时，美育又是综合艺术教育、审美教育、人文教育、情感教育于一体的教育。美育学科的综合性和实践性，决定了美育师资队伍必须具备较高的综合素质，要具备多种艺术的基本素养。所以，学校美育教师应是复合型人才。

必须加快美育专职教师的培养，加强对教师的美育理论培训。要改变美育师资严重匮乏的现状，要像培养德育、智育、体育教师那样，在师范院校中，设立美育教师的培养专业。培养出的美育专职教师，既要懂得美学基础理论，掌握社会美、自然美审美方法，能指导学生开展社会审美、自然审美，又要了解艺术的一般规律，掌握艺术美的审美方法，能引领学生入艺术之门，感受艺术美，理解艺术美。

要鼓励美育教师热爱美育事业，努力掌握教育教学规律，不断提高美育课堂教学的组织能力、课外辅导的实践能力和美育科研能力。要帮助美育教师解决好工作条件以及奖励、晋职、待遇等问题，安排美育教师的业务进修，确保美育教师的科研具有前沿性。要积极组织美育教师开展各种科研活动，经常进行学术交流，采取有效的措施不断提高教师的业务水平。

九、要在搞好劳动教育上下功夫

劳动，是一种创造价值的活动。习近平总书记指出，"劳动是人类的本质活动"[1]，"人类是劳动创造的，社会是劳动创造的"[2]。劳动也是立德树人的本质活动，立德树人也要靠劳动来创造。

（一）中华民族创造的各种文明都是劳动的结晶

习近平总书记指出："人类创造的各种文明都是劳动和智慧的结晶。"[3] 历史唯物主义认为，劳动是人类社会赖以生存和发展的前提，是人有意识地、自觉地改变环境改变世界的活动。正所谓"劳动创造了世界，劳动创造了历史，劳动创造了人本身"。

---

[1] 习近平. 在庆祝"五一"国际劳动节暨表彰全国劳动模范和先进工作者大会上的讲话[N]. 人民日报，2015-04-29.

[2] 习近平. 在知识分子、劳动模范、青年代表座谈会上的讲话[N]. 人民日报，2016-04-30.

[3] 习近平. 在联合国教科文组织总部的演讲[N]. 人民日报，2014-03-28.

劳动可以分为体力劳动、脑力劳动。在马克思主义劳动观里，体力劳动和脑力劳动是合二为一的。按照马克思主义的观点，劳动的范畴非常广泛，劳动的内容非常丰富。农业生产是劳动，工业生产是劳动，社会服务是劳动；学习是劳动，工作是劳动；文学艺术创作是劳动，科学研究是劳动，创新创造是劳动。也就是说，只要是创造世界、创造文明、创造历史、培养人的活动都是劳动。

习近平总书记指出："中华民族是勤于劳动、善于创造的民族。正是因为劳动创造，我们拥有了历史的辉煌；也正是因为劳动创造，我们拥有了今天的成就。"[①] 在几千年历史长河中，中国人民始终辛勤劳作、发明创造，我国产生了老子、孔子、庄子、孟子、墨子、孙子、韩非子等闻名于世的伟大思想巨匠，发明了造纸术、火药、印刷术、指南针等深刻影响人类文明进程的伟大科技成果，创作了诗经、楚辞、汉赋、唐诗、宋词、元曲、明清小说等伟大文艺作品，传承了格萨尔王、玛纳斯、江格尔等震撼人心的伟大史诗，建设了万里长城、都江堰、大运河、故宫、布达拉宫等气势恢弘的伟大工程[②]。

新中国成立尤其是改革开放以来，中国人民继续辛勤劳作、发明创造，多复变函数论、陆相成油理论、人工合成牛胰岛素等成就，高温超导、中微子物理、量子反常霍尔效应、纳米科技、干细胞研究、肿瘤早期诊断标志物、人类基因组测序等基础科学突破，"两弹一星"、超级杂交水稻、汉字激光照排、高性能计算

---

① 习近平. 在庆祝"五一"国际劳动节暨表彰全国劳动模范和先进工作者大会上的讲话[N]. 人民日报，2015-04-29.

② 习近平. 在第十三届全国人民代表大会第一次会议上的讲话[N]. 人民日报，2018-03-02.

机、三峡工程、载人航天、探月工程、移动通信、量子通讯、北斗导航、载人深潜、高速铁路、航空母舰等工程技术成果,为我国成为一个有世界影响的大国奠定了重要基础[①]。

2018年12月18日,习近平总书记在庆祝改革开放40周年大会上的讲话中指出,"我国国内生产总值由3 679亿元增长到2017年的82.7万亿元,年均实际增长9.5%,远高于同期世界经济2.9%左右的年均增速。我国国内生产总值占世界生产总值的比重由改革开放之初的1.8%上升到15.2%,多年来对世界经济增长贡献率超过30%。我国货物进出口总额从206亿美元增长到超过4万亿美元,累计使用外商直接投资超过2万亿美元,对外投资总额达到1.9万亿美元。我国主要农产品产量跃居世界前列"。"我国是世界第二大经济体、制造业第一大国、货物贸易第一大国、商品消费第二大国、外资流入第二大国,我国外汇储备连续多年位居世界第一,中国人民在富起来、强起来的征程上迈出了决定性的步伐!"[②] 习近平总书记指出:"40年来取得的成就不是天上掉下来的,更不是别人恩赐施舍的,而是全党全国各族人民用勤劳、智慧、勇气干出来的!"[③] 改革开放极大改变了中国的面貌、中华民族的面貌、中国人民的面貌、中国共产党的面貌。中华民族迎来了从站起来、富起来到强起来的伟大飞跃!中国特色社会主义迎来了从创立、发展到完善的伟大飞跃!中国人民迎来了从温饱不足到小康富裕的伟大飞跃!中华民族正以崭新姿态屹立于世界的东方!

人民创造历史,劳动开创未来。劳动是财富的源泉,是幸福

[①] 习近平. 在中国科学院第十七次院士大会、中国工程院第十二次院士大会上的讲话[N]. 人民日报,2014-06-10.

[②][③] 习近平. 在庆祝改革开放40周年大会上的讲话[N]. 人民日报,2018-12-19.

的源泉，是推动人类社会进步的根本力量，是一切成功的必经之路。幸福不会从天而降，梦想不会自动成真。人世间的美好梦想，只有通过诚实劳动才能实现；发展中的各种难题，只有通过诚实劳动才能破解；生命里的一切辉煌，只有通过诚实劳动才能铸就。实现我们的奋斗目标，开创我们的美好未来，必须依靠辛勤劳动、诚实劳动、科学劳动、创造性劳动。劳动创造了中华民族，造就了中华民族的辉煌历史，也必将创造出中华民族的光明未来。

（二）劳动教育具有综合育人的价值

劳动教育是立德树人的必由路径，具有立德、增智、强体、育美的综合育人价值，可以促进人的全面发展，可以给正在成长中的学生赋能，可以为学生的幸福人生奠基。学生只有运用劳动这把"理解全部社会史的锁钥"，才能认识人类和社会，才能改变人生和世界，创造更加美好的生活。为此，习近平总书记强调："要在学生中弘扬劳动精神，教育引导学生崇尚劳动、尊重劳动，懂得劳动最光荣、劳动最崇高、劳动最伟大、劳动最美丽的道理，长大后能够辛勤劳动、诚实劳动、创造性劳动。"[①] 要教育引导学生"自己的事自己做，他人的事帮着做，公益的事争着做，通过劳动播种希望、收获果实，也通过劳动磨炼意志、锻炼自己"[②]，通过劳动创造有价值的人生和有意义的社会。这些论述，把劳动与立德树人紧密联系起来，不仅丰富了马克思主义劳动观，也为学生指明了一条成功和幸福的必经之路。

[①] 习近平：坚持中国特色社会主义教育发展道路　培养德智体美劳全面发展的社会主义建设者和接班人 [N]. 人民日报，2018-09-11.

[②] 习近平：让孩子们成长得更好 [N]. 人民日报，2013-05-31.

1. 劳动教育是党的教育方针的重要组成部分

劳动教育是中国特色社会主义教育体系的重要内容，是全面贯彻党的教育方针的基本要求。劳动教育与德育、智育、体育、美育共同成为教育的内容，教育与生产劳动相结合是社会主义教育的重要特征，做好"四个服务"，"加快推进教育现代化、建设教育强国、办好人民满意的教育，努力培养担当民族复兴大任的时代新人"[①]，更需要艰苦奋斗、辛勤劳动才能实现。唯有通过劳动教育，学生才能树立正确的世界观、人生观和价值观，保持社会主义国家主人翁的劳动本色，从而成为社会主义事业建设者和接班人。

2. 劳动教育是促进人的全面发展的重要方法

马克思、恩格斯明确阐述了劳动教育与人的全面发展的关系。他们认为，劳动是人的全面发展和解放的活动，它与资本主义制度下的异化劳动相对立，实现了人的智力与体力的有机结合和自由发挥，劳动教育的目标是促进人的全面发展。从某种意义上讲，没有劳动，就不会有人的彻底解放和资本主义制度的摧毁，就不能实现人的全面发展。为此，马克思、恩格斯鲜明指出："未来教育对所有已满一定年龄的儿童来说，就是生产劳动同智育和体育相结合，它不仅是提高社会生产的一种方法，而且是造就全面发展的人的唯一方法。"[②]

3. 劳动教育是立德、增智、强体、育美的重要路径

劳动立德，使人高尚。劳动教育可以帮助学生培养百折不挠的精神、坚定理想信念的品性，培养热爱劳动、尊重人民群众的品质，培养乐观向上、克服困难的品行，培养自尊、自信的品格。

---

① 习近平. 思政课是落实立德树人根本任务的关键课程[J]. 求是，2020（17）.
② 马克思，恩格斯. 马克思恩格斯全集：第23卷[M]. 北京：人民出版社，1971：530.

劳动增智，使人睿智。劳动教育可以促进大脑发展，可以训练抽象思维能力。科学实验表明，手脑结合的劳动、富于创造性的劳动、显示个人才能的劳动，是推动智力发展的重要手段。有人通过实验观察发现，如果把在劳动过程中产生的自尊和自信、克服困难的力量和勇气转移到学习上，可以很好地解决学习兴趣不浓、学习专注不够、学习意志不坚等问题，从而大大促进智力综合发展。

劳动强体，使人健壮。科学表明，体力劳动在培养体魄上所起的作用同运动一样重要，有些甚至还有独特优越之处。劳动能促进机体的所有功能，能推进新陈代谢和加强神经系统的发育，能增补神经细胞特别是脑细胞的营养，能提高睡眠质量和消除疲劳。

劳动育美，使人健美。劳动体现心灵美，热爱劳动本身是一种心灵美，好逸恶劳、游手好闲是美的大敌。劳动促进人际关系美，可以促进人们相互建立和谐关系。劳动蕴含动作美，劳动中有些优美协调的动作可以同体操媲美。劳动创造成果美，劳动产品就其外形和使用价值来说都是美的高度体现。

4. 劳动是青年在实现中国梦中实现自我价值的重要力量

青年是整个社会力量中最积极、最有生气的力量，国家的希望在青年，民族的未来在青年。当代中国青年既是实现第一个百年奋斗目标的亲历者、见证者，更是实现第二个百年奋斗目标、建设社会主义现代化强国的生力军、主力军。今天，新时代中国青年处在中华民族发展的最好时期，建功立业的舞台空前广阔，梦想成真的前景空前光明，既面临着难得的建功立业的人生际遇，也担负着"天将降大任于斯人"的时代使命。唯有辛勤劳动，借助劳动的力量，才能实现中华民族的伟大复兴，才能实现自身价值,从而"在激扬青春、开拓人生、奉献社会的进程中书写无愧于时代的壮丽篇章"①,不辜负党的期望、人民期待、民族重托,不辜负这个伟大时代。

(三)树立劳动思想、养成劳动习惯,成为勤于劳动、善于劳动的高素质劳动者

劳动教育具有鲜明的社会性,要求面对真实的生活世界和职业世界,激发学生热爱劳动的内生动力,以动手实践为主要方式,学会改造世界,在改造世界的过程中塑造自己,提高自身素养,"学会劳动、学会勤俭,学会感恩、学会助人,学会谦让、学会宽容,学会自省、学会自律"②。为此,习近平总书记强调,"教育引导广大青少年牢固树立热爱劳动的思想、牢固养成热爱劳动的习惯,为祖国发展培养一代又一代勤于劳动、善于劳动的高素质劳动者"③。落实好这一重要思想,搞好劳动教育要在三个方面着力。

1. 明确劳动教育理念

一是明确总体要求。概括起来就是"三个贯""三个合""三个积极":把劳动教育贯穿到人才培养全过程,贯通到大中小学各学段,贯穿到家庭、学校、社会各方面;与德育、智育、体育、美育相融合,与经济社会发展变化相契合,与学生生活实际相结合;积极探索具有中国特色的劳动教育模式,积极创新体制机制,积极实现知行合一的教育实效。

---

①② 习近平.青年要自觉践行社会主义核心价值观:在北京大学师生座谈会上的讲话[N].人民日报,2014-05-05.

③ 习近平在乌鲁木齐接见劳动模范和先进工作者、先进人物代表 向全国广大劳动者致以"五一"节问候[N].人民日报,2014-05-01.

二是明确总体目标。在思想观念上，让学生能够理解和形成马克思主义劳动观，学习和弘扬劳模精神，牢固树立劳动最光荣、劳动最崇高、劳动最伟大、劳动最美丽的观念；在主观感受上，体会劳动创造美好生活，体认劳动不分贵贱，尊重普通劳动者，培养勤俭、奋斗、创新、奉献的劳动精神；在客观行为上，具备满足生存发展需要的基本劳动能力，养成良好劳动习惯，培养良好劳动品质。

三是明确基本原则。做到"四个坚持"：坚持以体力劳动为主，注意手脑并用，强化实践体验，让学生亲历劳动过程，通过出力流汗磨炼，提升劳动教育实效；坚持改进劳动教育方式，强化诚实、合法劳动意识，培养科学精神，提高创造性劳动能力；坚持协同教育，家庭劳动教育要日常化，学校劳动教育要规范化，社会劳动教育要多样化；坚持因地制宜，宜工则工，宜农则农，宜服务则服务，采取多种方式开展劳动教育，避免"一刀切"。

2. 构建劳动教育体系

一是要构建劳动教育课程体系。将劳动教育纳入中小学国家课程方案和职业院校、普通高等学校人才培养方案，形成具有综合性、实践性、开放性、针对性的劳动教育课程体系。

二是要构建劳动教育内容体系。对小学、中学、大学各学段劳动教育内容做出系统设计，以日常生活劳动、生产劳动和服务性劳动为主要内容开展劳动教育。小学着重抓好劳动意识启蒙、劳动习惯养成的教育，中学着重抓好熟悉劳动技能、丰富职业体验的教育，高校着重抓好创新创业、提供专业服务的教育。

三是要构建劳动素养评价制度。将劳动素养纳入学生综合素质评价体系，制定评价标准，建立激励机制，组织开展劳动技能和劳动成果展示、劳动竞赛等活动，全面客观记录学生课内外劳动过程和结果,加强实际劳动技能和价值体认情况的考核。

3. 抓好劳动教育统筹

一是统筹家庭、学校、社会的协同实施。学校要发挥主导作用,承担实施劳动教育的主体责任,强化劳动观念、劳动技能和劳动品质的系统培育,激发学生的劳动内在需求和动力。家庭要注重发挥基础作用,树立崇尚劳动的良好家风,家长要通过日常生活的言传身教、潜移默化,让孩子养成从小爱劳动的好习惯。社会各方面要发挥支持作用,履行社会责任,开放实践场所,支持学校组织学生参加力所能及的生产劳动、参与新型服务性劳动,使学生与普通劳动者一起经历劳动过程。

二是统筹劳动教育的支撑保障。多渠道拓展实践场所,满足各级各类学校多样化劳动实践需求。多举措加强人才队伍建设,建立专兼职相结合的劳动教育师资队伍。多途径筹措经费投入,确保劳动教育必需资金。多方面强化安全保障,健全安全教育与管理并重的劳动安全保障体系。

三是统筹劳动教育的组织实施。在党委统一领导下,各级政府要把劳动教育摆上重要议事日程,出台相关政策措施,建立全面实施劳动教育的长效机制,切实解决劳动教育实施过程中的重大问题。把劳动教育纳入教育督导体系,督导结果向社会公开,同时作为衡量区域教育质量和水平的重要指标,作为对被督导部门和学校及其主要负责人考核奖惩的依据。大力宣传辛勤劳动、诚实劳动、创造性劳动的典型人物和事迹,弘扬劳动光荣、创造伟大的主旋律,旗帜鲜明地反对一切不劳而获、贪图享乐、崇尚暴富的错误观念,营造全社会关心和支持劳动教育的良好氛围。

立德树人要贯穿学校工作
各环节各领域

学校是立德树人的重要场所，肩负立德树人的重要使命。习近平总书记强调，"要把立德树人融入思想道德教育、文化知识教育、社会实践教育各环节，贯穿基础教育、职业教育、高等教育各领域"①，全面落实立德树人根本任务。

一、立德树人要坚持社会主义办学方向

我们的学校是中国共产党领导下的学校，是中国特色社会主义学校。办好我们的学校，必须坚持以马克思主义为指导，全面贯彻党的教育方针。一所学校一旦在办学方向上走错了，在培养人的问题上走偏了，那就像一株歪脖子树，无论如何都长不成参天大树。立德树人最重要的前提就是要在事关办学方向的问题上站稳立场。为此，习近平总书记提出了四点要求②。

（一）坚持不懈传播马克思主义科学理论

学校尤其是高校是孕育思想、传播理论的地方。马克思主义在中国的传播最早就是在高校知识分子、青年学生中进行的。陈独秀、李大钊、李达等中国早期马克思主义者都把高校作为阵地。在历史和人民的选择中，马克思主义成为我们立党立国的根本指

---

① 习近平：坚持中国特色社会主义教育发展道路　培养德智体美劳全面发展的社会主义建设者和接班人［N］. 人民日报，2018-09-11.
② 习近平：把思想政治工作贯穿教育教学全过程　开创我国高等教育事业发展新局面［N］. 人民日报，2016-12-09.

导思想，也成为我国学校尤其是高校的鲜亮底色。长期以来，学校尤其是高校在学习研究宣传马克思主义、培养马克思主义理论人才方面发挥了重要作用，为推进马克思主义中国化、时代化、大众化做出了重要贡献。

马克思主义是科学理论，具有强大真理力量。马克思主义指导我们找到了中国革命、建设、改革的正确道路，给我国社会带来深刻变革，给中国人民带来巨大福祉。学校尤其是高校要把加强马克思主义学习研究宣传作为重要职责，让马克思主义主旋律唱得更响亮。

抓好马克思主义理论教育，扎实推进马克思列宁主义、毛泽东思想学习教育，广泛开展中国特色社会主义理论体系学习教育，深入学习领会习近平新时代中国特色社会主义思想，引导高校各学科专业的学生、不同学段的学生学习马克思主义理论，掌握科学的世界观和方法论，为其一生成长奠定科学的思想基础。

发挥高校优势，加强马克思主义理论研究，建设好马克思主义学院和马克思主义理论学科。立足中国特色社会主义实践，深入回答重大理论和现实问题，推动发展21世纪马克思主义和当代中国马克思主义。下大决心培养一批立场坚定、功底扎实、经验丰富的马克思主义学者，特别是培养一大批青年马克思主义者。通过一系列有效的改革举措，切实防止出现一些人担心的高校马克思主义研究教学"被边缘化"的问题。

坚持以马克思主义为指导，最重要的是坚持马克思主义基本原理和贯穿其中的立场、观点、方法。研究各门具体科学，应善于运用马克思主义立场、观点、方法去辨明研究方向，掌握科学思维，得出合乎规律的认识，而不是照搬现成结论，更不是代替具体科学的研究。在马克思主义指导下，应该提倡各种学术思想和学术流派切磋交流，提倡对各种思想文化广纳博鉴，形成百花齐放、百家争鸣、创新发展的生动局面。

高校是意识形态工作的前沿阵地。高校、院（系）等党组织书记、行政负责人要担负起政治责任和领导责任，认真落实意识形态工作责任制，敢抓敢管、敢于亮剑，做到守土有责、守土负责、守土尽责。如果有人以所谓"学术自由"为名诋毁马克思主义、否定马克思主义指导地位，那就应该旗帜鲜明予以抵制。

（二）坚持不懈培育和弘扬社会主义核心价值观

习近平总书记在 2014 年五四青年节同北京大学师生交流时，特别强调了青年学生树立社会主义核心价值观的重要性。"因为青年的价值取向决定了未来整个社会的价值取向，而青年又处在价值观形成和确立的时期，抓好这一时期的价值观养成十分重要。这就像穿衣服扣扣子一样，如果第一粒扣子扣错了，剩余的扣子都会扣错。人生的扣子从一开始就要扣好。"[1] 用社会主义核心价值观教育学生，引导他们扣好人生的第一粒扣子，是立德树人的使命所在。学校教育、育人为本，德智体美、德育为先，就是说学校尤其是高校要成为锻造优秀青年的大熔炉。

要把社会主义核心价值观贯穿学校办学育人全过程，坚持用社会主义核心价值观引领立德树人，加强中华优秀传统文化和革命文化、社会主义先进文化教育，加强党史、国史、改革开放史、社会主义发展史教育，加强国家意识、法治意识、社会责任意识，以及加强民族团结进步、国家安全、科学精神教育。要坚持结合融入，把社会主义核心价值观同师生教学和学习紧密联系起来，

---

[1] 习近平．青年要自觉践行社会主义核心价值观：在北京大学师生座谈会上的讲话［N］．人民日报，2014-05-05．

体现在学校规章制度和师生行为规范中，引导广大师生做社会主义核心价值观的坚定信仰者、积极传播者、模范践行者。

（三）坚持不懈促进学校和谐稳定

学校不是封闭的孤岛，学校发生的事情会影响社会，社会上发生的事情也会影响学校。应从国家政治安全和意识形态安全的高度，认清维护学校和谐稳定的重大意义，把学校建设成为安定团结的模范之地。

思想活跃是学校尤其是高校的重要特征，各种思想观点在这里交汇，各种价值观念在这里碰撞。"泰山不让土壤，故能成其大；河海不择细流，故能就其深。"应秉持尊重差异、包容多样的态度，在多元中立主导，在多样中谋共识，在多变中定方向，让一切有益思想文化的涓涓细流汇入主流意识形态的浩瀚大海。

同时，应增强政治敏锐性和政治鉴别力，对鱼龙混杂的思想观点要辨析甄别、过滤净化，不能照单全收，当传声筒、扩音器；对各种错误思潮，应保持警惕、有效防范，防止以各种形式在学校尤其是高校抢滩登陆，与我们争夺阵地、争夺师生、争夺人心。应加强对课堂、讲座、论坛、报告会、研讨会等的管理，依法管理境外非政府组织在高校的活动，防范校园传教，防范敌对势力渗透，确保学校和谐稳定。

培育理性平和的健康心态，是学校育人的重要方面。学校应该成为使人心静下来的地方，成为消解躁气的文化空间。教师应静心从教，学生应静心学习，通过研究学问提升境界，通过读书学习升华气质，以学养人、治心养性。加强人文关怀和心理疏导，引导师生正确认识义和利、群和己、成和败、得和失，不断提升心理健康素质。把解决思想问题同解决实际问题结合起来，多做得人心、暖人心、稳人心的工作，在关心人帮助人中教育人、引导人。学校在保持和谐稳定方面把工作做好了，就能产生很强的辐射力，为社会和谐稳定注入正能量。

（四）坚持不懈培育优良校风和学风

一所学校的校风和学风，犹如阳光和空气决定万物生长一样，直接影响着学生学习成长。好的校风和学风，能够为学生学习成长营造好气候，创造好生态。学习是学生的主要任务，学习过程是学生锤炼心志的过程，学生的不少品行要在学习中形成。应鼓励学生端正学风、严谨治学，让学生在刻苦学习中确立科学精神、锤炼品行情操。如果校风不好、学风不好，学校管理混乱，教师心神不宁，学生心思不定，教书没有兴致，学习没有精神，歪门邪道的东西便会大行其道。

学校的校风和学风问题，这些年社会上议论比较多，究其原因，就在于一些学校对教学和学习管理不到位、不严格，应该管的没有管起来，应该严的没有严起来。好校风、好学风来自师生共同努力，而其基础在于学校办学方向和治理水平。没有高质量的育人体系，没有高水平的管理体系，没有良好的学习风气，就不可能有好校风、好学风。

法为治之本。国家颁布了《教育法》《高等教育法》，从法律上规范了学校办学方向和基本制度。很多学校依据《教育法》或《高等教育法》制定了章程。有了章法，就应该依法依章运行，执行校纪校规，使学校发展做到治理有方、管理到位、风清气正。每所学校都有自己的校训。校训要落到实处，起到作用，就要贯穿高校治理各方面，营造校训所指向的校风和学风。

二、立德树人要做好学校思想政治工作

思想政治工作是中国共产党的传统和优势，也是推进立德树人的根本和关键。

（一）做好思想政治工作对立德树人具有重大意义

我国高等教育肩负着培养德智体美劳全面发展的社会主义事业建设者和接班人的重大任务，必须坚持正确政治方向。这就离不开思想政治工作。如何加强和改善党对高校的领导，如何巩固马克思主义在高校意识形态领域的指导地位，如何履行好立德树人的职责，如何更好把高校师生凝聚在党的周围，如何发挥高校对全社会思想文化建设的促进作用，都需要做好高校思想政治工作。实践证明，高校抓住了、抓好了思想政治工作，就能沿着正确方向前进；放松了、丢弃了思想政治工作，就会迷失方向。

我们党历来高度重视学校思想政治工作。毛泽东说过，"要加强学校政治思想教育"，"党委应当指导青年的思想，指导教师的思想"。邓小平从培养接班人的高度，强调要把青年、把后代教育好，使他们成为"有理想、有道德、有文化、有纪律"的"四有"新人。江泽民说："思想政治教育，在各级各类学校都要摆在重要地位，任何时候都不能放松和削弱。"胡锦涛也说过，要"切实加强和改进大学生思想政治教育工作，培养造就千千万万具有高尚思想品质和良好道德修养、掌握现代化建设所需要的丰富知识和扎实本领的优秀人才，使大学生们能够与时代同步伐、与祖国共命运、与人民齐奋斗"。党的十八大以来，以习近平同志为核心的党中央就加强和改进学校思想政治工作做出一系列部署，2016年

12月专门召开全国高校思想政治工作会议,习近平总书记在会上发表重要讲话,对高校思想政治工作提出了明确要求。

总的看,这些年学校思想政治工作更加积极主动,呈现出持续加强改进、不断向上向好的态势。各级各类学校坚持正确方向、坚持立德树人、坚持服务大局、坚持改革创新,广大师生思想主流积极健康向上,对党的领导衷心拥护,对党中央治国理政新理念新思想新战略高度认同,对中国特色社会主义和实现中华民族伟大复兴中国梦充满信心。面对各种噪音杂音、风吹草动,学校尤其是高校总体保持稳定。学校思想政治工作功不可没。

当前,国际国内形势变化深刻复杂,社会思想文化和意识形态领域情况更加复杂,马克思主义指导思想面临多样化社会思潮的挑战,社会主义核心价值观面临市场逐利性的挑战,传统教育引导方式面临网络新媒体的挑战,培养社会主义事业建设者和接班人面临敌对势力渗透争夺的挑战。学校思想政治工作遇到的挑战更加严峻、承担的任务也更加繁重。同时,学校思想政治工作中还存在一些亟待解决的问题。有的地方和学校在办学方向上存在模糊认识,对我国学校发展目标要求的把握还不到位;有的学校存在重教书轻育人、重智育轻德育、重科研轻教学等现象,个别教师不能教书育人、为人师表,思想政治工作针对性和吸引力还不强;有的学校阵地建设管理存在薄弱环节,错误思想观点仍有传播空间;等等。这其中,有些是长期存在的问题,有些是新形势下产生的问题,需要下大气力加以解决。

学校尤其是高校立身之本在于立德树人。"大学之道,在明明德,在亲民,在止于至善。"大学之为大,就是在授业解惑中引人以大道、启人以大智,使人努力成为栋梁之材。尽管经济发展赋予学校尤其是高校不少使命和功能,但学校尤其是高校的根本任务还是培养人。只有培养出一流人才的高校，才能够成为世界一流大学。办好我国教育尤其是高校，办出世界一流大学，必须牢牢抓住全面提高人才培养能力这个核心点，并以此来带动教育尤其是高校其他工作。

教育部颁布的《中国教育概况：2019年全国教育事业发展情况》披露，2019年，我国有2.82亿名大中小在校学生，其中全国普通本专科在校生3 031.5万人。这是相当大的一个数量，比世界上很多国家总人口都多。要把这么多学生培养成优秀人才，要抓好知识教育，更要抓好道德人品教育。人无德不立。没有崇高理想和良好品质，知识掌握再多也无法成为优秀人才。做人是做学问、干事业的前提，学校工作要始终围绕聚人才、育人才、出人才来展开。

在校学生正处在人生成长的关键时期，知识体系搭建尚未完成，价值观塑造尚未成型，情感心理尚未成熟，需要加以正确引导。这好比小麦的灌浆期，这个时候阳光水分跟不上，就会耽误一季的庄稼。学校思想政治工作，面上看做的是学生思想政治工作，实际上将影响一代青年的思想观念、价值取向、精神风貌。所以，学校必须引导学生铸就理想信念，掌握丰富知识，锤炼高尚品格，打下成长成才的基础。

思想政治工作关系高校培养什么样的人、如何培养人以及为谁培养人这个根本问题。思想政治工作，既是我国学校的特色，又是办好我国教育的优势。面对新形势新任务，学校思想政治工作只能加强不能削弱，只能前进不能停滞，只能积极作为不能被动应对。学校要坚持把立德树人作为中心环节，腰杆硬、底气足地把思想政治工作贯穿教育教学全过程，实现全程育人、全方位育人。

（二）通过思想政治工作引导学生做到"四个正确认识"

做好学校思想政治工作，要因事而化、因时而进、因势而新。要遵循思想政治工作规律，遵循教书育人规律，遵循学生成长规律，沿用好办法，改进老办法，探索新办法，不断提高工作能力和水平，不断提高学生思想水平、道德品质、文化素养，让学生成为德才兼备、全面发展的人才。学校尤其是高校思想政治工作要注重联系学生思想实际，有针对性地回答一些综合性、深层次的理论和认识问题，引导学生做到"四个正确认识"。

第一，正确认识世界和中国发展大势。看清发展大势，把握历史规律，才能坚定理想信念。从原始社会、奴隶社会到封建社会、资本主义社会，再到社会主义社会、共产主义社会，这是人类社会发展演进的一般规律。但是，历史道路不会是平坦的、笔直的，社会主义从提出到现在的500多年间，就是在曲折中前进的。这就像一条汹涌澎湃的大河，蜿蜒曲折，却始终奔腾向前。正确认识这种曲折，和看得到前进大势同样重要。

为此，习近平总书记强调，"要教育引导学生正确认识世界和中国发展大势，从我们党探索中国特色社会主义历史发展和伟大实践中，认识和把握人类社会发展的历史必然性，认识和把握中国特色社会主义的历史必然性，不断树立为共产主义远大理想和中国特色社会主义共同理想而奋斗的信念和信心"[1]。

第二，正确认识中国特色和国际比较。在全方位对外开放的条件下，我们每时每刻都面对着中国和世界的互动，也面对着中国和世界的比较。很多学生遇到国内问题，就会习惯性地问国外

---

[1] 习近平：把思想政治工作贯穿教育教学全过程　开创我国高等教育事业发展新局面[N]. 人民日报，2016-12-09.

是怎么样的，喜欢拿西方来比。如果没有正确立场和方法，往往会得出模糊甚至错误的结论。学生中的很多思想问题，根源就在于此。对这个问题，我们不能回避，应该而且必须回答好。

我们说中国道路走得对、行得通，不是哪个人的主观判断，而是尊重历史和现实做出的回答，是通过国际对比得出的结论。我们讲中国特色，既是独具特色的，又是独具优势的。

比如，我们的民主是人民民主，在中国共产党领导下，方方面面有事好商量，众人的事情众人商量，能够找到全社会意愿和要求的最大公约数。相比之下，以政党轮替、三权鼎立为主要特征的西方政治体制模式日益暴露出其弊端和局限性，所谓"权力制衡"演变为权力掣肘，党派博弈绑架国家利益。美国总统大选就充分暴露了西方政治体制模式的弊端，弄得美国一些头面人物也唉声叹气，讨论美国政治制度弊端的文章汗牛充栋。一些国家盲目移植或"被输入"西方政治体制模式，结果陷入无休止的政权更迭和社会动荡。美国等西方国家在世界上到处推销它们的体制模式，不惜使用武力，结果怎样呢？伊拉克怎么样了？叙利亚怎么样了？阿富汗怎么样了？利比亚怎么样了？结果是山河破碎、民不聊生、国将不国！

还比如，我们实行社会主义市场经济体制，既注重发挥市场在资源配置中的决定性作用，又注重更好发挥政府作用，拿出了令世人惊叹的成绩单。而世界上一些国家脱离本国实际，套用新自由主义开出的药方，结果跌入发展陷阱，难以自拔。

再比如，改革开放以来，按照现行贫困标准计算，我国 7.7 亿农村贫困人口摆脱贫困；按照世界银行国际贫困标准，我国减贫人口占同期全球减贫人口的 70% 以上。这是绝无仅有的历史性成就，是对全人类的重大贡献。联合国对此给予充分肯定。为什么呢？因为我们有制度优势，党和国家集中力量抓，全社会都来帮，这在西方国家和其他国家做得到吗？

这方面的例子很多，经济、政治、文化、社会、生态文明建设和党的建设领域都可以列举很多。对这些事实要理直气壮讲、深入透彻讲，帮助学生在国际比较中坚定信心，全面客观认识当代中国、看待外部世界。有人总是觉得"外国的月亮比中国圆"，我们要通过努力，让更多中国人认识到"月是故乡明""风景这边独好"。

第三，正确认识时代责任和历史使命。青年一代有理想、有担当，国家就有前途，民族就有希望。今天高校学生的人生黄金时期，同"两个一百年"奋斗目标的实现完全吻合。亲自参与这个伟大历史进程，实现几代中国人的夙愿，实乃人生之大幸。教育引导学生，一个重要任务就是用中国梦激扬青春梦，为学生点亮理想的灯、照亮前行的路。

要向学生讲清楚实现中华民族伟大复兴是中华民族近代以来最伟大的梦想，需要一代又一代人接续奋斗；讲清楚中国梦是国家的梦、民族的梦，也是每个中国人的梦，当代学生建功立业的舞台空前广阔，梦想成真的前景无限光明。激励学生自觉把个人的理想追求融入国家和民族的事业中，勇做走在时代前列的奋进者、开拓者，书写无愧于时代的青春之歌和精彩人生。

第四，正确认识远大抱负和脚踏实地。"古之立大事者，不惟有超世之才，亦必有坚忍不拔之志。"把远大志向变成现实，既要求得到真学问、练就真本领，又要有锲而不舍、自强不息的奋斗精神，从一点一滴做起。

引导学生珍惜韶华、脚踏实地，把远大抱负落实到实际行动中，树立梦想从学习开始、事业靠本领成就的观念，让勤奋学习成为青春飞扬的动力,让增长本领成为青春搏击的能量。帮助学生锤炼坚强的意志和品格,培养奋勇争先的进取精神,历练不怕失败的心理素质,保持乐观向上的人生态度,敢于面对各种困难和挫折。鼓励高校毕业生把视线投向国家发展的航程,把汗水洒在艰苦创业的舞台,到基层去、到西部去、到祖国最需要的地方去,做成一番事业、做好一番事业。

三、立德树人要用好课堂教学主渠道

学生获取知识的途径固然很多,但课堂学习更具基础性和系统性。学校要履行人才培养的职责,首先教师要回归课堂,用足用好课堂。三尺讲台虽小,但立德树人责任重大。广大教师要敬畏讲台、珍惜讲台、热爱讲台,把更多时间和精力投入课堂教学中,认认真真讲好每堂课。

思想政治理论课要坚持在改进中加强,在创新中提高,及时更新教学内容,丰富教学手段,不断改善课堂教学状况,防止形式化、表面化。思想政治理论课教育要把马克思主义理论同中国特色社会主义实践有机结合起来,把思想品德教育同中国特色社会主义理论、中华优秀传统文化教育结合起来,通过理论联系实际的教学实践,把自信传递给学生,让学生领会科学理论的实践价值、中华优秀传统文化的智慧力量、中国发展的时代意义。

所有课堂都有育人功能,不能把思想政治工作只当作思想政治理论课的事,其他各门课都要守好一段渠、种好责任田。要把做人做事的基本道理、把社会主义核心价值观的要求、把实现中华民族伟大复兴的理想和责任融入各类课程教学之中,使各类课程与思想政治理论课同向同行,形成协同效应。要推进高校课程体系和教育教学创新，规范开设各类人文素质课程，形成良好课堂教学秩序，不给错误思想观点提供传播渠道。课堂是为国家培养人才的地方，不能"我的地盘我做主"。

落实立德树人根本任务，必须将价值塑造、知识传授和能力培养三者融为一体、不可割裂，这就需要全面推进高等学校课程思政建设，寓价值观引导于知识传授和能力培养之中，帮助学生塑造正确的世界观、人生观、价值观。这是影响甚至决定接班人问题、影响甚至决定国家长治久安、影响甚至决定民族复兴和国家崛起的战略举措。要紧紧抓住教师队伍"主力军"、课程建设"主战场"、课堂教学"主渠道"，让所有高校、所有教师、所有课程都承担好育人责任，守好一段渠、种好责任田，使各类课程与思政课程同向同行，将显性教育和隐性教育相统一，形成协同效应，构建全员全程全方位育人大格局。

为深入贯彻落实习近平总书记的重要指示，把思想政治教育贯穿人才培养体系，全面推进高校课程思政建设，发挥好每门课程的育人作用，提高高校人才培养质量，2020年5月，教育部制定颁布了《高等学校课程思政建设指导纲要》（简称《纲要》）。

《纲要》要求课程思政建设内容要紧紧围绕坚定学生理想信念，以爱党、爱国、爱社会主义、爱人民、爱集体为主线，围绕政治认同、家国情怀、文化素养、宪法法治意识、道德修养等重点优化课程思政内容供给，系统进行习近平新时代中国特色社会主义思想、中国特色社会主义和中国梦教育、社会主义核心价值观教育、法治教育、劳动教育、心理健康教育、中华优秀传统文化教育。

在明确课程思政建设目标要求和内容重点的基础上，《纲要》提出要结合不同课程特点、思维方法和价值理念，深入挖掘课程思政元素，有机融入课程教学，达到润物无声的育人效果。

文学、历史学、哲学类专业课程。要在课程教学中帮助学生掌握马克思主义世界观和方法论，从历史与现实、理论与实践等维度深刻理解习近平新时代中国特色社会主义思想。要结合专业知识教育引导学生深刻理解社会主义核心价值观，自觉弘扬中华优秀传统文化、革命文化、社会主义先进文化。

经济学、管理学、法学类专业课程。要在课程教学中坚持以马克思主义为指导，加快构建中国特色哲学社会科学学科体系、学术体系、话语体系。要帮助学生了解相关专业和行业领域的国家战略、法律法规和相关政策，引导学生深入社会实践，关注现实问题，培育学生经世济民、诚信服务、德法兼修的职业素养。

教育学类专业课程。要在课程教学中注重加强师德师风教育，突出课堂育德、典型树德、规则立德，引导学生树立学为人师、行为世范的职业理想，培育爱国守法、规范从教的职业操守，培养学生传道情怀、授业底蕴、解惑能力，把对家国的爱、对教育的爱、对学生的爱融为一体，自觉以德立身、以德立学、以德施教，争做有理想信念、有道德情操、有扎实学识、有仁爱之心的"四有"好老师，坚定不移走中国特色社会主义教育发展道路。体育类课程要树立健康第一的教育理念，注重爱国主义教育和传统文化教育，培养学生顽强拼搏、奋斗有我的信念，激发学生提升全民族身体素质的责任感。

理学、工学类专业课程。要在课程教学中把马克思主义立场观点方法的教育与科学精神的培养结合起来，提高学生正确认识问题、分析问题和解决问题的能力。理学类专业课程，要注重科学思维方法的训练和科学伦理的教育，培养学生探索未知、追求真理、勇攀科学高峰的责任感和使命感。工学类专业课程，要注重强化学生工程伦理教育，培养学生精益求精的大国工匠精神，激发学生科技报国的家国情怀和使命担当。

农学类专业课程。要在课程教学中加强生态文明教育，引导学生树立和践行绿水青山就是金山银山的理念。要注重培养学生的"大国三农"情怀，引导学生以强农兴农为己任，"懂农业、爱农村、爱农民"，树立把论文写在祖国大地上的意识和信念，增强学生服务农业农村现代化、服务乡村全面振兴的使命感和责任感，培养知农爱农创新人才。

医学类专业课程。要在课程教学中注重加强医德医风教育，着力培养学生"敬佑生命、救死扶伤、甘于奉献、大爱无疆"的医者精神，注重加强医者仁心教育，在培养精湛医术的同时，教育引导学生始终把人民群众生命安全和身体健康放在首位，尊重患者，善于沟通，提升综合素养和人文修养，提升依法应对重大突发公共卫生事件能力，做党和人民信赖的好医生。

艺术学类专业课程。要在课程教学中教育引导学生立足时代，扎根人民，深入生活，树立正确的艺术观和创作观。要坚持以美育人、以美化人，积极弘扬中华美育精神，引导学生自觉传承和弘扬中华优秀传统文化，全面提高学生的审美和人文素养，增强文化自信。

四、立德树人要加强校园文化建设

文化滋养心灵，文化涵育德行，文化引领风尚。优先发展教育事业，文化是重要内容；加快推进教育现代化，文化是重要支点；办好人民满意教育，文化是重要力量源泉；立德树人，文化是重要因素。

立德树人要注重文化浸润、感染、熏陶，既要重视显性教育，也要重视潜移默化的隐性教育，实现"入芝兰之室久而自芳"的效果。习近平总书记特别强调，要"开展形式多样、健康向上、格调高雅的校园文化活动"[①]。这是习近平总书记关于立德树人工作的一个重要理念：通过加强校园文化建设，更好以文化人以文育人。

文化对人的思想生成、对人的主体行为、对人的价值取向，都具有独特的影响力。文化通过渗透式地催化心灵的完善，提升人的精神境界。每个社会人都生活在一定的文化环境中，校园文化对人的性格品位气质的烙印最深。立德树人的关键在于文化育人，通过文化传承和文化熏染来培育合格人才。形式多样、健康向上、格调高雅的校园文化活动，是以文化人以文育人的重要载体。

我国校园文化是中国特色社会主义文化的重要组成部分，既在培养德智体美劳全面发展的社会主义建设者和接班人中承担着重要任务，又在文化传承创新中担负着重要使命。推进校园文化建设，既是加强社会主义文化建设的应有之义，又是弘扬和践行社会主义核心价值观的重要举措；既能为提高教育质量提供强大动力，又能为立德树人奠定坚实基础。

校园文化作为立德树人的重要平台，一直受到党中央高度重视。党的十八大以来，以习近平同志为核心的党中央对校园文化建设提出了一系列重要指示，做出了一系列重要部署。

——在校园文化建设的指导思想上，提出要以习近平新时代中国特色社会主义思想为指导，坚持马克思主义的指导地位。

---

① 习近平：把思想政治工作贯穿教育教学全过程　开创我国高等教育事业发展新局面[N]. 人民日报，2016-12-09.

——在校园文化的地位和作用上，提出校园文化建设是中国特色社会主义文化建设的重要组成部分，越来越成为学校创造力和影响力的重要源泉，越来越成为提高教育质量的重要因素。

——在校园文化建设的方向上，提出要坚持文化自信，牢牢把握校园文化的前进方向，用社会主义核心价值观引领校园文化。

——在校园文化建设的目的上，提出要坚持立德树人，提高学生的综合素质，促进人的全面发展。

——在校园文化建设的动力上，提出要把创新作为强大动力，解放思想、转变观念，创新内容形式、创新方法手段。

——在校园文化建设的思路上，提出要一手抓建设、一手抓管理，一手抓理论研究、一手抓实践推进，一手抓繁荣、一手抓稳定，推动校园文化全面协调健康发展。

——在校园文化建设的格局上，提出要努力建设体现社会主义特点、时代特征和学校特色的校园文化。

——在校园文化建设的战略上，提出要提升校园文化软实力，增强校园文化影响力。

——在校园文化建设的领导力量和依靠力量上，提出要始终坚持党对校园文化建设工作的领导，充分发挥师生在校园文化建设中的主体作用，最大限度地发挥广大师生的积极性、主动性、创造性。

这些重要思想，回答了新时代校园文化建设的一系列重大问题，对于推进校园文化建设具有重要的现实意义和深远的历史意义。

作为社会意识形态，校园文化必然反映时代的变迁，随着社会的变化而变化。校园文化的变化发展是一个不以个人意志为转移的客观现象，但校园文化建设的基本原则不能变。

校园文化建设要把握好方向。文化的核心是价值观。校园文化建设要始终高举社会主义文化旗帜,坚定文化自信,始终坚持马克思主义在意识形态领域的指导地位,始终坚守中华文化立场,始终坚持以社会主义核心价值观引领。

校园文化建设要把握好根本。校园文化的根本是以文化人以文育人。校园文化建设一定要体现立德树人的思想,正确引领校园文化思潮,坚决抵制各种有害文化对师生的侵蚀和影响,绝不让错误观点和言论传播,全力维护校园的稳定。

校园文化建设要把握好源头。中华优秀文化是校园文化的源头,人类共有的精神文明也是校园文化的源头。校园文化建设在文化观念上决不照抄照搬,在发展模式上决不简单模仿,坚决防范和抵御各种腐朽落后的文化观念侵蚀师生的思想,确保校园文化安全和学校稳定。

校园文化建设要把握好动力。传承文化是校园的基本功能,研究文化是校园的活动基础,创新文化是校园的崇高使命。校园文化建设既要成为科学思想萌生的催化剂,又要成为科学思想发展的重要载体;既要从先进文化中汲取营养和力量,又要为发展先进文化提供强大动力和重要支撑。要始终尊重师生的主体地位,把广大师生的潜能和价值充分发挥出来,把广大师生的创造能量充分释放出来,确保校园文化发展成果惠及全体师生,不断满足师生日益增长的精神文化需求。

校园文化建设的关键是坚持用社会主义核心价值观引领校园文化。回顾校园文化建设的历史,引领问题既是校园文化建设的起点,又是校园文化建设的终点。从校园文化的本质、校园文化的作用到校园文化发展,每个方面都关系到引领问题。引领为师生的价值观选择和确定提供尺度,为师生的实践活动和认识活动提供导向，为师生的社会生活、文化自觉提供依据。

用社会主义核心价值观引领校园文化，要抓住"贯穿""结合""转化"三个关键环节。"贯穿"就是把引领贯穿学校教育教学全过程，落实到学生成长成才各方面；"结合"就是把引领同德育、智育、体育、美育、劳育有机结合起来，同价值塑造与能力培养结合起来；"转化"就是把引领的成果转化为提高素质、全面发展的精神动力，转化为报效祖国、服务人民的实际行动。用社会主义核心价值观引领校园文化，必须着力打造好平台，全方位引领；必须着力拓展好途径，全过程引领；必须着力设计好抓手，全环节引领。

校园文化存在于学校的行为和产品之中，特别是渗透在教育教学、校风教风学风之中。校园文化不是简单地、直接地作用于每个人，而是通过蕴含在教育教学、校风教风学风、学校文化活动中的价值规范、价值准则等来发挥作用的，这种作用往往是多种因素综合的结果。学校是优秀文化传承的重要载体和思想文化创新的重要源泉。推进校园文化建设，基础在传承，关键在创新。传承和创新，是一个民族文化生生不息的两个重要轮子，也是校园文化长盛不衰的两个重要原因。有重大影响的校园文化无一不是善于传承、勇于创新的结果。不朽的校园文化经典，往往既渗透着历史积淀的体验和哲理，又蕴含着时代孕育的理想和精神；既延续着传统文化的特点和优势，又创造着新颖鲜活的内容和形式。不善于传承，没有创新的基础；不善于创新，就缺乏传承的活力。在传承基础上的创新，往往是最好的传承。只有坚持解放思想、实事求是、与时俱进，大力推进观念、内容、风格的积极创新，大力推进形式、途径、手段的充分发展，才能创造出更多具有中国特色、中国风格、中国气派的校园文化，不断增强校园文化的时代感和吸引力。

五、立德树人要广泛开展社会实践活动

立德树人涉及主体和客体，涉及现象和事物，是一项纷繁复杂的系统工程。从本质上来说，立德树人是人有意识、有目的活动的结果，是社会实践的产物。

实践给立德树人带来新课题。实践形成了立德树人的基本领域。社会对立德树人的影响是多方面的，但就基本领域来看，主要是社会的经济生活、政治生活和文化生活。当今世界正处于百年未有之大变局，当代中国正处于近代以来最好的发展时期，两者同步交织、相互激荡，给立德树人带来新机遇新挑战；国际形势风云变幻给立德树人带来新机遇新挑战；国内转变发展方式、优化经济结构、转换增长动力的攻关期给立德树人带来新机遇新挑战；现代传播技术迅猛发展给立德树人带来新机遇新挑战；教育深化改革快速发展给立德树人带来新机遇新挑战。这些新机遇新挑战，给立德树人带来了一系列亟待解决的新课题。只有面对现实，加强针对性，才能回答解决实践提出的新课题；只有回答解决实践提出的新课题，立德树人才能迈上新台阶，提高新水平。

实践给立德树人创造新动力。实践的需要，推动认识的产生和发展，推动人类的科学发现和技术发明，推动人类的思想进步和理论创新，也推动立德树人。恩格斯指出，社会一旦有技术上的需要，则这种需要就会比十所大学更能把科学推向前进。实践不仅产生了立德树人的需要，而且不断为立德树人提供条件和手段，同时，亦为立德树人的主体和客体之间直接相互作用架起桥梁。实践是检验立德树人效果的唯一标准，学生在实践中发现了自身的不足，愈发希望通过立德树人完善自我；老师在实践中发

现学生不足，获得客体最真实、最可靠的第一手资料，愈发希望帮助学生不断完善自我。主体和客体共同的需要，就会产生立德树人的强大动力。

实践给立德树人开辟新途径。"人的正确思想是从哪里来的？是从天上掉下来的吗？不是。是从自己头脑里固有的吗？不是。人的正确思想，只能从社会实践中来"①。从毛泽东的这一论断中，我们不仅可以深深地感受到实践在认识中的地位和作用，同时也可以深深地感受到实践在立德树人中的地位和作用，因为实践为认识开辟了新途径。理论联系实际是党的优良传统和作风，教育与生产劳动和社会实践相结合是党的教育方针的重要内容，理论教育和实践教育相结合是立德树人的根本原则。立德树人不仅需要理论教育，更需要实践教育，是一个实践教育到理论教育，再到实践教育，并不断循环往复的过程。当然，这个过程不是线性的，而是波浪式和螺旋式的。立德树人仅靠理论教育是不行的，还必须靠实践教育。立德树人只能在实践中完成。社会实践为学生了解社会、认识国情、锻炼毅力、培养品格，增长才干、奉献社会开辟了一条新的途径。正因如此，习近平总书记强调："青年要成长为国家栋梁之材，既要读万卷书，又要行万里路。"② 习近平总书记强调的"行万里路"，指的就是社会实践。

要坚持教育同生产劳动和社会实践相结合，探索和建立与专业学习、服务社会、勤工助学、择业就业、创新创业相结合的社会实践新机制，针对教学内容和课程安排，有序组织学生走出校园，广泛开展高校学生支教、送知识下乡、志愿者行动等各类社会实践，让学生在亲身参与社会实践中，经经风雨、见见世面，

---

① 毛泽东．毛泽东年谱（1949—1976）：第 5 卷 [M]．北京：中央文献出版社，2013：223.
② 习近平首次点评"95 后"大学生 [N]．人民日报，2017-01-03.

认识国情、了解社会，增长见识、感受生活，学思结合、知行并重，树立对人民的感情、对社会的责任、对国家的忠诚。

六、立德树人要充分运用好互联网

人类社会发展经历了农业革命、工业革命，现正在经历信息革命。农业革命增强了人类生存能力，使人类从采食捕猎走向栽种畜养，从野蛮时代走向文明社会。工业革命拓展了人类体力，以机器取代了人力，以大规模工厂化生产取代了个体工场手工生产。而信息革命则增强了人类脑力，带来生产力又一次质的飞跃，对国际政治、经济、文化、社会、生态、军事等领域发展产生了深刻的影响。

互联网是我们这个时代最具发展活力的领域。同火、蒸汽机、原子能的发现、发明、使用具有划时代的意义一样，以互联网为代表的信息技术日新月异，信息化和经济全球化相互促进，互联网、云计算、大数据等现代信息技术引领了社会生产新变革，创造了人类生活新空间，拓展了国家治理新领域，极大提高了人类认识世界、改造世界的能力，深刻改变了人类的思维、生产、生活以及学习方式。互联网让世界变成了"鸡犬之声相闻"的地球村，相隔万里的人们也能通过互联网"若彼邻"。可以说，世界因互联网而更多彩，生活因互联网而更丰富。

习近平总书记对互联网的认识非常深刻，极其重视发展互联网、治理互联网，并把它作为关乎中国共产党长治久安的重大问题，振聋发聩地指出："过不了互联网这一关，就过不了长期执政这一关。"① 习近平总书记还多次强调，要大力实施网络强国战略，为决胜全面建成小康社会、夺取新时代中国特色社会主义伟大胜利、实现中华民族伟大复兴的中国梦做出新的贡献，并指出"建设网络强国的战略部署要与'两个一百年'奋斗目标同步推进"②，让互联网更好造福人民，让互联网发展成果惠及14亿多中国人民。

习近平总书记以网络大国之担当，向全世界提出了"四项原则"：尊重网络主权，维护和平安全，促进开放合作，构建良好秩序等推进全球互联网治理体系变革③。提出了全球互联网治理的"五点主张"：加快全球网络基础设施建设，促进互联互通；打造网上文化交流共享平台，促进交流互鉴；推动网络经济创新发展，促进共同繁荣；保障网络安全，促进有序发展；构建互联网治理体系，促进公平正义④。提出了"两个决不能和两个强"：决不能让利用网络鼓吹推翻国家政权、煽动宗教极端主义、宣扬民族分裂思想、教唆暴力恐怖活动大行其道，决不能让利用网络进行欺诈活动、散布色情材料、进行人身攻击、兜售非法物品大行其道；加强网络内容建设，做强网上正面宣传⑤。这些重要论述，不仅向互联网世界发出了中国声音、中国思想、中国主张，也为运用互联网立德树人提出了根本要求。

互联网的广泛应用正在重塑媒体格局、舆论生态，特别是博客、微博客、微信、App等网络传播打破了传统媒体的单向传播方式，使网络成为兼具信息发布功能、舆论传播功能、社会动员功能的聚合器。真实的、虚假的，理性的、非理性的，正确的、

---

① 习近平. 在十九届中央政治局第十二次集体学习时的讲话 [J]. 求是，2019 (6).
② 习近平：总体布局统筹各方创新发展 努力把我国建设成为网络强国 [N]. 人民日报，2014-02-28.
③④ 习近平. 在第二届世界互联网大会开幕式上的讲话 [N]. 人民日报，2015-12-17.
⑤ 习近平. 在网络安全和信息化工作座谈会上的讲话 [N]. 人民日报，2016-04-26.

错误的，各种思想舆论在网上相互叠加，如何有效管控其负面影响，难度明显加大。

互联网这个阵地正在成为渗透反渗透斗争的主战场，美国等西方国家利用其掌握的互联网先发优势、话语优势、技术优势，鼓吹所谓的"网络自由"，推行政治霸权、文化霸权、数字霸权，企图把西方价值观无障碍地渗透到中国。

互联网是我们面临的"最大变量"，搞不好会成为我们的"心头之患"。西方反华势力一直妄图利用互联网"扳倒中国"，多年前有西方政要就声称"有了互联网，对付中国就有了办法"，"社会主义国家投入西方怀抱，将从互联网开始"。

互联网突破了课堂、学校、求知的传统边界，对学生的影响越来越大。年轻人几乎是无人不网、无日不网、无处不网，很多学生基本不看传统媒体，大部分信息都从网上获取。意识形态领域许多新情况新问题也往往因网而生、因网而增，许多错误思潮也都以网络为温床生成发酵。互联网已经成为立德树人的主战场。我们能否顶得住进攻、打得赢持久战，能否管好用好互联网，切实改善网络舆论生态，也是教育的重大课题。从一定意义上说，谁赢得互联网，谁就赢得青年。我们要善于运用新媒体新技术，推动立德树人，推动思想政治工作传统优势同信息技术高度融合，使思想政治工作联网上线，增强时代感和吸引力。

应及时调整单点着力、统一发力的工作思路，不能用一种药方包打天下、医治百病。要根据不同网络平台、不同网络社群的特点制定专门的立德树人工作方案，形成有的放矢的新媒体矩阵。积极整合网上教育教学资源，把我们要讲的道理、情理，把我们要讲的现实、事实，用学生喜闻乐见的语言、易于接受的方式呈现出来。注重表达方式、传播艺术，以理服人、以情动人，多讲鲜活故事，多作交流互动，有针对性地释疑解惑，吸引学生主动靠近、自动连接。要把网上的舆论引导和网下的思想工作结合起来，既会"键对键"，又能"面对面"。

高校学生既是网络新媒体的受众，也是改善网络生态的重要力量。积极发挥高校学科优势和人才优势，鼓励学生利用所知所学，正面发声、理性思辨，唱响网上好声音，传播网络正能量，澄清是非、伸张正义，不做沉默的大多数。加强互联网管理，整治有害信息，净化网络空间，守护好共同的网上精神家园。

习近平总书记还多次强调，要总结应对新冠肺炎疫情以来大规模在线教育的经验，"发挥互联网优势，实施'互联网＋教育'"[1]，利用信息技术更新教育理念、变革教育模式，构建网络化、数字化、个性化、终身化的教育体系，建设"人人皆学、处处能学、时时可学"的学习型社会。强调要"坚持不懈推进教育信息化，努力以信息化为手段扩大优质教育资源覆盖面"[2]。"通过教育信息化，逐步缩小区域、城乡数字差距，大力促进教育公平，让亿万孩子同在蓝天下共享优质教育、通过知识改变命运"[3]，特别是"让山沟里的孩子也能接受优质教育"[4]。这些基本要求，具有很强的针对性和很强的目的性，即通过新媒体新技术，缩小数字鸿沟，促进教育公平，共享优质教育，更好立德树人。

七、立德树人要加强学校思想政治工作队伍建设

学校思想政治工作队伍，专指学校党政干部和共青团干部、

---

[1] 习近平：在网络安全和信息化工作座谈会上的讲话［N］．人民日报，2016－04－26．
[2][3] 习近平．致国际教育信息化大会的贺信［N］．人民日报，2015－05－24．
[4] 同[1]．

思想政治理论课教师和哲学社会科学课教师、辅导员班主任和心理咨询教师等。

长期以来，学校思想政治工作队伍兢兢业业、甘于奉献、奋发有为，为教育事业发展和立德树人做出了重要贡献。实践证明，这是一支不可或缺的队伍，也是一支值得信赖的队伍。

但是，目前学校思想政治工作队伍建设还存在不够到位的情况。有的培训不到位、没有像抓教师培训那样抓思想政治工作队伍的培训，导致思想政治工作队伍素质不达标，严重影响学生思想政治教育的成效。有的专业化不到位，没有把学校思想政治工作队伍建设纳入专业化视野，缺乏专业和学理支撑，处于有职业无专业、有岗位无学理的状态，严重影响学生思想政治教育的水平。有的管理不到位，没有把住选聘的"高进"关口，没有建设"优出"的立交桥，严重影响学校思想政治工作队伍的动态稳定。有的机制不到位，待遇不落实，职称不能评，严重影响学校思想政治工作队伍工作的积极性、主动性和创造性。

一批好的教师会造就一所好学校，一支好的思想政治工作教师队伍会影响一批学生的未来。学校能不能推进立德树人，学生能不能成为社会主义事业的合格建设者和可靠接班人，关键之一在于能不能把学生思想政治教育队伍建设好。为此，习近平总书记强调："要拓展选拔视野，抓好教育培训，强化实践锻炼，健全激励机制，整体推进高校党政干部和共青团干部、思想政治理论课教师和哲学社会科学课教师、辅导员班主任和心理咨询教师等队伍建设，保证这支队伍后继有人、源源不断。"[①]

专业化、职业化建设好辅导员班主任队伍，保证这支队伍高

---

① 习近平：把思想政治工作贯穿教育教学全过程 开创我国高等教育事业发展新局面[N]. 人民日报，2016-12-09.

质量、高水准，保证这支队伍后继有人、源源不断，可以从"四个双重"入手。

一是强化"双重身份"。按照教师和干部的双重标准，像做好业务骨干和干部的选拔那样做好辅导员班主任的选拔，新聘的辅导员班主任必须是中共党员，既要有较高的思想政治素质、良好的道德品质和较强的管理能力，又要有本科以上学历和学科专业背景、较强学术能力和对学生进行思想政治教育的能力。鼓励思想政治理论课教师兼任辅导员班主任，承担日常思想政治教育任务，更好地为学生解疑释惑；鼓励专职辅导员班主任不断提高教学科研水平，积极从事思想政治理论教学科研，既用人格魅力又用学术魅力教育引导学生。实现双向发展、多渠道输出。支持专职辅导员班主任向专业化、职业化发展，成长为职业型专家；搭建辅导员班主任流动"立交桥"，根据工作需要和本人条件、意愿，及时输送优秀的辅导员班主任到校内管理工作岗位任职，到地方、企业、社会组织等处发展。

二是开展"双重培训"。强化职业培训，把辅导员班主任培训纳入学校师资培训规划和人才培养计划，让其享受专任教师培养的同等待遇，确保任职期间上岗培训、日常培训、研修培训不低于规定的学时。坚持上岗培训和在职培训相结合、日常培训和专题培训相结合、中长期培训和短期培训相结合、国内培训与国外研修相结合，按规定时间完成在岗辅导员班主任轮训工作，努力培养和造就一批在思想政治教育方面有一定国内影响力的专家。加强专业培养，实施学校辅导员学位提升计划，分批选拔优秀辅导员班主任攻读思想政治教育专业硕士学位、定向攻读思想政治教育专业博士学位，鼓励和支持他们长期从事辅导员班主任工作；有条件的高校还可设立辅导员班主任专业，招收本科生或研究生，同时培养造就相关专业方向的硕士生导师、博士生导师等人才，做到专业培养、专业使用，彻底解决队伍难稳住的问题，努力建成一支以专业化、职业化、专家化为骨干的辅导员班主任队伍。

三是加强"双重领导"。加强学校党委的统一领导，把辅导员班主任队伍建设作为衡量学校办学质量和办学水平的重要指标，作为考核学校领导干部业绩的重要标准，建立党政"一把手"责任制，明确专人分管，定期召开专题会议研究、部署辅导员班主任队伍建设工作。加强院（系）组织的直接领导，把辅导员班主任作为办学育人的重要队伍和依靠力量摆在重要位置，与专业教师同等对待；落实配置规定，落实培训规划，落实奖惩措施。

四是落实"双重待遇"。落实教师待遇，着力解决好职称评定、评选表彰、科研项目、津贴收入等问题。落实管理干部待遇，按照校内管理干部的做法，为专职辅导员确定相应的行政级别；把辅导员班主任队伍作为学校党政后备干部培养和选拔的重要来源，选拔学校领导干部要重视辅导员班主任的经历。

要在加强思政课教师队伍建设上下功夫。配齐建强思政课专职教师队伍，建设专职为主、专兼结合、数量充足、素质优良的思政课教师队伍。在思政课教师选用、管理、考核中要严把政治关、师德关、业务关，解决好学风问题。

要创新思政课教师队伍建设工作机制，加大培养和激励工作力度，落实各项政策保障，提高思政课教师岗位对优秀人才的吸引力，让思政课教师特别是青年教师的创造活力竞相迸发，聪明才智充分涌流。

要改革思政课教师评价机制，提高评价中的教学和教学研究占比，克服唯文凭、唯论文、唯帽子等弊端，引导思政课教师把主要精力放在教书育人上。一些学校口头上把思政课捧得很高，但落实不到教育、学术、人才评价机制上，有的跟国外机构设置的评价体系走，一切以在国外期刊上发表论文情况排次、定序、论"英雄"。久而久之，有的地方形成了思想政治专业非学术、无学术等极为错误的观点和氛围，给一些思政课教师的发展造成障碍，影响了他们的工作热情。

要高度重视思政课教师队伍后备人才培养，加强马克思主义学院、马克思主义理论学科建设，统筹推进马克思主义理论本硕博一体化人才培养工作，不断为思政课教师队伍输送高水平人才。学校干部队伍建设要把思政课教师作为重要来源。

还要选优配强专兼职党务工作者，强化他们抓党建和思想政治工作的职责和意识，提高他们的思想水平和工作水平。要像关心教学科研骨干的成长一样关心思想政治工作队伍成长，使他们工作有条件，干事有平台，待遇有保障，发展有空间，最大限度调动他们的积极性、主动性、创造性。

八、立德树人要加快构建中国特色哲学社会科学学科体系和教材体系

哲学社会科学的发展水平反映了一个民族的思维能力、精神品格、文明素质，体现了一个国家的综合国力和国际竞争力。一个国家的发展水平，既取决于自然科学发展水平，也取决于哲学社会科学发展水平。一个没有发达的自然科学的国家不可能走在世界前列，一个没有繁荣的哲学社会科学的国家也不可能走在世界前列。

习近平总书记指出，坚持和发展中国特色社会主义，需要不断在实践和理论上进行探索、用发展着的理论指导发展着的实践。

在这个过程中，哲学社会科学具有不可替代的重要地位，哲学社会科学工作者具有不可替代的重要作用。他特别要求，高校要发挥学科齐全、人才密集的优势，在构建中国特色哲学社会科学方面当好生力军。

哲学社会科学不仅是人们认识文明、传承文明、创新文明、促进文明的重要工具和重要力量，也是立德树人的重要工具和重要力量。哲学社会科学教材建设是立德树人的重要依托，能够帮助学生形成正确的世界观、人生观、价值观，提高道德修养和精神境界，养成科学思维习惯，促进身心和人格健康发展。

习近平总书记多次强调要加快构建中国特色哲学社会科学体系和教材体系，要求按照立足中国、借鉴国外，挖掘历史、把握当代，关怀人类、面向未来的思路，体现继承性、民族性，原创性、时代性，系统性、专业性，努力构建全方位、全领域、全要素的哲学社会科学体系和教材体系，并在学科体系、学术体系、话语体系等方面体现中国特色、中国风格、中国气派。

建设什么样的教材体系，核心教材传授什么内容、倡导什么价值，所体现的是国家意志。对意识形态属性较强的哲学社会科学教材进行国家层面的规划，是许多国家的通行做法。尤其是义务教育阶段道德与法治、语文、历史三科教材建设，事关国家意识形态安全，事关培养社会主义事业建设者和接班人，绝不能旁落。在教材建设方面，我们做了很多工作，取得了很多成绩，但也还有很多工作要做。现在，教材编写主体较多，质量参差不齐，选用制度不全。当下，亟须创新教材编写、推广，应充分运用体制机制，集中骨干力量，统筹优势资源，推出更多高水平教材。建立高校哲学社会科学学科专业核心课程教材目录制度，国家统编教材要推广使用，水平不高、导向有问题的教材不能使用。

按照习近平新时代中国特色社会主义思想，构建中国特色哲学社会科学体系和教材体系，关键要把握三个方面。

（一）体现继承性、民族性

哲学社会科学的现实形态，是古往今来各种知识、观念、理论、方法等融通生成的结果。在构建中国特色哲学社会科学体系和教材体系方面，要善于融通古今中外各种资源，特别是要把握好三方面资源。

一是马克思主义的资源，包括马克思主义基本原理、马克思主义中国化形成的成果及其文化形态，这是中国特色哲学社会科学和教材的主体内容，也是中国特色哲学社会科学和教材发展的最大增量。

二是中华优秀传统文化的资源，这是中国特色哲学社会科学和教材发展十分宝贵、不可多得的资源。

三是国外哲学社会科学和教材的资源，包括世界所有国家哲学社会科学和教材取得的积极成果，这可以成为中国特色哲学社会科学和教材的有益滋养。

要坚持古为今用、洋为中用，融通各种资源，不断推进知识创新、理论创新、方法创新。要坚持不忘本来、吸收外来、面向未来，既向内看，深入研究关系国计民生的重大课题，又向外看，积极探索关系人类前途命运的重大问题；既向前看，准确判断中国特色社会主义发展趋势，又向后看，善于继承和弘扬中华优秀传统文化精华。

习近平总书记强调，在构建中国特色哲学社会科学体系和教材体系中，"强调民族性并不是要排斥其他国家的学术研究成果，而是要在比较、对照、批判、吸收、升华的基础上，使民族性更加符合当代中国和当今世界的发展要求,越是民族的越是世界的。解决好民族性问题,就有更强能力去解决世界性问题;把中国实践总结好,就有更强能力为解决世界性问题提供思路和办法。这是由特殊性到普遍性的发展规律"[1]。对人类创造的有益的理论观点和学术成果,我们应该吸收借鉴,但不能把一种理论观点和学术成果当成"唯一准则",不能企图用一种模式来改造整个世界,否则就容易滑入机械论的泥坑。对国外的理论、概念、话语、方法,要有分析、有鉴别,适用的就拿来用,不适用的就不要生搬硬套。

(二) 体现原创性、时代性

我们的哲学社会科学和教材有没有中国特色,归根到底要看有没有原创性、时代性。跟在别人后面亦步亦趋,不仅难以形成中国特色哲学社会科学和教材,而且解决不好我国的实际问题和学生的培养问题。只有以我国实际为研究起点,提出具有原创性、时代性的理论观点,构建具有自身特质的学科体系、学术体系、话语体系,我国哲学社会科学和教材才能形成自己的特色和优势。

理论的生命力在于创新。体现原创性、时代性,必须创新。创新是哲学社会科学和教材发展的永恒主题。社会总是在发展,新情况新问题总是层出不穷。如果不能及时研究、提出、运用新思想新理念新办法,理论就会苍白无力,哲学社会科学和教材就会"肌无力"。

当代中国的伟大社会变革,不是简单延续我国历史文化的母版,不是简单套用马克思主义经典作家设想的模板,不是其他国

---

[1] 习近平. 在哲学社会科学工作座谈会上的讲话 [N]. 人民日报,2016-05-19.

家社会主义实践的再版，也不是国外现代化发展的翻版，不可能找到现成的教科书。习近平总书记强调，我国哲学社会科学应该以我们正在做的事情为中心，从我国改革发展的实践中挖掘新材料、发现新问题、提出新观点、构建新理论，加强对改革开放和社会主义现代化建设实践经验的系统总结，加强对发展社会主义市场经济、民主政治、先进文化、和谐社会、生态文明以及党的执政能力建设等领域的分析研究，加强对党中央治国理政新理念新思想新战略的研究阐释，提炼出有学理性的新理论，概括出有规律性的新实践。这是构建中国特色哲学社会科学的着力点、着重点。一切刻舟求剑、照猫画虎、生搬硬套、依样画葫芦的做法都是无济于事的[①]。

（三）体现系统性、专业性

中国特色哲学社会科学和教材应该涵盖历史、经济、政治、文化、社会、生态、军事、党建等各领域，囊括传统学科、新兴学科、前沿学科、交叉学科、冷门学科等诸多学科，不断推进学科体系、学术体系、话语体系建设和创新，努力构建一个全方位、全领域、全要素的哲学社会科学体系和教材体系。

现在，我国哲学社会科学学科体系和教材体系已基本确立，但还存在一些亟待解决的问题，主要是一些学科设置同社会发展联系不够紧密，学科体系不够健全，新兴学科、交叉学科建设比较薄弱。对此，习近平总书记强调，"要突出优势、拓展领域、补齐短板、完善体系"[②]。

一是要加强马克思主义学科建设。二是要加快完善对哲学社

[①②] 习近平. 在哲学社会科学工作座谈会上的讲话[N]. 人民日报，2015-05-19.

会科学具有支撑作用的学科，如哲学、历史学、经济学、政治学、法学、社会学、民族学、新闻学、人口学、宗教学、心理学等，打造具有中国特色和普遍意义的学科体系。三是要注重发展优势重点学科。四是要加快发展具有重要现实意义的新兴学科和交叉学科，使这些学科研究成为我国哲学社会科学的重要突破点。五是要重视发展具有重要文化价值和传承意义的"绝学"、冷门学科。这些学科看上去同现实距离较远，但养兵千日，用兵一时，需要时就要拿得出来，用得上。还有一些学科事关文化传承的问题，如甲骨文等古文字研究等，要重视这些学科，确保有人做，有传承。

总之，要通过努力，使基础学科健全扎实、重点学科优势突出、新兴学科和交叉学科创新发展、冷门学科代有传承、基础研究和应用研究相辅相成、学术研究和成果应用相互促进。

学科体系同教材体系密不可分。学科体系建设上不去，教材体系建设就上不去；反过来，教材体系建设上不去，学科体系建设就没有后劲。加强学科体系和教材体系建设，很重要的一个方面是创新学术话语体系。现在，在一些哲学社会科学学科的学术研究和教材中，直接搬用西方理论方法和名词术语的现象比较普遍。如果缺少马克思主义学术创造力，缺少当代中国马克思主义学术语言，就不能正确解读中国现实，回答中国问题。

我们不能做西方理论的"搬运工"，而要做中国学术的创造者、世界学术的贡献者。要立足我国改革发展实践，挖掘新材料，发现新问题，提出新观点，提炼标识性学术概念，打造具有中国特色和国际视野的学术话语体系，形成无愧于时代的当代中国学术思想和学术成果。

评价体系和评价标准是学术发展的指挥棒。应建立科学权威、公开透明的哲学社会科学成果评价体系，把评价标准掌握在自己手中，确保正确政治方向、价值取向、学术导向，避免用别人的尺度裁量自己。

九、立德树人要办好思想政治理论课

学生是祖国的未来、民族的希望。学生阶段是人生的"拔节孕穗期"，这一时期心智逐渐健全，思维进入最活跃状态，最需要通过立德树人精心引导和栽培，教给他们正确的思想，引导他们走正路。思政课是落实立德树人根本任务的关键课程，思政课作用不可替代，思政课教师队伍责任重大。

（一）办好思想政治理论课的价值意义

党的十八大以来，习近平总书记高度重视学校思想政治理论课建设。党中央先后召开全国高校思想政治工作会议、全国教育大会，习近平总书记就思政课建设多次讲过意见。习近平总书记对教育工作强调很多，但对思政课建设有更多的强调。2019年3月18日，习近平总书记专门主持召开学校思想政治理论课教师座谈会，发表了具有里程碑意义的重要讲话，突出强调了思政课在立德树人中的价值与分量。

我们党历来高度重视思政课建设。在革命、建设、改革各个历史时期，我们党对思政课建设都做出过重要部署。

新民主主义革命时期，我们党在红军大学、苏维埃大学、抗日军政大学、陕北公学等高校开设"党的建设""中国革命运动史""马克思列宁主义""辩证唯物主义""科学社会主义"等课程，在列宁小学开设"社会工作"课程，在解放区的小学、陕甘宁边区的中学开设"政治常识"课程。

新中国成立后，我们党就把"中国革命常识""共同纲领"列入中学教学计划，在高校开设"中国革命史""马克思列宁主义基础""政治经济学""辩证唯物论与历史唯物论"等课程，强调中高等学校思想政治理论课的任务是用马克思列宁主义、毛泽东思想武装青年头脑，培养坚强的革命接班人。

改革开放以来，党中央先后出台10多份关于加强学校思想政治理论课建设的文件，对思政课建设提出明确要求，不断推动思政课改革。

新时代，我们为什么要办好思政课？这要放在世界百年未有之大变局、党和国家事业发展全局中来看待，这要从坚持和发展中国特色社会主义、建设社会主义现代化强国、实现中华民族伟大复兴的高度来看待。

我们正在为实现"两个一百年"奋斗目标而努力。未来30年，我们培养的人要能够完成"两个一百年"奋斗目标的伟业。这是我们教育的历史责任。我们党立志于中华民族千秋伟业，必须培养一代又一代拥护中国共产党领导和中国社会主义制度、立志为中国特色社会主义事业奋斗终身的有用人才。这就要求我们把下一代教育好、培养好，从学校抓起、从娃娃抓起。习近平总书记强调："在大中小学循序渐进、螺旋上升地开设思政课非常必要，是培养一代又一代社会主义建设者和接班人的重要保障。"[1]人的成长、成熟、成才不是一蹴而就的，而是一个渐进的过程，就跟人的生理发育一样，所以要把大中小几个阶段都铺陈好。

要把学生培养成为社会主义建设者和接班人，必须帮助他们

---

[1] 习近平. 思政课是落实立德树人根本任务的关键课程 [M]. 北京：人民出版社，2020：6.

树立正确的世界观、人生观、价值观，教育引导他们把实现个人价值同党和国家前途命运紧紧联系在一起。

随着我国日益扩大开放、日益走近世界舞台中央，我国同世界的联系更趋紧密，相互影响更趋深刻，意识形态领域面临的形势和斗争也更加复杂。学校是意识形态工作的前沿阵地，不是一个象牙塔，也不是一个桃花源。

为此，习近平总书记提出了办好思政课的总体要求和根本原则："办好思政课，就是要开展马克思主义理论教育，用新时代中国特色社会主义思想铸魂育人，引导学生增强中国特色社会主义道路自信、理论自信、制度自信、文化自信，厚植爱国主义情怀，把爱国情、强国志、报国行自觉融入坚持和发展中国特色社会主义、建设社会主义现代化强国、实现中华民族伟大复兴的奋斗之中。"[1]

由于中央的致力，由于学校的奋力，由于教师的努力，这些年来，思政课建设成效是显著的，教学方法不断创新，教师乐教善教、潜心育人，教师队伍规模和素质稳步提升，大中小学思政课一体化建设初显成效。同时，也要看到，思政课建设中的一些问题亟待解决。

有的地方和学校对思政课重要性认识不到位；课堂教学效果需要提升，教学研究力度需要加大、思路需要拓展；教材内容不够鲜活，针对性、可读性、实效性有待增强；教师选配和培养工作还存在短板，队伍结构还要优化，整体素质还要提升；体制机制还有待完善，评价和支持体系有待健全，大中小学思政课一体化建设需要深化；民办学校、中外合作办学思政课建设还相对薄弱；各类课程同思政课建设的协同效应还有待增强，教师的教书

---

[1] 习近平. 思政课是落实立德树人根本任务的关键课程[M]. 北京：人民出版社，2020：6.

育人意识和能力还有待提高，学校、家庭、社会协同推动思政课建设的合力没有完全形成，全党全社会关心支持思政课建设的氛围不够浓厚。

办好思政课，有不少问题需要解决，但最重要的是解决好信心问题。当前，办好思政课的因素有很多，我们要有信心办好思政课。

一是有根本保障。党中央对教育工作高度重视，对思想政治工作、意识形态工作高度重视，始终坚持马克思主义指导地位，大力推进中国特色社会主义学科体系建设，为思政课建设提供了根本保证。

二是有强力支撑。我们党对共产党执政规律、社会主义建设规律、人类社会发展规律的认识和把握不断深入，开辟了中国特色社会主义理论和实践发展新境界，中国特色社会主义取得举世瞩目的成就，为思政课建设提供了强力支撑。

三是有深厚力量。中华民族几千年来形成了博大精深的优秀传统文化，我们党带领人民在革命、建设、改革过程中锻造的革命文化和社会主义先进文化，为思政课建设提供了深厚力量。

四是有重要基础。我们党通过守正创新形成了中国特色社会主义理论体系，思政课建设长期以来形成的一系列规律性认识和成功经验，为思政课建设守正创新提供了重要基础。

有了这些条件，有了一支可信、可敬、可靠，乐为、敢为、有为的思政课教师队伍，我们完全有信心有能力把思政课办得越来越好。

（二）办好思想政治理论课关键在教师

讲好思政课不容易，因为这个课要求高。思政课教学涉及马克思主义哲学、政治经济学、科学社会主义，涉及经济、政治、文化、社会、生态文明和党的建设，涉及改革发展稳定、内政外交国防、治党治国治军，涉及党史、国史、改革开放史、社会主义发展史，涉及世界史、国际共运史，涉及世情、国情、党情、民情，涉及心理学、法学、自然科学，等等。这样的特殊性对教师综合素质要求很高。国内外形势、党和国家工作任务发展变化较快，思政课教学内容要跟上时代，只有不断备课、常讲常新才能取得较好教学效果。思政课上学生会提一些尖锐敏感的问题，往往涉及深层次的理论和实践问题，把这些问题讲清楚讲透彻并不容易。

办好思政课，在学生心灵埋下真善美的种子，引导学生扣好人生第一粒扣子，关键在教师。习近平总书记对思政课教师素养问题提出了六点要求[①]。

第一，政治要强。思政课要解决学生理想信念问题。要让有信仰的人讲信仰是习近平总书记的一个重要教育理念。他强调，思政课，"要让信仰坚定、学识渊博、理论功底深厚的教师来讲，让学生真心喜爱、终身受益"[②]。

对马克思主义的信仰、对社会主义和共产主义的信念，只有首先在思政课教师心中扎下根，才能在学生心中开花结果。思政课教师只有自己信仰坚定，对所讲内容高度认同，做学习和实践马克思主义的典范，才能讲得有底气，讲深讲透，才能有效引导学生真学、真懂、真信、真用。要善于从政治上看问题，自觉用习近平新时代中国特色社会主义思想武装头脑，在大是大非面前保持政治清醒。教师是释疑解惑的，自己都疑惑重重，讲出来的

[①②] 习近平. 思政课是落实立德树人根本任务的关键课程[M]. 北京：人民出版社，2020：6.

东西不会是充分坚定、富有感染力的。

第二，情怀要深。思政课要引导学生立德成人、立志成才。只有打动学生，才能引导学生。教师在课堂上展现的情怀最能打动人，甚至会影响学生一生。真信才有真情，真情才能感染人。习近平总书记在主持召开学校思想政治理论课教师座谈会上讲过这么一段话："我为什么对焦裕禄那么一往情深，就是因为我在上初中一年级时，当时宣传焦裕禄的事迹，我的政治课老师在讲述焦裕禄的事迹时数度哽咽，一度讲不下去了，捂着眼睛抽泣，特别是讲到焦裕禄肝癌最严重时把藤椅给顶破了，我听了很受震撼。"[①]

习近平总书记要求思政课教师要有三种情怀。一是家国情怀，心里装着国家和民族，在党和人民的伟大实践中关注时代、关注社会，汲取养分、丰富思想。二是传道情怀，对马克思主义理论教育事业投入真情实感，对思政课教育教学有执着追求。三是仁爱情怀，把对家国的爱、对教育的爱、对学生的爱融为一体，心中始终装着学生，让思政课成为一门有温度的课[②]。

第三，思维要新。思政课要教会学生科学的思维。习近平总书记强调，"思政课教师给予学生的不应该只是一些抽象的概念，而应该是观察认识当代世界、当代中国的立场、观点、方法"[③]。思政课教学是一项非常有创造性的工作，思政课教师要学会辩证唯物主义和历史唯物主义，善于运用创新思维、辩证思维，善于运用矛盾分析方法抓住关键、找准重点、阐明规律，创新课堂教学，给学生深刻的学习体验。

[①②] 习近平. 思政课是落实立德树人根本任务的关键课程[M]. 北京：人民出版社，2020：13.

[③] 同[①]14.

思政课教师在教学中可以讨论问题，但更要讲清楚成绩；可以批评社会不良现象，但更要引导学生正面思考；可以讲社会主义建设的复杂性和艰巨性，但更要引导学生对社会主义前景充满信心。无论怎么讲，最终都要落到引导学生树立正确的理想信念、学会正确的思维方法上来。

第四，视野要广。思政课教师要有知识视野，除了具有马克思主义理论功底之外，还要广泛涉猎其他哲学社会科学以及自然科学的知识。习近平总书记要求思政课教师要有两种视野[①]。

一种是宽广的国际视野。学生经常会把国外的事情同国内的情况联系起来，这个过程就会产生一些疑惑。学生的疑惑就是思政课要讲清楚的重点。要善于利用国内外的事实、案例、素材，在比较中回答学生的疑惑，既不封闭保守，也不崇洋媚外，引导学生全面客观认识当代中国、看待外部世界，善于在批判鉴别中明辨是非。

一种是历史视野。历史是最好的老师。在思政课教师的历史视野中，要有5 000多年中华文明史，要有500多年世界社会主义史，要有中国人民近代以来170多年斗争史，要有中国共产党100年的奋斗史，要有中华人民共和国70多年的发展史，要有改革开放40多年的实践史，要有新时代中国特色社会主义取得的历史性成就、发生的历史性变革，通过生动、深入、具体的纵横比较，把一些道理讲明白、讲清楚。

第五，自律要严。习近平总书记强调，"思政课教师对自己要求要严格，既要遵守教学纪律，也要遵守政治纪律和政治规矩，

---

① 习近平. 思政课是落实立德树人根本任务的关键课程[M]. 北京：人民出版社，2020：14.

做到课上课下一致、网上网下一致，不能在课上讲得不错、却在课下乱讲，不能在现实生活中表现不错、却在网上乱说"①。思政课教师掌握着课堂的主导权和话语权，一定要自觉弘扬主旋律，积极传递正能量。

遵守纪律，不意味着不能讲矛盾、碰问题。有的教师怵于思政课的意识形态属性，担心祸从口出，总是绕开问题讲、避开难点讲，这是不对的。只要坚持正确政治方向，立足于引导学生坚定理想信念，全面客观看问题，就不用担心在政治上出问题。要给教师充分的信任，不抓辫子，不扣帽子，不打棍子。

第六，人格要正。有人格，才有吸引力。亲其师，才能信其道。习近平总书记要求"思政课教师要有堂堂正正的人格，用高尚的人格感染学生、赢得学生。要有学识魅力，用真理的力量感召学生，以深厚的理论功底赢得学生"②。思想要有境界，语言也要有魅力，从教师的话语中，学生能够感受到教师的人格和学识。

思政课教师要自觉做到修身修为，"吾日三省吾身""诚意正心""知行合一"，自觉做为学为人的表率，做让学生喜爱的人。

（三）办好思想政治理论课要不断改革创新

习近平总书记指出："改革创新是时代精神，青少年是最活跃的群体，思政课建设要向改革创新要活力。"③ 如果做一天和尚撞一天钟，照本宣科、应付差事，那"到课率""抬头率"势必大打折扣。很多学校在思政课上积极采用案例式教学、探究式教学、

---

① 习近平. 思政课是落实立德树人根本任务的关键课程［M］. 北京：人民出版社，2020：15.
② 同①16.
③ 同①17.

体验式教学、互动式教学、专题式教学、分众式教学等，运用现代信息技术等手段建设智慧课堂等，取得了积极成效。这些都值得肯定和鼓励。如何推动思政课改革创新？习近平总书记提出要做到八个"统一"①。

第一，坚持政治性和学理性相统一。思政课不仅有"术"，也有"学"，更有"道"，政治引导是思政课的基本功能。思政课的政治性、思想性、学术性、专业性是紧密联系在一起的，其学术深度广度和学术含金量不亚于任何一门哲学社会科学。

强调思政课的政治引导功能，并不是要把课讲成简单的政治宣传，而要以透彻的学理分析回应学生，以彻底的思想理论说服学生，用真理的强大力量引导学生。马克思说："理论只要彻底，就能说服人。"马克思主义理论就是彻底的理论。思政课教师所讲的理论、观点、结论要经得起学生各种"为什么"的追问，这样效果才能好。

需要注意的是，不能用学理性弱化政治性，在大中小学的不同学段，无论是通过讲故事、讲历史还是讲理论的方式讲思政课，都要体现思政课的政治引导功能。

第二，坚持价值性和知识性相统一。思政课重在塑造学生的价值观，这是政治引导功能的具体体现，这一点任何时候都必须牢牢抓住。但思政课的价值性要以知识为载体，要寓价值观引导于知识传授之中。只有空洞的价值观说教，没有科学的知识作支撑，价值观教育的效果也会大打折扣。

强调思政课的价值性，不是要忽视知识性，而是要通过满足学生对知识的渴求加强价值观教育。关于如何把价值性和知识性

---

① 习近平．思政课是落实立德树人根本任务的关键课程［M］．北京：人民出版社，2020：17.

统一起来，习近平总书记提出了具体要求。比如，在讲授中国历史时，要注重引导学生传承民族气节、崇尚英雄气概，引导学生学习英雄、铭记英雄，自觉反对那些数典忘祖、妄自菲薄的历史虚无主义和文化虚无主义，自觉提升境界、涵养气概、激励担当[①]。

第三，坚持建设性和批判性相统一。思政课的任务是传导主流意识形态，建设性是其根本。同时，彻底的批判精神是马克思主义的本质特征，马克思主义就是在同各种错误思潮的不断斗争中开辟前进道路的。思政课要在传播马克思主义立场、观点、方法的基础上用好批判的武器，直面各种错误观点和思潮，旗帜鲜明进行剖析和批判。

任何社会任何时期都会有各种问题存在，要教育引导学生正确看待、辩证认识、理性分析现实问题，辨明大是大非、真假黑白，在对社会假恶丑现象的批判中弘扬真善美。

要坚持问题导向，学生关注的、有疑惑的问题其实也就几大类，要把这些问题掰开了、揉碎了，深入研究解答，把事实和道理一条条讲清楚。实际上，有时候不一定讲得那么高大全，从一个问题切入，把一个问题讲深，最后触类旁通，可以带动很多关联问题，有可能是一通百通，提纲挈领。

习近平总书记要求思政课教师练就不怕问、怕不问、见问则喜的真本领，不能见学生提问就发怵。真理从来是在诘问和辩难中发展起来的，如果一问就问倒了，那就说明所讲的不是真理或者自己还没有掌握真理[②]。

---

① 习近平. 思政课是落实立德树人根本任务的关键课程［M］. 北京：人民出版社，2020：19.
② 同①20.

第四，坚持理论性和实践性相统一。理论与实践相统一，是马克思主义的法宝，也是办好思政课的法宝。在思政课里，如何把理论性和实践性统一起来，习近平总书记提出了重要理念："思政课要用科学理论培养人，遵循不同学段学生的认知规律，把马克思主义基本原理讲清楚、讲透彻。"[①]

同时，马克思主义是在实践中形成并不断发展的，要高度重视思政课的实践性，把思政小课堂同社会大课堂结合起来，在理论和实践的结合中，教育引导学生把人生抱负落实到脚踏实地的实际行动中来，把学习奋斗的具体目标同民族复兴的伟大目标结合起来，立鸿鹄志，做奋斗者。

第五，坚持统一性和多样性相统一。习近平总书记强调，思政课的教学目标、课程设置、教材使用、教学管理等方面要有统一要求，但具体落实要因地制宜、因时制宜、因材施教，要结合实际把统一性要求落实好，鼓励探索不同方法和路径[②]。

思政课教师在教学中要以统编教材为依据，确保教学的规范性、科学性、权威性，同时也不能简单照本宣科。教材给出的是教学的基本结论和简要论述，要让不同类型的学生都爱听爱学、听懂学会，还需要做很多创造性工作。要在教学过程中进行多样化探索，通过多种方式实现教学目标。

习近平总书记还强调，要把统筹推进大中小学思政课一体化建设作为一项重要工程，坚持问题导向和目标导向相结合，坚持守正和创新相统一，推动思政课建设内涵式发展。他要求针对不同学段，根据思想政治理论教育规律和学生成长规律科学设置具

---

① 习近平. 思政课是落实立德树人根本任务的关键课程[M]. 北京：人民出版社，2020：20.

② 同①21.

体教学目标，抓好教学目标设计、课程设置、教材编写、教学改革、教师培养、考核评价等环节，既不能揠苗助长、操之过急，又不能刻舟求剑、故步自封①。

课程设置要相对稳定，坚持大中小学纵向主线贯穿、循序渐进，各类课程横向结构合理、功能互补的原则，确保教材的政治性、科学性、时代性、可读性。

第六，坚持主导性和主体性相统一。思政课教学离不开教师的主导，同时要坚持以学生为中心，加大对学生的认知规律和接受特点的研究，发挥学生主体性作用。一些思政课堂运用小组研学、情景展示、课题研讨、课堂辩论等方式教学，让学生来讲，这有利于发挥学生主体作用。

教师要做好画龙点睛的工作，加强引导和总结提炼，教育引导学生多读马克思主义经典著作、当代中国马克思主义理论著作、中华优秀传统文化典籍等。要列出书单、指出重点，让学生正确理解经典著作，掌握马克思主义理论精髓，感知中华文化魅力，避免教条主义、本本主义，避免一知半解误读马克思主义。

第七，坚持灌输性和启发性相统一。灌输是马克思主义理论教育的基本方法。列宁说："工人本来也不可能有社会民主主义的意识。这种意识只能从外面灌输进去。"让学生接受马克思主义，离不开必要的灌输，但这不等于搞填鸭式的"硬灌输"。习近平总书记强调，要注重启发式教育，引导学生发现问题、分析问题、思考问题，在不断启发中让学生水到渠成得出结论②。

这里面，会讲故事、讲好故事十分重要。习近平总书记要求

---

① 习近平.思政课是落实立德树人根本任务的关键课程［M］.北京：人民出版社，2020：27.
② 同①22.

思政课要讲好中华民族的故事、中国共产党的故事、中华人民共和国的故事、中国特色社会主义的故事、改革开放的故事,特别是要讲好新时代的故事。讲故事,不仅老师讲,而且要组织学生自己讲。

第八,坚持显性教育和隐性教育相统一。习近平总书记强调:"思政课要做思想政治教育的显性课程。"[①] 有人提出把思政课变成隐性课程,完全融入其他人文素质课程中,这是不对的。我们办中国特色社会主义教育,就是要理直气壮开好思政课。

同时,要解决好各类课程和思政课相互配合的问题,挖掘其他课程和教学方式中蕴含的思想政治教育资源,鼓励教学名师到思政课堂上讲课,实现全员全程全方位育人。既要有惊涛拍岸的声势,又要有润物无声的效果,把思政课讲得更有亲和力和感染力、更有针对性和实效性,实现知、情、意、行的统一,叫人口服心服。这是教育之道。

十、立德树人要坚持把教师队伍建设作为基础工作

习近平总书记在全国教育大会上提出了教育"九个坚持"的新理念新思想新观点,并将"坚持把教师队伍建设作为基础工作"[②] 作为第九个"坚持"放在最后。这一别具匠心的战略设计,更加说明建设一支宏大的高素质专业化教师队伍是优先发展教育事业、加快推进教育现代化、建设教育强国、立德树人、培养德

---

① 习近平. 思政课是落实立德树人根本任务的关键课程[M]. 北京:人民出版社,2020:23.

② 习近平:坚持中国特色社会主义教育发展道路 培养德智体美劳全面发展的社会主义建设者和接班人[N]. 人民日报,2018-09-11.

智体美劳全面发展的社会主义建设者和接班人的基础工作。

（一）坚持把教师队伍建设作为基础工作，回应了让民族涌现好老师、学校拥有好老师、个人遇到好老师的历史期望

习近平总书记强调："一个人遇到好老师是人生的幸运，一个学校拥有好老师是学校的光荣，一个民族源源不断涌现出一批又一批好老师则是民族的希望。"[①] 这一论断，反映了中华民族的历史期望，反映了学校教育的历史期望，反映了人民群众的历史期望。坚持把教师队伍建设作为基础工作则是回应了这些历史期望。

1. 教师是人类文明的传承者，承担着民族的希望

2014年3月，习近平主席在联合国教科文组织总部发表演讲，对文明讲了一段非常精彩的话："人类在漫长的历史长河中，创造和发展了多姿多彩的文明。从茹毛饮血到田园农耕，从工业革命到信息社会，构成了波澜壮阔的文明图谱，书写了激荡人心的文明华章。"[②]

习近平总书记揭示了教育与文明的关系。教育是文明的重要载体。每一种文明都延续着一个国家和民族的精神血脉，既需要通过教育薪火相传、代代守护，更需要通过教育与时俱进、勇于创新。在教育的推动下，文明因交流而多彩，文明因互鉴而丰富。这种文明交流互鉴，成为推动人类文明进步的重要动力。通过教育载体，中国人民在实现中国梦的进程中，按照时代的新进步，推动中华文明创造性转化和创新性发展，不断激活其生命力，把跨越时空、超越国度、富有永恒魅力、具有当代价值的文化精神

[①] 习近平. 做党和人民满意的好老师：同北京师范大学师生代表座谈时的讲话 [N]. 人民日报，2014-09-10.

[②] 习近平. 在联合国教科文组织总部的演讲 [N]. 人民日报，2014-03-28.

坚持把立德树人作为根本任务

弘扬起来，让收藏在博物馆里的文物、陈列在广阔大地上的遗产、书写在古籍里的文字活起来，让中华文明同世界各国人民创造的丰富多彩的文明一道，为人类提供正确的精神指引和强大的精神动力。教育是文明传创、民族振兴、社会进步的重要基石，是功在当代、利在千秋的德政工程，对提高人民综合素质、促进人的全面发展、增强中华文明创新发展、实现中华民族伟大复兴具有决定性意义。正因如此，习近平总书记强调："我们要积极发展教育事业，通过普及教育，启迪心智，传承知识，陶冶情操，使人们在持续的格物致知中更好认识各种文明的价值，让教育为文明传承和创造服务。"[1]

习近平总书记揭示了文明与教师的关系。中华文明经历了5 000多年的历史变迁，但始终一脉相承，积淀着中华民族最深层的精神追求，代表着中华民族最独特的精神标识，为中华民族生生不息、发展壮大提供了丰厚滋养。习近平总书记指出："在中华民族5 000多年文明发展史上，英雄辈出，大师荟萃，都与一代又一代教师的辛勤耕耘是分不开的。"[2] 这是一个重要的判断。教师是人类历史上最古老的职业，也是最伟大、最神圣的职业，教师见证和参与了文明创造的历史。为此，习近平总书记反复强调，教师"是人类文明的传承者"[3]，承担着"民族的希望"[4]。一个民族拥有源源不断的好老师，这个民族的文明传承就有了根本依靠，未来发展就有了坚强依托。

---

[1] 习近平. 在联合国教科文组织总部的演讲 [N]. 人民日报，2014-03-28.

[2] 习近平. 做党和人民满意的好老师：同北京师范大学师生代表座谈时的讲话 [N]. 人民日报，2014-09-10.

[3] 习近平：坚持中国特色社会主义教育发展道路　培养德智体美劳全面发展的社会主义建设者和接班人 [N]. 人民日报，2018-09-11.

[4] 同[2].

习近平总书记的这些重要论述，不仅深刻揭示了教育与文明、文明与教师的关系，而且透彻说明了只有坚持把教师队伍建设作为基础工作，才能让教育更好地为文明传承和创造服务的新理念新思想新观点。这是一种前所未有新的战略思维和历史眼光。

2. 教师是立教之本、兴教之源，承担着办好人民满意教育的重任

综合国力的竞争，说到底是人才的竞争，人才越来越成为推动经济社会发展的战略性资源。源源不断的人才资源是我国在激烈的国际竞争中的重要潜在力量和后发优势，教育的基础性、先导性、全局性地位和作用更加突显。"两个一百年"奋斗目标的实现、中华民族伟大复兴中国梦的实现，归根到底靠人才、靠教育。对此，习近平总书记指出："中国这么多人，教育上去了，将来人才就会像井喷一样涌现出来。这是最有竞争力的。"[1] 这些重要论述，昭示了一个重要真理：教育兴则国家兴，教育强则国家强，教育是对中华民族伟大复兴具有决定性意义的事业。

经过几代人的艰苦奋斗，我国建成了世界上规模最大的教育体系，初步实现了中华民族千百年来"学有所教、有教无类"的教育理想，走出了一条中国特色社会主义教育发展道路，为文明传承创造、国民素质提高、经济社会发展、创新能力增强、综合国力提升做出了重要贡献。

教育部颁布的《中国教育概况：2019年全国教育事业发展情况》披露，2019年，我国有53万多所学校、1 732多万名专任教师、2.82亿名在校学生。我国经济总量虽然已经是世界第二，但我国还是世界上最大的发展中国家，还处在社会主义初级阶段，

---

[1] 中共中央宣传部. 习近平总书记系列重要讲话读本（2016年版）[M]. 北京：学习出版社，2016：232.

教育"大而不强",教育事业发展还不平衡不充分。作为一个有着14亿多人口的发展中大国,办好世界上最大规模的教育,促进公平而优质的教育发展,始终是我们面临的重大压力和挑战。当前和今后一个时期,我国教育事业发展面临着既要实现公平发展又要实现有质量发展的双重压力,面临着既要培养亿万有素质的普通劳动者又要培养更多创新型人才的高素质劳动者的双重任务。

如何加快建成伴随每个人一生的教育,努力使学习成为每个人的生活习惯和生活方式,实现人人皆学、处处能学、时时可学;如何加快建成平等面向每个人的教育,努力使每个人不分性别、不分城乡、不分地域、不分贫富、不分民族都能接受良好教育;如何加快建成适合每个人的教育,努力使不同性格禀赋、不同兴趣特长、不同素质潜力的学生都能接受符合自己成长需要的教育;如何加快建成更加开放灵活的教育,努力使教育选择更多样、成长道路更宽广,使学业提升通道、职业晋升通道、社会上升通道更加畅通。

"双重压力""双重任务""四个加快",是中国教育现代化面临并迫切必须解决好的时代课题。

回答中国教育现代化面临的时代课题,解决好"双重压力",完成好"双重任务",实现好"四个加快",需要全党全国和全社会各方共同努力,但"关键在教师",教师承担着最庄严、最神圣的使命,教师是教育发展的第一资源。如果说教育是国家发展的基石,教师就是奠基者。

推动教育改革创新,办好人民满意教育,关键在教师。在学校所有资源中,优秀教师是最急需的资源,在学校所有财富中,教师是最宝贵的财富。没有高水平的教师,就没有高质量的教育。

正因如此，习近平总书记强调，"教师是立教之本、兴教之源"[①]，承担着"办好人民满意教育的重任"[②]。

3. 教师是学生成长的引导者，承担着打造中华民族"梦之队"的重任

邓小平指出："一个学校能不能为社会主义建设培养合格的人才，培养德智体全面发展、有社会主义觉悟的有文化的劳动者，关键在教师。"[③] 着重强调了教师在培养人中的重要作用。对此，习近平总书记做出了进一步深刻阐释，指出"教师重要，就在于教师的工作是塑造灵魂、塑造生命、塑造人的工作"[④]，并深情地说，"教过我的老师很多，至今我都能记得他们的样子，他们教给我知识、教给我做人的道理，让我受益无穷"[⑤]。

老师，是最无私的人，把自己的学识毫无保留地传授给学生。是老师，将一分辛苦化成汗水，滋润着满园的桃李；是老师，将一腔热血凝成蜡烛，点亮学子懵懂的心灵；是老师，将一种执着染成银丝，牵动起腾飞的理想；是老师，将一厢企盼搭成书梯，攀摘着科技的希望。唐代诗人李商隐的诗句"春蚕到死丝方尽，蜡炬成灰泪始干"，正是赞美教师这种无私的奉献精神。

教育是心灵与心灵的沟通、灵魂与灵魂的交融、人格与人格的对话。教师是知识、思想和真理的传播者，肩负着塑造灵魂、塑造生命、塑造人的时代重任，是教育发展的第一资源。在学生心目中，学校是神圣之地，学生天生对教师有敬畏心，教师在学生成长中扮演的角色甚至比家长更加重要，教师的一言一行对学生的影响可能持续一生。没有教师个人给学生深入内心世界的直

---

①② 习近平. 致全国广大教师的慰问信 [N]. 人民日报, 2013-09-09.
③ 邓小平. 邓小平文选：第2卷 [M]. 2版. 北京：人民出版社, 1994：108.
④⑤ 习近平. 做党和人民满意的好老师：同北京师范大学师生代表座谈时的讲话 [N]. 人民日报, 2014-09-10.

接影响，就不会有真正的教育。十年树木百年树人，有德才兼备的好教师，就会培养出一批接一批德才兼备的好学生；有德才兼备的好学生，国家就会有德才兼备的栋梁之材；有德才兼备的栋梁之材，中华民族就一定能够加快复兴步伐。

习近平总书记说："今天的学生就是未来实现中华民族伟大复兴中国梦的主力军，广大教师就是打造这支中华民族'梦之队'的筑梦人。"[①] 他强调，教师要用好课堂讲坛，用好校园阵地，用好自己行动，用好自己学识，点燃学生对真善美的向往，"做学生锤炼品格的引路人，做学生学习知识的引路人，做学生创新思维的引路人，做学生奉献祖国的引路人"[②]。

用好"四种"途径方法，做学生"四个方面的引路人"，这既是习近平总书记对打造中华民族"梦之队"工作的新部署，又是习近平总书记对教师引导学生全面发展、健康成长的新要求。唯有"坚持把教师队伍建设作为基础"，才能完成好这些历史赋予的任务。这也是教育规律和人才成长规律的本质反映。

4. 教师是教育脱贫的推进者，承担着"帮助贫困人口子女接受教育，阻断贫困代际传递"[③] 的重任

"决胜脱贫攻坚，共享全面小康"的进军号已经吹响，人才决定未来，教育成就梦想，教育是阻断贫困代际传递的治本之策。习近平总书记强调，"要推进教育精准脱贫，重点帮助贫困人口子女接受教育，阻断贫困代际传递，让每一个孩子都对自己有信心、对未来有希望"[④]。

目前，教育短板在西部地区、农村地区、老少边穷岛地区，

[①] 习近平. 做党和人民满意的好老师：同北京师范大学师生代表座谈时的讲话 [N]. 人民日报，2014-09-10.
[②][③][④] 习近平. 在北京市八一学校考察时的讲话 [N]. 人民日报，2016-09-10.

一些贫困地区教育发展还面临很大困难。由于各种原因，不少贫困家庭子女受教育程度同普通家庭比还存在较大差距，贫困家庭孩子辍学失学率还比较高。贫困地区教育事业在扶贫开发攻坚中具有关键作用，是管长远的，必须加强扶持力度，下大气力抓好。

只有建设一支素质优良、甘于奉献、扎根乡村的教师队伍，才可以推进贫困地区教育事业快速发展，才可以让贫困地区每个孩子充分享受到充满生机的良好教育，实现德智体美劳全面发展，带着梦想飞得更高更远，成为社会有用之才。

2015年9月9日，习近平总书记在给"国培计划（2014）"北京师范大学贵州研修班参训教师的回信中说："发展教育事业，广大教师责任重大、使命光荣。希望你们牢记使命、不忘初衷，扎根西部、服务学生，努力做教育改革的奋进者、教育扶贫的先行者、学生成长的引导者，为贫困地区教育事业发展、为祖国下一代健康成长继续作出自己的贡献。"[①] 让教师做"教育扶贫的先行者"的新理念，不仅是中国扶贫开发的新模式和对全球扶贫开发事业的新贡献，更是对教育事业的新要求和对教师价值的新判断。

（二）坚持把教师队伍建设作为基础工作，回应了让"每个教师都能成为符合党和人民要求、学生喜欢和敬佩"的"四有"好老师的现实需求

习近平总书记强调，国家繁荣、民族振兴、教育发展，需要我们大力培养造就一支师德高尚、业务精湛、结构合理、充满活力的高素质专业化教师队伍，需要涌现一大批好老师，并希望

---

① 习近平总书记给"国培计划（2014）"北京师范大学贵州研修班参训教师的回信[N]. 中国政府网，2015-09-09.

坚持把立德树人作为根本任务

"每个教师都能成为符合党和人民要求、学生喜欢和敬佩的好老师"①。这一重要论述,提出了两个极其重要的思想。一是国家繁荣、民族振兴、教育发展与好老师密切相关、紧密相连。二是每个教师都要成为符合党和人民要求、学生喜欢和敬佩的好老师。

对教师提出高标准、严要求,是天经地义的,既是对学生负责,也是对民族负责。引导教师做有理想信念、有道德情操、有扎实学识、有仁爱之心的"四有"好老师,让"每个教师都能成为符合党和人民要求、学生喜欢和敬佩的好老师"②,成为学生锤炼品格、学习知识、创新思维、奉献祖国的引路人③,这是"坚持把教师队伍建设作为基础工作"的目标任务。

1. 培养有理想信念的好老师

理想信念问题,是习近平总书记反复强调的一个极其重要的问题,也是好老师必须解决好的首要问题。理想信念,是中国共产党人的政治灵魂,也是好老师的精神追求,一个没有理想信念或理想信念不坚定的人,就没有安身立命的根本,是不能成为好老师的。理想信念,是中国共产党人的"定海神针",也是好老师的"精神之钙"。一个没有理想信念或理想信念不坚定的人,精神上就会"缺钙",就会得"软骨病",会在风雨面前东摇西摆。

老师肩负着培养下一代的重要责任,正确的理想信念是教书育人、播种未来的指路明灯。为此,习近平总书记反复强调,做好老师,要有理想信念。老师的神圣使命是"传道""授业""解惑"。一个老师,如果只知道"授业""解惑"而不"传道",这个

---

①② 习近平. 做党和人民满意的好老师:同北京师范大学师生代表座谈时的讲话[N]. 人民日报,2014-09-10.

③ 习近平:全面贯彻落实党的教育方针 努力把我国基础教育越办越好[N]. 人民日报,2016-09-10.

老师不能说是完全称职的，最多只能是"经师""句读之师"，而非"人师"了。一个好老师，只有有了理想信念，才能实现"经师"和"人师"的统一，既精于"授业""解惑"，又以"传道"为责任和使命。

习近平总书记提出了好老师要树立和坚定政治理想信念的要求。他强调，好老师必须牢固树立共产主义远大理想和中国特色社会主义共同理想，并把坚定理想信念作为人生最根本的追求。只有理想信念坚定的人，心中才会有国家和民族，肩负起国家使命和社会责任，百折不挠、坚定不移为培养社会主义建设者和接班人而奋斗。

习近平总书记提出了好老师要树立和坚定教育职业理想信念的要求。他强调，我们的教育是为人民服务、为中国共产党治国理政服务、为巩固和发展中国特色社会主义制度服务、为改革开放和社会主义现代化建设服务的。好老师树立和坚定教育职业理想信念要以此为基准。没有远大理想，就不是好老师；离开现实工作而空谈远大理想，也不是好老师。好老师要以"四个服务"为基准，自觉忠诚于党和人民的教育事业，自觉贯彻党的教育方针，自觉履行教书育人的职责。

习近平总书记提出了好老师树立和坚定理想信念的方法，要求广大教师把理想信念建立在对科学理论的理性认同上，建立在对历史规律的正确认识上，建立在对基本国情的准确把握上。不断加深对中国特色社会主义的思想认同、理论认同、情感认同，不断增强道路自信、理论自信、制度自信、文化自信。不仅自己做中国特色社会主义的坚定信仰者和忠实实践者，同时做中国特色社会主义共同理想和中华民族伟大复兴中国梦的坚决弘道者和积极传播者，教育引导学生树立和坚定理想信念，帮助学生筑梦、追梦、圆梦，让一代又一代学生成为实现我们民族梦想的正能量。

在这一过程中，更加坚定自己的理想信念，循环往复，让理想信念在自己心中牢牢扎根。

习近平总书记的这些论述，既深刻回答了好老师为什么要树立理想、应该树立什么样的理想、怎样树立理想的重大问题，又把理想信念与教师的职业使命紧密相连，使好老师树立和坚定理想信念有了明确的追求目标。

2. 培养有道德情操的好老师

习近平总书记指出："精神的力量是无穷的，道德的力量也是无穷的。"[1] 中华文明源远流长，孕育了中华民族的宝贵精神品格，培育了中国人民的优秀道德品质，支撑着中华民族生生不息、薪火相传，今天依然是我们推进改革开放和社会主义现代化建设的强大动力。

一个民族的文明素养，很大程度上体现在学生一代的道德水准和精神风貌上，从根本上讲体现在老师的道德情操上。从某种意义上讲，一个国家最危险、最可怕的是老师的道德缺失。老师的道德问题，不仅是个人的事、家庭的事、学校的事，还是关乎国家的事、民族的事、未来的事，对整个社会发展举足轻重。

学校是立德树人的阵地，担负着培养社会主义建设者和接班人的重任。坚持立德树人，老师首先要有道德情操。如果没有良好的道德品质和思想修养，老师即使有丰富的知识、高深的学问，也难以立德树人。为此，习近平总书记特别强调："做一个高尚的人、纯粹的人、脱离了低级趣味的人，应该是每一个老师的不懈追求和行为常态。"[2] 只要广大教师具备良好的道德情操，只要中

---

[1] 习近平：深入开展学习宣传道德模范活动　为实现中国梦凝聚有力道德支撑［N］. 人民日报，2013-09-27.

[2] 习近平. 做党和人民满意的好老师：同北京师范大学师生代表座谈时的讲话［N］. 人民日报，2014-09-10.

华民族一代接一代追求美好崇高的道德境界，我们的民族就永远充满希望。

习近平总书记对培养老师的道德情操提出了明确要求，指出："师者为师亦为范，学高为师，德高为范。"[①] 老师的职业特性决定了老师必须具备良好的道德情操，以德立身，以德立学，以德施教，不能够只做传授书本知识的教书匠，而应成为道德高尚的人，成为学生的品行之师，成为学生道德修养的镜子。

老师的道德情操是成功教育的重要条件。"老师对学生的影响，离不开老师的学识和能力，更离不开老师为人处世、于国于民、于公于私所持的价值观。一个老师如果在是非、曲直、善恶、义利、得失等方面老出问题，怎么能担起立德树人的责任？广大教师必须率先垂范、以身作则，引导和帮助学生把握好人生方向，特别是引导和帮助青少年学生扣好人生的第一粒扣子。"[②] 这是习近平总书记基于教育是国之大计、党之大计对老师道德情操提出的要求。

习近平总书记提出了师德是好老师道德情操重要载体的新理念，指出，老师的道德情操具体体现在师德上，好老师首先应该有师德，并强调，要大力加强师德建设，把师德作为评价教师队伍素质的第一标准。

对于什么是师德，习近平总书记用简洁的话做了深刻解释："师德是深厚的知识修养和文化品位的体现。"[③] 他反复强调，老师要"以人格魅力引导学生心灵"[④]，"以高尚的人格魅力赢得学生敬仰"[⑤]。什么是人格魅力？人格魅力是道德情操所特有的感

[①②③] 习近平. 做党和人民满意的好老师：同北京师范大学师生代表座谈时的讲话 [N]. 人民日报，2014-09-10.

[④] 习近平. 青年要自觉践行社会主义核心价值观：在北京大学师生座谈会上的讲话 [N]. 人民日报，2014-05-05.

[⑤] 习近平. 把思想政治工作贯穿教育教学全过程 开创我国高等教育事业发展新局面 [N]. 人民日报，2016-12-09.

染力、凝聚力、辐射力，它影响学生的价值观念、思维方式和行为方式。好老师的师德最终要体现到对所从事职业的忠诚和热爱上来。好老师应该执着于教书育人，热爱教育工作；有了为事业奋斗的志向，才能在教师这个岗位上干得有滋有味，干出好成绩。

师德需要教育培养，更需要老师自我修养。如果，仅把教师岗位作为一个养家糊口的职业，或身在学校却心在商场或官场，在金钱、物欲、名利同人格的较量中把握不住自己，那是当不好老师的。习近平总书记特别指出：好老师要热爱自己的职业，有"衣带渐宽终不悔，为伊消得人憔悴"的境界，耐得住寂寞、稳得住心神，有宁静之心，有淡泊之怀，不为一时之利而动摇，不为一时之誉而急躁，潜心研究学问、专注教书育人，兢兢业业做好本职工作。做好老师，最好的回报是学生成人成才，桃李满天下。想想无数孩子在自己的教育下学到知识、学会做人，事业有成、生活幸福，那是让人何等舒心、何等骄傲的成就。这是习近平总书记对师德内涵的新阐述。

习近平总书记上述重要论述，既凸显了道德情操是好老师的首要条件，把道德情操与教师的职业行为紧密相接，又凸显了道德情操的导向功能，使好老师修养道德情操有了明确抓手。

3. 培养有扎实学识的好老师

习近平同志担任总书记后，吹响了向实现"两个一百年"奋斗目标进军的时代号角。现在，我们比历史上任何时期都更接近实现中华民族伟大复兴的目标，比历史上任何时期都更有信心、更有能力实现这个目标。习近平总书记强调，"只有我们的孩子们学好知识了、学好本领了、懂得更多了，他们才能更强，我们的国家、民族才能更强"①。如何让孩子们学得更好、懂得更多、变得更强,习近平总书记从源头上抓住关键,要求培养有扎实学识的好老师。

习近平总书记提出了知识是好老师根本基础的重要命题。他强调,扎实的知识功底、过硬的教学能力、勤勉的教学态度、科学的教学方法是老师的基本素质,其中,知识是根本基础。老师自古就被称为"智者"。学生往往可以原谅老师严厉刻板,但不能原谅老师学识浅薄。知识储备不足、视野不够,教学中必然捉襟见肘,更谈不上游刃有余。这样的老师不能成为好老师。

习近平总书记强调,好老师应是学问之师,"以学术造诣开启学生的智慧之门"②。这就是说,好老师不仅要有人格魅力也要有学识魅力。什么是学识魅力?学识魅力来源于扎实的知识功底,是学术造诣所折射出的吸引力、亲和力、渗透力,它影响学生的智育发展、创新精神和实践能力。如果说,人格魅力是师之魂,那么学识魅力是师之骨,缺失任何一方,就不能成为好老师。为学生照亮道路,自己必须绽放光芒。这是一个需要每位老师都认真做出回答的重要时代课题。

习近平总书记提出了好老师具备扎实学识的努力方向。学习是成长进步的阶梯,实践是提高本领的途径。老师的学识和本领直接影响着人才培养的质量。好老师要始终处于学习状态,把学习作为首要任务,作为一种责任、一种精神追求、一种生活方式,树立梦想从学习开始、事业靠本领成就的观念,讲究博学、审问、

---

① 习近平. 做党和人民满意的好老师:同北京师范大学师生代表座谈时的讲话[N]. 人民日报,2014-09-10.
② 习近平. 青年要自觉践行社会主义核心价值观:在北京大学师生座谈会上的讲话[N]. 人民日报,2014-05-05.

慎思、明辨、笃行，真正把做人、做事、做学问统一起来，让勤奋学习成为远航的动力，让增长本领成为搏击的能量。

习近平总书记还强调，在信息时代做好老师，自己所知道的必须大大超过要教给学生的范围。过去讲，要给学生一碗水，教师要有一桶水，现在看，这个要求已经不够了，应该是要有一潭水。"为了使学生获得一点知识的亮光，教师应吸进整个光的海洋"，讲的就是这个理。好老师要坚持面向现代化、面向世界、面向未来，增强知识更新的紧迫感，如饥似渴学习，练就过硬本领，不仅要有胜任教学的专业知识，始终站在知识发展前沿，刻苦钻研、严谨笃学，不断充实、拓展、提高自己。

习近平总书记还要求好老师成为智慧型的老师。智慧，是生命所具有的基于生理和心理器官的一种高级创造思维能力，包含对自然与人文的感知、记忆、理解、分析、判断、升华等能力。智慧型教师，是教师的最高层次，不仅要求教师本身要掌握丰富的学识，而且还要掌握教育规律和学生成长成才规律，善于发现问题并向学生抛出问题，善于诱发创新思维并引导学生增强创新能力，善于激发德智体美劳全面发展的内生动力。智慧型教师的教育行为，追求的是一种教育的内在品质和顶层境界。为此，习近平总书记特别强调，好老师要牢固树立终身学习理念，不断提高业务能力和教育教学质量，做智慧型的老师，"具备学习、处世、生活、育人的智慧，既授人以鱼，又授人以渔，能够在各个方面给学生以帮助和指导"[①]。这样，我们的学生就能学得更好、懂得更多、变得更强。

习近平总书记的这些重要论述，把扎实学识与教师的职业作

---

① 习近平. 做党和人民满意的好老师：同北京师范大学师生代表座谈时的讲话[N]. 人民日报，2014-09-10.

为紧密相衔，既明确了扎实学识是好老师的根本基础，又明确了扎实学识的支撑作用，使好老师掌握扎实学识有了明确方向。

4. 培养有仁爱之心的好老师

习近平总书记强调："爱是教育的灵魂，没有爱就没有教育。"[①] 他指出，教育不是简单的知识传授，而是心灵与心灵的交流，是一门"仁而爱人"的事业，并对这种爱心的价值做了深刻阐发："爱心是学生打开知识之门、启迪心智的开始，爱心能够滋润浇开学生美丽的心灵之花。"[②]

在教育的百花园中，爱心是春天一场纷洒的细雨，能使孩子享受情感的滋润；爱心是夏夜山谷一股流淌的清泉，能使孩子领略心灵的恬静；爱心是秋天一筐丰硕的果实，能使孩子看到生活的希望；爱心是冬日一片照耀的阳光，能使孩子体验人间的温暖。无数的事实证实，没有爱的教育，犹如无源江河，终将干涸枯竭；倾注爱的教育，犹如春回大地，始终欣欣向荣。

所以，做好老师，要有仁爱之心。通过爱培育爱、激发爱、传播爱，通过真情、真心、真诚拉近同学生的距离，滋润学生的心田。好老师的眼神应该是慈爱、友善、温情的，透着智慧，透着真情。好老师爱学生要像对待自己孩子一样对待学生，以情动人、以情育人、以情化人，将桃李满天下、春晖遍四方当作最大荣耀，将青出于蓝而胜于蓝、一代更比一代强当作最大幸福。

习近平总书记还强调，有仁爱之心的好老师要对学生信任和负责。百花吐艳离不开园丁爱的奉献，硕果累累离不开耕者心的浇灌，每一个老师都要对学生信任和负责，每一个学生都可以在

[①②] 习近平. 做党和人民满意的好老师：同北京师范大学师生代表座谈时的讲话 [N]. 人民日报, 2014-09-10.

老师的教育下成长成才。老师肩负起培养人的重任，是点燃学生心灵美好愿望的火种，是承受学生踏实向上攀登的石级。好老师必须对学生德智体美劳全面发展负责，不仅要向学生传授真理更要教授学生发现真理，不仅要让学生得法于课内更要让学生得益于课外，不仅要挖掘学生的潜能更要培养学生素质，不仅要教学生建筑自己人生道路，更要让他们永远拥有一盏永不熄灭的希望之灯和一扇永远打开的接纳之窗。好老师对学生的教育和引导应该是充满爱心和信任的，以东风化雨之情、春泥护花之意，培育人类的花朵，绘制灿烂的春天，换来桃李满园香。

习近平总书记指出："选择当老师就选择了责任，就要尽到教书育人、立德树人的责任，并把这种责任体现到平凡、普通、细微的教学管理之中。"[①] 有爱才有责任，责任重于泰山。只要心中有了爱教育、爱学生的责任，老师才会有用一辈子备一堂课、用一辈子在三尺讲台默默奉献的力量，才会千教万教教书求真、千学万学学做真人，才会有在学生遇到危难时挺身而出的勇气，才会有敢于攻克新知新学的锐气。习近平总书记的这些重要论述，折射出一个重要真理：老师责任心有多大，人生舞台就有多大。

习近平总书记还强调，有仁爱之心的好老师要对学生尊重和欣赏。教育从尊重开始，离开尊重就谈不上教育。教育的效果，既取决于爱心的深度，也取决于尊重的程度。没有爱心的教育是不可能成为好的教育，同样，没有尊重的教育也不可能成为好的教育，爱心和尊重都是教育的两翼，缺一不可。

习近平总书记指出，每个学生都是独一无二的个体，禀赋、

[①] 习近平. 做党和人民满意的好老师：同北京师范大学师生代表座谈时的讲话［N］. 人民日报，2014－09－10.

才能、爱好和特长不尽相同，但人格上都是平等的。这种平等决定了老师不能把自己的意志强加于人，而是要容纳个性，允许差异。老师在学生心目中具有重要位置。为此，习近平总书记强调，好老师一定要公平对待每一个学生，尊重学生的个性，理解学生的情感，让每个学生对自己都有信心，都能享受成功的喜悦；让每个学生都健康成长，都成为有用之才。

世界上没有两片完全相同的树叶，老师面对的是一个个性格爱好、脾气秉性、兴趣特长、家庭情况、学习状况不一的学生，必须精心加以引导和培育，不能因为有的学生不讨自己喜欢、不对自己胃口就冷淡、排斥，更不能把学生分为三六九等。老师要永远用欣赏的眼光看学生。要欣赏学生的优点，善待学生的缺点，尊重学生的隐私，尤其要关心关爱留守儿童、城乡困境儿童、残疾儿童和学习成长相对落后的学生。清代诗人袁枚有一首诗写得很感人："白日不到处，青春恰自来。苔花如米小，也学牡丹开。"习近平总书记特别强调，教育的目光不能总是盯着花园里耀眼的牡丹花，而要更多投向墙角处不起眼的苔花。

习近平总书记的这些重要论述，把仁爱之心与教师的职业责任紧密相扣，既揭示了仁爱之心是好老师的永恒主题，又揭示了仁爱之心的价值意义，使好老师永怀仁爱之心有了明确要求。

（三）坚持把教师队伍建设作为基础工作，顺应了建设社会主义现代化强国、在全党全社会弘扬尊师重教的社会风尚的时代要求

百年大计，教育为本。教育大计，教师为本。习近平总书记强调："建设社会主义现代化强国，对教师队伍建设提出新的更高

要求，也对全党全社会尊师重教提出新的更高要求。"① 坚持把教师队伍建设作为基础工作顺应了这一时代要求。

1. 提升教师素质，让教师在教书育人岗位上为党和人民事业作出新的更大的贡献

教育是事业，事业的成功在于奉献；教育是科学，科学的精神在于求真；教育是艺术，艺术的生命在于创新。这一切，对教育主体教师的素质提出了很高的要求。

教师素质，是指教师能够顺利从事教育活动的专业知识、专业能力和专业精神。主要包括教师职业理想、职业责任、职业态度、职业纪律、职业技能、职业良心、职业作风和职业荣誉等方面，是教师调节和处理与他人、与集体、与职业、与社会关系时应遵循的基本行为规范。只有素质提升了，教师才能"在教书育人岗位上为党和人民事业作出新的更大的贡献"②。

习近平总书记明确了新时代打造高素质教师队伍的价值导向，强调"要把建设政治素质过硬、业务能力精湛、育人水平高超的高素质教师队伍作为大学建设的基础性工作，始终抓紧抓好"③。这是我们党总结历史和现实得出的结论，也是新时代高素质教师队伍建设的价值导向。

政治素质过硬，"硬"在理想信念，牢固树立教书育人奋斗的志向，始终自觉做中国特色社会主义的坚定信仰者和忠实实践者，始终自觉忠诚于党和人民的教育事业，始终自觉把党的教育方针贯彻到教学管理工作全过程。

---

①② 习近平：坚持中国特色社会主义教育发展道路 培养德智体美劳全面发展的社会主义建设者和接班人［N］．人民日报，2018-09-11．

③ 习近平：稳扎稳打勇于担当敢于创新善作善成 推动京津冀协同发展取得新的更大进展［N］．人民日报，2019-01-19．

业务能力精湛,"精"在素质能力,牢固树立终身学习的理念,始终有那么一种"能力不足"的忧患感,始终有那么一种"本领恐慌"的危机感,始终有那么一种教育教学功底必须与时俱进升级扩容的紧迫感。

育人水平高超,"高"在启迪心灵,以德立身、以德立学、以德施教,始终善于引导学生树立正确的理想信念、学会正确的思维方法,始终善于给学生指点迷津、引领人生航向,始终善于以宽广的知识视野、历史视野、国际视野把一些道理讲明白、讲清楚。

习近平总书记高度重视教师素质的提升。2013年9月9日,第29个教师节前夕,习近平总书记向全国广大教师致慰问信。信中提出,提升教师素质,是各级党委和政府把加强教师队伍建设作为教育事业发展最重要的基础工作来抓的第一位任务。之后,他又在多个场合多次强调这一点,并指出,师德师风是教师素质的核心,要把师德师风作为评价教师队伍素质的第一标准,并提出了提升教师素质的具体要求。

第一,坚持教书和育人相统一。习近平总书记强调,教师做的是传播知识、传播思想、传播真理的工作,既要当好"句读之师""经师",更要当好"人师"。教师的教学活动贯穿学生学习生活全过程,对学生思想、观念、言行的影响最直接。教书与育人有机统一,是对教师的基本要求。不同学科专业的教师,研究的领域、讲授的内容、教学的方法各有不同,但育人的要求是一致的。教师不能只做传授书本知识的教书匠,而要成为塑造学生品格、品行、品位的"大先生"。

教师要把知识教育同价值观教育、能力教育结合起来,把思想引导和价值观塑造融入每一门课的教学之中。教师教给学生的知识多年以后可能会过时，可能会遗忘，但教给学生为人处世的道理是学生一生的财富，会让他们终生难忘。如果教师不能做到教书和育人统一，就没有完全履行好教育的职责。

习近平总书记关于坚持教书和育人相统一的论述，抓住了提升教师素质最本质的东西。

第二，坚持言传和身教相统一。习近平总书记强调，教师对学生的影响，不仅在于课堂上怎么说，更在于课堂外怎么做。学高为师，身正为范。兼具"学高"和"身正"的教师队伍是落实教书育人的关键。想把学生培养成什么样的人，首先教师自己就应该成为什么样的人。一个教师如果不能修身立德，在大是大非、善恶曲直、义利得失等方面出了问题，给学生讲再多道理都会变成空话。

教师要成为学生做人的镜子，时刻意识到自己责任所在，处处为人师表，以高尚的人格魅力赢得学生敬仰，以模范的言行举止为学生树立榜样，在传道授业解惑中启发学生、引导学生，把真善美的种子不断播撒到学生心中。

如果说，坚持教书和育人相统一抓住了提升教师素质最本质的东西，那么，坚持言传和身教相统一，就是教书和育人相统一的具体化，抓住了提升教师素质最关键的环节。

第三，坚持潜心问道和关注社会相统一。习近平总书记强调，要有本领不够的危机感，以时不我待的精神，善于学习、善于重新学习，一刻不停地增强本领。学校是培育人才的场所，也是研究学问的殿堂。育人者要先学习受教育，如果没有全面的、系统的、富有探索精神的学习，自己就不会有大本领、大境界、大胸怀、大格局，也就谈不上给学生指点迷津，引领人生航向。

习近平总书记强调，教师作为传道者，自己首先要明道、信道。不同学科不同专业的教师，研究领域、教学任务各有不同，但对理论素养的要求是相同的。

教师要认真学习马克思主义理论，学会运用马克思主义立场观点方法观察、分析和解决问题，不断补精神之钙，固思想之元，培教育之本。只有熟练掌握马克思主义基本原理和立场观点方法，才能拥有一双观察世界的慧眼、应对各种乱象的静气和定力，才不会迷惑彷徨、五心不定，胸无定见、随波逐流，跟着错误的东西跑，成为错误言论的传播者。

习近平总书记强调，学校不能搞成世外桃源，教师也不能只做书斋里的学问，要关注社会现实问题，积极回应社会关切，更好认识自己、认识世界，确立不断前进的方向和信心。

现在，不少学校教师是从"学校门"到"学校门"，有些还曾经长期在国外求学生活，虽然受过系统专业的学术训练，但缺少社会实践锻炼；虽然熟悉学术前沿动态，但缺乏对国情社情的了解。我国古代读书人历来有心忧天下、经时济世的志向，新时代的教师更要以家国情怀关注社会现实，既要向书本学习，也要向实践学习，在社会实践中汲取养分、丰富思想。

习近平总书记关于坚持潜心问道和关注社会相统一的论述，为教师提升素质指明了必由路径。

第四，坚持学术自由和学术规范相统一。习近平总书记强调，要提倡理论创新和知识创新，提倡不同学术观点、不同风格学派相互切磋、平等讨论。对学术研究特别是理论前沿问题，要鼓励自由畅想、大胆假设、认真求证，勇于提出独到见解、创新观点。

学校尤其是高校，是理论和知识创新的前沿阵地，应该提倡各种学术思想和学术流派切磋交流，应该提倡对各种思想文化广纳博鉴，营造学术民主、探索新知和研究未知、创新发展的良好氛围，形成百花齐放、百家争鸣和尊重差异、包容多样的生动局面。

教师必须解决好学风问题，着力解决学术浮夸、学术不端、学术腐败现象。自觉树立良好学术道德，自觉遵守学术规范，崇尚"士以弘道"的价值追求，坚定"板凳要坐十年冷，文章不写半句空"的执着坚守，真正把做人、做事、做学问统一起来，耐得住寂寞，经得起诱惑，守得住底线，立志做大学问、做真学问。

要正确区分学术问题和政治问题，不要把一般的学术问题当成政治问题，也不要把政治问题当作一般的学术问题，既反对打着学术研究旗号从事违背学术道德、违反宪法法律的假学术行为，也反对把学术问题和政治问题混淆起来、用解决政治问题的办法对待学术问题的简单化做法。如果有人以所谓"学术自由"为名诋毁马克思主义、否定马克思主义指导地位，那就应该旗帜鲜明予以抵制。

学校尤其是高校不少学科教学科研工作具有较强的意识形态属性。只要是学术问题都可以研究，但研究成果怎么使用要有规范，课堂上怎么讲也要有规范。不能一说学术问题可以研究，就不顾场合口无遮拦乱说一气，也不能为了沽名钓誉而标新立异。教师要对国家负责、对社会负责、对学生负责，不能信口开河，造成学生思想认识上的混乱、人生态度上的消极。

习近平总书记关于坚持学术自由和学术规范相统一的论述，为提升教师素质提供了重要方法。

总之，把坚持四个相统一，作为提升教师素质的本质要求，既部署了"过河"的任务，又指导解决了"桥或船"的问题，为我们提升教师素质指明了工作方向和提供了重要遵循。

2. 提高教师地位，让教师成为让人羡慕的职业

习近平总书记一方面要求每个教师都要爱惜这份职业，珍惜这份光荣，严格要求自己，不断完善自己；另一方面又要求各级党委政府努力提高教师政治地位、社会地位、职业地位，让教师成为让人羡慕的职业。

教师的政治地位，是事关培养什么人问题的核心。教师的政治地位总是与时代及社会制度紧密地联系在一起的。1979年6月15日，邓小平在中国人民政治协商会议第五届全国委员会第二次会议上的开幕词中，提出了一个极其重要的判断："我国广大的知识分子，包括从旧社会过来的老知识分子的绝大多数，已经成为工人阶级的一部分，正在努力自觉地为社会主义事业服务。"从而在战略上确定了教师的政治地位。

习近平总书记提出了在新时代提高教师政治地位的总体要求，主要内容包括：坚定"四个自信"，即坚定中国特色社会主义道路自信、理论自信、制度自信、文化自信；树立"正确四观"，即树立正确的历史观、民族观、国家观、文化观；提高"四个能力"，即提高价值判断能力、选择能力、把握能力、塑造能力；成为"四个者"，即成为先进思想文化的传播者、党执政的坚定支持者、学术研究的开拓者、学生健康成长的指导者。

教师的社会地位，是事关兴邦治国、民族复兴的关键。教师的社会地位总是与经济基础和上层建筑密切相关，既包括薪酬、福利、保障等经济因素，也包括尊重、信任、荣誉等非经济因素，是反映这个国家对教育重视程度的重要权重指标。改革开放以来，特别是1985年第六届全国人大常委会第九次会议决定将每年的9月10日定为中国教师节以来，我国教师的社会地位显著提升。

以习近平同志为核心的党中央提出了在新时代提高教师社会

地位的原则要求，教育政策和投入要更多向教师倾斜，不断提高教师的待遇和礼遇。这包括：完善教师收入分配激励机制，确保中小学教师平均工资收入水平不低于或高于当地公务员平均工资收入水平。全面落实集中连片特困地区乡村教师生活补助政策，加强乡村教师周转宿舍建设。扩大高校收入分配自主权，扩大科技成果转化奖励收入，加大对教学型名师的岗位激励力度，等等。确立公办中小学教师作为国家公职人员特殊的法律地位；大力宣传教师队伍中的"时代楷模"和"最美教师"；开展国家级教学名师、国家级教学成果奖评选表彰，重点奖励贡献突出的教学一线教师；做好特级教师评选，做好乡村学校从教30年教师荣誉表彰工作，在培训、职称评聘、表彰奖励等方面向乡村青年教师倾斜；关心教师健康，维护教师权益；坚决把"害群之马"清除出教师队伍；等等。

教师的职业地位，是办好人民满意教育的基础。教师是塑造灵魂、塑造生命、塑造人的工作。从理论上讲，教师职业应该是比医生、律师要求还要高的职业。但在现实中，教师的职业地位还没有达到应有的水平。为此，以习近平同志为核心的党中央强调，要突显教师职业的公共属性，强化教师承担的国家使命和公共教育服务的职责，以担当国家责任、政治责任、社会责任和教育责任为荣，并提出了在新时代提高各级各类教师职业地位的明确要求。全面提高幼儿园教师质量，培养热爱学前教育事业和才艺兼备、擅长保教的高水平幼儿园教师。全面提高中小学教师质量，为义务教育学校侧重培养素质全面、业务见长的本科层次教师，为乡村学校及教学点培养"一专多能"教师，为高中阶段教育学校侧重培养专业突出、底蕴深厚的研究生层次教师；加强中小学校长队伍建设，努力造就一支政治过硬、品德高尚、业务精湛、治校有方的校长队伍。全面提高职业院校教师质量，建立一支技艺精湛、专兼结合的双师型教师队伍。全面提高高等学校教师质量，建设一支高素质创新型的教师队伍。全面实施教师教育振兴行动计划，建立以师范院校为主体、高水平非师范院校参与的中国特色师范教育体系，重点办好一批师范院校和师范专业，创新教师培养形态，突出教师教育特色，使教师成为最受社会尊重的职业。

这些具体要求和重要措施，揭示了教师地位的本质，抓住了教师地位的核心性，可以让广大教师享有应有的社会声望，让教师成为让人羡慕的职业。

让教师成为让人羡慕的职业，首先要让教师羡慕自己的职业。

2014年9月9日，习近平总书记在同北京师范大学师生代表座谈时强调，要支持优秀人才长期从教、终身从教。

2016年9月9日，习近平总书记在北京市八一学校考察时强调，要让广大教师安心从教、热心从教、舒心从教、静心从教，让广大教师在岗位上有幸福感、事业上有成就感、社会上有荣誉感，让教师成为让人羡慕的职业。

2016年12月7日，习近平总书记在全国高校思想政治工作会议上要求教师精心从教。概括起来就是"三个让"。一是让广大教师安心从教、热心从教、舒心从教、静心从教、精心从教、长期从教、终身从教，二是让广大教师在岗位上有幸福感、事业上有成就感、社会上有荣誉感，三是让教师成为让人羡慕的职业。

这"三个让"是习近平总书记加强教师队伍建设的新思想。第一个"让"中的"七个从教"是讲满足教师的职业需求，第二个"让"中的"三个感"是讲实现教师的价值需求，第三个"让"是讲确保教师的尊重需求。这既是对各级政府的工作要求，也是对教师需求理论的创新。

3. 大力宣传优秀教师的先进事迹和高尚品德，在全社会弘扬尊师重教的良好风尚

我国是具有 5000 多年悠久历史的文明古国。自古以来，中华民族就有尊师重教、崇智尚学的优良传统，正所谓"国将兴，必贵师而重傅；贵师而重傅，则法度存"。在古代，孔子被推崇为"大成至圣先师"，被誉为"万世师表"。欧阳修"携酒拜师"、杨时"程门立雪"，一直为世人所津津乐道。

伟大领袖毛泽东尊师重教的故事更被传为佳话。毛泽东十分敬重他的老师徐特立。1947 年，国民党反动军队大举进攻革命圣地延安。为了彻底消灭敌人，党中央决定暂时撤离延安。临行前，他特地去看望徐特立老师，关心地询问徐老有什么困难。徐老不愿给组织添麻烦，没提什么要求。只是徐的秘书无意中提到徐老胃不好，要时常喝热水。毛泽东听后默默地亲自抱着自己使用的热水瓶，走进了徐老师的窑洞。毛泽东在给徐特立 60 寿诞的贺信中深情地写道："你是我二十年前的先生，现在仍然是我的先生，你将来必定还是我的先生。"他还亲自为徐特立老师设生日宴，就餐时，徐特立对毛泽东说："您是全国人民的主席，应该坐上席。"毛泽东马上谦让说："您是主席的教师，一日为师，终身为父，您更应该坐上席。"毛泽东为全国人民树立了尊师重教的榜样。

习近平总书记指出，教师是人类灵魂的工程师，是人类文明的传承者，理应得到尊重。习近平总书记不仅向全党全社会发出号召，而且以身作则带头尊师重教。

2014 年 9 月 9 日，习近平总书记在同北京师范大学师生代表座谈时动情地说，我看了不少优秀教师的事迹，很多老师一生中忘了自己，把全部身心扑在学生身上，有的老师把自己有限的工

资用来资助贫困学生,深恐学生失学,有的老师把自己的收入用来购买教学用具,有的老师背着学生上学,牵着学生的手过急流、走险路,有的老师拖着残疾之躯坚守在岗位上,很多事迹感人至深、催人泪下。他还用一副对联"三寸粉笔,三尺讲台系国运;一颗丹心,一生秉烛铸民魂",高度赞扬教师的人间大爱,强调要大力宣传优秀教师的先进事迹和高尚品德,在全社会弘扬尊师重教的良好风尚。

2015年4月1日,习近平总书记主持召开中央全面深化改革领导小组第十一次会议,会议审议通过了《乡村教师支持计划(2015—2020年)》。该文件明确提出,要广泛宣传乡村教师坚守岗位、默默奉献的崇高精神,解决当前乡村教师队伍建设领域存在的突出问题、吸引优秀人才到乡村学校任教、稳定乡村教师队伍、带动和促进乡村教师队伍整体水平提高的一项重要举措。

2016年9月9日,习近平总书记到北京市八一学校考察并看望老师。他深情地说,母校给予我很多知识熏陶和精神滋养,我怀念那一段难忘的岁月,也铭记着老师们的教诲。长期以来,广大教师为教育事业付出了辛劳、奉献了力量、贡献了才智,要在广大教师中,在全社会大力宣传和弘扬优秀教师的先进事迹和高尚品德。

2017年5月,习近平总书记对吉林大学教师黄大年的先进事迹做出重要指示,强调要"学习他心有大我、至诚报国的爱国情怀,学习他教书育人、敢为人先的敬业精神,学习他淡泊名利、甘于奉献的高尚情操"[①],把爱国之情、报国之志融入祖国改革发展的伟大事业之中、融入人民创造历史的伟大奋斗之中,从自己

---

① 习近平对黄大年同志先进事迹作出重要指示[N]. 人民日报, 2017 - 05 - 26.

做起，从本职岗位做起，为实现"两个一百年"奋斗目标、实现中华民族伟大复兴的中国梦贡献智慧和力量。

2017年10月18日，习近平总书记在党的十九大报告中，把"倡导全社会尊师重教"作为优先发展教育事业的一项重要内容。

2018年9月10日，习近平总书记在全国教育大会上再次强调，建设社会主义现代化强国，对教师队伍建设提出新的更高要求，也对全党全社会尊师重教提出新的更高要求。他要求全党全社会弘扬尊师重教的社会风尚。

关于如何大力宣传优秀教师的先进事迹和高尚品德，在全社会弘扬尊师重教的良好风尚，习近平总书记关于做好宣传工作的重要指示提供了重要遵循。

一是要找好典型。宣传优秀教师的先进事迹和高尚品德典型，是为了发挥典型的示范效应，在全社会形成正能量，更好地推动工作。因此一定要实事求是，保证典型真实可靠、可亲可敬，使典型让人信得过、看得懂、学得到，不能用编假造假的方式包装典型，不能用拔苗助长的方式拔高典型，不能用"开小灶""吃偏饭"的方式催生典型。

二是要用好形式。教师典型宣传，空洞说教、生硬灌输不行，刻意迎合、取悦受众不行，庸俗低媚、极端表达更不行。好的思想、观念、内容，要通过生动的形式、多样的手段表达出来。

三是要讲好故事。讲故事，是传播的最佳方式，也是宣传优秀教师先进事迹和高尚品德的最好方式。讲优秀教师的故事，就是讲事实、讲形象、讲情感、讲道理，讲事实才能说服人，讲形象才能打动人，讲情感才能感染人，讲道理才能影响人。要组织各种精彩、精炼的故事载体，把优秀教师的先进事迹和高尚品德寓于其中，使人想听爱听，听有所思，听有所得。要创新讲故事的话语表达方式，把我们想讲的和受众想听的结合起来，把"陈情"和"说理"结合起来，让优秀教师的故事成为社会舆论关注的话题，让优秀教师的先进事迹和高尚品德赢得认同。

习近平总书记这一用心，不仅是要大力弘扬优秀教师的先进事迹和高尚品德，让人们广泛了解教师工作的重要性和特殊性，让尊师重教在全党全社会蔚然成风，更重要的是要让尊师重教印刻在中国人的心灵中，融入中国人的血脉，并作为支撑中华民族生生不息、薪火相传的重要精神力量，作为中华文明源远流长、绵延不绝的宝贵精神财富。

十一、立德树人要健全落实机制

2018年9月10日，习近平总书记在全国教育大会上提出要"健全立德树人落实机制"[①]，努力构建德智体美劳全面培养的教育体系，形成更高水平的人才培养体系，并要求学科体系、教学体系、教材体系、管理体系围绕这个目标来设计，教师围绕这个目标来教，学生围绕这个目标来学，凡是不利于实现这个目标的做法都坚决改过来。健全立德树人落实机制，是习近平总书记关于立德树人理论和实践的重大创新，具有重要意义。

（一）健全立德树人落实机制的重要意义

机制，是各要素之间的结构关系和运行方式。立德树人落实机制，是引导和促进立德树人的内在机能及其运行方式。习近平总书记提出健全立德树人落实机制意义重大。

---

① 习近平：坚持中国特色社会主义教育发展道路 培养德智体美劳全面发展的社会主义建设者和接班人［N］．人民日报，2018-09-11．

目前，我国教育存在一些突出问题和短板，学前教育、基础教育存在超前教育、过度教育现象，有损学生身心健康成长；职业教育同质化、单一化，难以造就大国工匠；高等教育重知识、轻创新状况尚未得到根本扭转；素质教育提出多年了，但仍旧存在唯分数、唯升学、唯文凭、唯论文、唯帽子的顽瘴痼疾；家庭教育、学校教育、社会教育之间出现"断档""脱节"现象；党对教育领域的领导和党的建设、思想政治工作亟待加强。这些问题和短板，说到底，是德育、智育、体育、美育、劳育没有效贯通，立德树人的科学评价体系还没有真正确立，有效机制还没有真正建立。这是一个亟须解决的重大问题。

解决面临的诸多问题要有落实机制。坚持问题导向，进而形成解决问题的新机制，是习近平总书记治国理政的重要思想方法和工作方法，也是习近平总书记推进立德树人的重要思想方法和工作方法。坚持问题导向不能就事论事、头痛医头、脚痛医脚，要着眼长远，抓住根本，推出落实机制。

党的十八大以来，习近平总书记对许多重大的、带有根本性的教育问题做出了科学的理论论述。从强调培育和践行社会主义核心价值观，到做党和人民满意的好老师、加强和改进思想政治工作、推动思想政治理论课改革创新，再到强调教育是国之大计党之大计、提出教育"九个坚持"新理念新思想新观点，都贯穿着鲜明的问题意识和问题导向，都要求在着力解决问题中完善新机制。习近平总书记强调健全立德树人落实机制，抓住了立德树人的"牛鼻子"，必将把立德树人推上一个新台阶。

（二）健全立德树人落实机制的根本方向

健全全员育人、全过程育人、全方位育人的落实机制，不断培养一代又一代社会主义建设者和接班人,这是推进立德树人要解决好的重要问题。习近平总书记指明了健全立德树人落实机制的根本方向。

一是要体现新时代党的教育方针。习近平总书记强调,新时代贯彻党的教育方针,要坚持马克思主义指导地位,贯彻新时代中国特色社会主义思想,坚持社会主义办学方向,落实立德树人的根本任务,坚持教育为人民服务、为中国共产党治国理政服务、为巩固和发展中国特色社会主义制度服务、为改革开放和社会主义现代化建设服务,扎根中国大地办教育,同生产劳动和社会实践相结合,加快推进教育现代化、建设教育强国、办好人民满意的教育,努力培养担当民族复兴大任的时代新人,培养德智体美劳全面发展的社会主义建设者和接班人。立德树人既是新时代党的教育方针的重要组成部分,又是贯彻落实新时代党的教育方针的重要抓手。体现新时代党的教育方针是健全立德树人落实机制的根本要求,必须始终坚持。

二是要符合教育规律。习近平总书记强调:"教育是国之大计、党之大计。"[①] 没有哪一项事业像教育这样影响甚至决定着接班人问题,影响甚至决定着国家长治久安,影响甚至决定着民族复兴和国家崛起。教育不仅重要,更有规律。教育规律主要反映社会发展与教育、人的发展与教育的辩证关系和教育教学自身的内在要求。健全立德树人落实机制,要符合教育规律,体现教育与社会政治、经济、文化、人的素质的关系,体现教育体制、教育制度、教育管理的关系,体现学校教育、社会教育、家庭教育的关系,体现小学教育、中学教育、大学教育的关系,体现课堂

---

① 习近平:坚持中国特色社会主义教育发展道路 培养德智体美劳全面发展的社会主义建设者和接班人[N]. 人民日报,2018-09-11.

教学、课外教育的关系，体现德智体美劳诸育的关系等。符合教育规律是健全立德树人落实机制的科学问题，必须始终把握。

三是要反映新时代人民群众的美好期盼。教育承载着亿万家庭对美好生活的向往。人民群众期盼通过更好的教育，让孩子成长得更好、工作得更好、生活得更好。"青少年阶段是人生的'拔节孕穗期'，最需要精心引导和栽培。"[1]健全立德树人落实机制，要紧扣"更好教育"背后的本质，帮助孩子坚定理想信念，厚植爱国主义情怀，加强品德修养，增长知识见识，培养奋斗精神，增强综合素质，促进身心健康，坚持以美育人，弘扬劳动精神，让每个人"获得发展自身、奉献社会、造福人民的能力"[2]，为创造美好生活提供重要保障。反映新时代人民群众的美好期盼是健全立德树人落实机制的导向问题，必须始终坚守。

（三）健全立德树人落实机制的明确要求

习近平总书记为健全立德树人落实机制提出了明确要求。

一是在全社会建立立德树人落实机制。习近平总书记强调，"要以培养担当民族复兴大任的时代新人为着眼点"[3]，建立党委统一领导、党政齐抓共管、有关部门各负其责、全社会协同配合的立德树人工作格局；要培育和弘扬社会主义核心价值观，"不断夯实中国特色社会主义的思想道德基础"[4]；要在提炼、转化、融合上下功夫，深入挖掘和阐发中华优秀传统文化的时代价值，让

---

[1] 习近平：用新时代中国特色社会主义思想铸魂育人 贯彻党的教育方针落实立德树人根本任务［N］．人民日报，2019-03-19．

[2] 习近平主席在联合国"教育第一"全球倡议行动一周年纪念活动上发表视频贺词［N］．人民日报，2013-09-27．

[3] 习近平．在中国共产党第十九次全国代表大会上的报告［N］．人民日报，2017-10-28．

[4] 习近平：把培育和弘扬社会主义核心价值观作为凝魂聚气强基固本的基础工程［N］．人民日报，2014-02-26．

其成为立德树人的丰厚资源；要建立完善社会教育资源有效开发配置的政策体系，加大图书馆、博物馆、科技馆、纪念馆、运动场、少年宫、儿童活动中心等公益设施建设力度，免费向学生开放；要加强互联网内容管理和建设，营造清朗的网络空间，让正能量更强劲、主旋律更高昂。这是健全立德树人落实机制的纲，纲举才能目张。

二是在家庭层面健全立德树人落实机制。家庭是孩子的第一个课堂，父母是孩子的第一个老师。习近平总书记强调，"不论时代发生多大变化，不论生活格局发生多大变化，我们都要重视家庭建设，注重家庭、注重家教、注重家风"[1]；各级党委和政府要切实负起抓好家庭文明建设的领导责任，推动形成爱国爱家、相亲相爱、向上向善、共建共享的社会主义家庭文明新风尚；家长要身体力行，为孩子做示范，替孩子做引导，给孩子做榜样，"从点滴小事中教会孩子欣赏真善美、远离假丑恶"[2]，帮助孩子迈好人生的第一个台阶。这是健全立德树人落实机制的基础，基础夯实，立德树人落实机制才能恒久。

三是在学校建立立德树人落实机制。学校是立德树人的主阵地，要抓住关键，着力在四个方面建立立德树人落实机制。

建立学校思想政治工作落实机制。学校思想政治工作事关培养什么样的人、如何培养人以及为谁培养人这个根本问题。习近平总书记提出做好学校思想政治工作的主要任务："坚持不懈传播马克思主义科学理论"，"坚持不懈培育和弘扬社会主义核心价值

---

[1] 习近平. 在2015年春节团拜会上的讲话 [N]. 人民日报，2015-02-18.
[2] 习近平. 从小积极培育和践行社会主义核心价值观：在北京市海淀区民族小学主持召开座谈会时的讲话 [N]. 人民日报，2014-05-31.

观","坚持不懈培育优良校风和学风"①。强调把握做好学校思想政治工作的基本原则:"必须围绕学生、关照学生、服务学生"②,必须"因事而化、因时而进、因势而新"③,必须"遵循思想政治工作规律、遵循教书育人规律、遵循学生成长规律"④。强调要抓住推动学校思想政治工作改革创新的突破方向:着力"用好课堂教学这个主渠道",着力"加快构建中国特色哲学社会科学学科体系和教材体系",着力"运用新媒体新技术使工作活起来"⑤。这些重要论述,为建立学校思想政治工作落实机制提供了遵循。

建立教材建设立德树人落实机制。教材是立德树人的重要依托。习近平总书记提出了教材建设的原则:教材要体现马克思主义指导地位,体现马克思主义中国化要求,体现中国和中华民族风格,体现党和国家对教育的基本要求,体现国家和民族基本价值观,体现人类文化知识积累和创新成果。强调政治把关不严的教材,要一票否决;简单贴政治标签的教材,也不能使用。这些重要论述,为建立教材建设立德树人落实机制提供了方向。

建立课堂立德树人落实机制。三尺讲台虽小,但立德树人责任重大。习近平总书记强调,"思想政治理论课是落实立德树人根本任务的关键课程"⑥,要理直气壮开好思政课。要求讲课老师做到政治要强,情怀要深,思维要新,视野要广,自律要严,人格要正,坚持"八个统一",不断增强思政课的思想性、理论性和亲

---

①②③④⑤ 习近平:把思想政治工作贯穿教育教学全过程 开创我国高等教育事业发展新局面 [N]. 人民日报,2016-12-09.

⑥ 习近平:用新时代中国特色社会主义思想铸魂育人 贯彻党的教育方针落实立德树人根本任务 [N]. 人民日报,2019-03-19.

和力、针对性。强调所有课堂都有立德树人功能，"各门课都要守好一段渠、种好责任田"①，将其思想政治教育资源融入课程教学。要求规范课堂教学秩序，不给错误思想观点提供传播渠道。这些重要论述，为建立课堂立德树人落实机制提供了对策。

建立教师立德树人担当机制。立德树人，关键在教师。习近平总书记指出，要"坚持把教师队伍建设作为基础工作"②，引导广大教师成为"四有"好老师。强调要把师德师风作为评价教师队伍素质的"第一标准"③，把严格的制度规定和日常教育督导结合起来，引导教师"以德立身、以德立学、以德施教"④。强调各级党委和政府要"努力提高教师政治地位、社会地位、职业地位"⑤，让广大教师安心从教、热心从教、舒心从教、静心从教、精心从教、长期从教、终身从教。强调要加强教师教育体系建设，加大对师范院校的支持力度，"不断提高教师培养培训的质量"⑥。强调要大力宣传和弘扬优秀教师的先进事迹和高尚品德，在"全党全社会要弘扬尊师重教的社会风尚"⑦。这些重要论述，为建立教师立德树人担当机制提供了路径。

---

① 习近平：把思想政治工作贯穿教育教学全过程　开创我国高等教育事业发展新局面 [N]. 人民日报，2016-12-09.
② 习近平：坚持中国特色社会主义教育发展道路　培养德智体美劳全面发展的社会主义建设者和接班人 [N]. 人民日报，2018-09-11.
③ 习近平. 做党和人民满意的好老师：同北京师范大学师生代表座谈时的讲话 [N]. 人民日报，2014-09-10.
④ 同①.
⑤ 同②.
⑥ 同③.
⑦ 同②.

立德树人要注重家庭、家教、家风建设

习近平总书记多次强调,"无论时代如何变化,无论经济社会如何发展,对一个社会来说,家庭的生活依托都不可替代,家庭的社会功能都不可替代,家庭的文明作用都不可替代"①。家庭是人生的第一所学校,家教是人生的第一个课堂,家风是人生的第一条准则。家庭、家教、家风潜移默化影响孩子的心灵和塑造孩子的人格,对孩子的成长成才起着至关重要的作用。立德树人必须注重家庭、家教、家风建设。

一、家庭、家教、家风

有人类就有家庭,随着人类社会家庭形式不断成熟和丰富,形成了家教和家风。家庭是家教和家风产生和发展的基础和载体,家教和家风是家庭不断发展的思想推力,家庭、家教、家风共同推进人类文明发展。

(一)家庭

"家庭"中的"家"最早出现在甲骨文中,是象形文字,其意指人的居室、住所。顾野王《玉篇》说:"家,人所居,通曰家。"此处的人,指的是夫妇,也就是说家是夫妇共同的住所,在古文中家和室经常合用,称为"家室",逐渐演变为家庭。后来,人们把家庭定义为基于男女婚姻关系的、以情感为纽带的、父母子女

---

① 习近平. 在会见第一届全国文明家庭代表时的讲话[N]. 人民日报(海外版),2016-12-16.

立德树人要注重家庭、家教、家风建设

间在社会劳动中构成的社会生活组织单位。

关于家庭本质的研究始于近代。马克思、恩格斯基于唯物史观对家庭的本质进行了概括："每日都在重新生产自己生命的人们开始生产另外一些人，即繁殖。这就是夫妻之间的关系，父母和子女之间的关系，也就是家庭。"[①] 从更深层的角度来看，家庭既包括物质生产活动又包含子女的生产，是社会关系的基础。

另外，奥地利心理学家弗洛伊德从心理学角度对家庭的本质进行了阐述。他指出家庭是"肉体生活同社会机体生活之间的联系环节"。美国社会学家 E.W. 伯吉斯、H.J. 洛克在《家庭》(1953)一书中基于社会学学科范畴提出："家庭是被婚姻、血缘或收养的纽带联合起来的人的群体，各人以其作为父母、夫妻或兄弟姐妹的社会身份相互作用和交往，创造了一个共同的文化"[②]。中国社会学家孙本文认为，家庭是夫妇子女等亲属所结合的团体。中国心理专家郝滨认为，"人类的家庭是由婚姻、血缘或收养等关系所组成的社会生活的基本单位"。

一般而言，家庭是以婚姻和血缘为基础形成的社会基本单位，包含父母、夫妻、子女及一起生活的其他亲属，是人类社会最基本的群体形式，也是最重要的一种制度群体。

家庭的概念有广义和狭义之分，狭义的家庭指的是一夫一妻制下以家庭为单位的社会单元。广义的家庭则泛指在人类发展的不同历史阶段以血缘关系为基础的各种利益团体即家族。

在家庭概念的基础上，学者还界定了家庭的主要功能。在社会学的视角下，家庭的主要功能包括衍生功能、经济功能以及本

---

① 马克思，恩格斯. 马克思恩格斯文集：第1卷 [M]. 北京：人民出版社，2009：532.
② 中国大百科全书出版社编辑部. 中国大百科全书（社会学卷）[M]. 北京：中国大百科全书出版社，1991：102.

原功能。在教育学视角下，家庭的主要功能更加强调教育功能，家庭是孩子成长的重要环境，是孩子接受教育最早的场所，是家庭教育实施的重要环境。

总之，家庭是社会最基本的细胞，是最核心的社会组织，也是最重要、最基本、最核心的经济组织和精神家园。"家兴"是"国兴"的动力源，"家破"是"国亡"的催化剂。一个幸福、和睦、文明、充满正能量的家庭是每个人赖以生存的基础和保障。所以，家庭对于立德树人至关重要。

（二）家教

家教，即家庭教育，是家庭的主要功能之一。《辞海》将家庭教育定义为：父母或其他年长者在家庭中对儿童和青少年进行的教育。一般来说，教育的任务主要由学校承担，但家庭是教育后代的重要场所。家庭与学校密切配合开展教育，能使孩子在德智体美劳等方面都获得发展。

国内学者对家庭教育的内涵也有不同的表述。由郑其龙主编的《家庭教育学》认为："教育是一定社会对新一代有目的的、有系统的培养教育。家庭教育是家长对于子女的培养教育，它是整个教育的组成部分或分支。"[1] 赵忠心编著的《家庭教育》指出："家庭教育是指在家庭生活中，由家长，即家里的长者（其中主要是父母）对其子女及年幼者实施的教育和影响，这种教育实施的环境是家庭，教育者是家长，受教育者是子女或家庭成员中的年幼者。"[2]

综合各方对家教概念的阐释，我们可以把家教概括为在家庭

---

[1] 郑其龙. 家庭教育学 [M]. 长沙：湖南出版社，1984：1.
[2] 赵忠心. 家庭教育 [M]. 北京：中央广播电视大学出版社，1989：4.

生活过程中发生的、以亲子关系为中心、以塑造社会需求的人为导向的教育活动。

家教在人的成长成才过程中起着极为重要的作用，是孩子社会化的重要途径。好的家教可以影响孩子的一生。从第一粒扣子到人生的每一个台阶，好的家教都在持续不断地起作用，促进孩子更好地成长。

我国传统文化非常重视家教的地位和作用，并且积淀了丰厚的家教文化。比如《颜氏家训》《温公家范》《曾国藩家书》等，以及孟母三迁、岳母刺字等耳熟能详的典故，不胜枚举。

在我国古代，上至帝王将相，下至布衣百姓都将家教视为培育子女、勉励家人的重要手段。通过家教提高子女的道德修养和文化学识，以达到"身修家齐国治天下平"的目标。为实现这一目标，传统家教主要围绕孝悌之德、廉洁勤政、克勤克俭、勤奋好学、立志成才、诚实守信和爱国等展开。

传统家教实践中，根据其教育目的和教育内容，逐渐形成了"修身齐家治国平天下"相统一的教育原则，以及及早施教、爱而有教的教育理念，还有一些行之有效的教育经验和方法。

"知今宜鉴古，无古不成今。"在新时代，需要科学对待、精准认识、深刻把握我国传统家教的价值，在继承其精华的同时，结合时代之需赋予其新的内涵，以更好地发挥家教的作用，培育社会主义现代化建设所需要的人才。

（三）家风

家风亦称"父风""门风"，主要是指在一个家庭世代繁衍的过程中逐渐形成的相对稳定的生活作风、道德规范以及待人处事方式等等，是社会教育思想、教育观念在家庭的反映，是给家中后人树立的行为价值准则。

家风是我国传统文化中的重要内容，在我国浩瀚的史书类、传记类、文学类、方志类等著作中都多有家风记载，突显了家风在我国文明发展中的重要地位，反映了我国注重家风建设的传统。

如同一个人有气质、一个国家有风格一样，一个家庭在长期的延续过程中，会形成自己独特的风习和风貌。这样一种看不见的精神风貌、摸不着的风尚习气，以一种隐性的形态，存在于家庭的日常生活之中，家庭成员的一举手、一投足，无不体现这种秉性，这就是家风。家风，实质上是一种家庭的风气，一种家庭的传统，一种家庭的文化。

正是由于家庭某一成员的发展对家庭其他成员、对整个家庭都会产生很大影响，为了家庭的管理，为了家族的命运，家风便受到人们的特别关注与重视。优良的家风，有益于家庭或家族的兴旺发达，因而家风建设被当作极其重要的大事。

随着我国社会制度、家庭结构、思想观念的转变，家风的内涵也相应地发生转变。最具代表性的是著名伦理学家罗国杰从家庭美德建设的角度对家风概念进行了解读，他认为家风"是一种由父母（祖辈）所提倡并能身体力行和言传身教、用以约束和规范家庭成员的风尚和作风。家风是一个家庭所长期培育和形成的一种文化和道德氛围，有一种强大的感染力量，是家庭伦理和家庭美德的集中体现"[①]。这一论述突出强调了家风的伦理色彩，同时也表明了家风的形成路径和道德功能。

一般来讲，家风是指一种由父母或祖辈提倡并身体力行和言传身教、用以约束和规范家庭成员的风尚和作风，是一个家庭长

---

① 罗国杰. 论家风 [N]. 光明日报，1999-05-21.

期培育形成的一种文化和道德氛围,是家庭伦理和家庭美德的集中体现。家风具有三个鲜明特点。

一是长期性、传承性。家风的形成,不可能一朝一夕,需要长期的文化熏陶和持久的人格感染力,需要几代人的不懈努力。家风一旦形成,便具有相对稳定性和传承性。

家风对人的影响是有所侧重的。对人格塑造、行为习惯的养成作用,在个体的幼年时期更加突出。对世界观、人生观、价值观,以及道德判断、道德品质的导向作用,主要表现在青少年时期以及成年以后。个体成年之后,虽然组成新的家庭,家风对个体仍然发挥着作用。可以说,家风对个体的影响和作用是终身的。

二是差异性、一致性。家风虽然是一个家庭和家族的集体记忆,表现的也是一个家庭的气质和风习,但由于家庭之间的经济基础、文化氛围、职业特点等要素不同,每个家庭的家风总是反映出有别于其他家庭家风的不同之处,每种家风都是有差异的、独特的。

每个家庭的家风表现形式虽然不尽相同,但是优良家风在本质上都有内在一致的属性。概括起来,有家国天下、耕读传家、积德行善、仁孝清廉等关键词,有诚实守信、与人为善、重视学习、重视文化等关键词,有坦诚忠厚、谦虚谨慎、光明磊落、宽宏大度等关键词。扬州个园有两副楹联:"传家无别法,非耕即读;裕后有良图,唯俭与勤""几百年人家无非积善,第一等好事只是读书",就体现了这一点。越是生活中的小事,就越能体现一个家庭的家风之高贵。如孝敬父母、家庭和睦、勤俭持家、廉洁奉公,这些朴素的家风往往是深刻人生道理的反映。

三是约束性、感染性。作为一种精神力量,良好的家风既能在思想道德上约束其成员,又能在行为准则上规范家庭成员的一言一行，引导家庭成员在一种文明、和谐、健康、向上的氛围中不断发展。

家风是一个家族代代相传沿袭下来的体现家族成员精神风貌、道德品质、审美格调和整体气质的家族文化风格。家风的形成往往始于家庭或家族对内部某些出类拔萃、深孚众望的人物的敬仰追慕，其懿行嘉言便成为家风之源，再经过家族子孙代代接力式的恪守祖训，流风余韵，代代不绝，就形成了一个家族鲜明的道德风貌和审美风范，约束力、感染力就在其中。

家风是一个人精神成长的重要源头，一个人价值观和人生观的起点就是家风，良好的家风往往影响着一个人做人做事和为人处世的风格，反映着家风跨越时光的血脉相传。成功的家庭教育，有赖于优良家风的濡染熏陶。

二、家庭、家教、家风是立德树人的强大推力

2001年10月15日，是习仲勋88周岁生日。作为儿子的习近平给父亲写了一封信，全文如下[①]：

敬爱的爸爸：

今天是您的88周岁生日，中国人将之称为米寿。若按旧历虚两岁的话，又是您90岁大寿。这是一个值得庆祝的大喜日子。昨晚我辗转反侧，夜不能寐，既为庆祝您的生日而激动，又因未能前往祝寿而感到遗憾和自责。

自我呱呱落地以来，已随父母相伴48年，对父母的认知

---

① 习近平．给父亲习仲勋八十八岁生日的贺信//习近平．习仲勋革命生涯［M］．北京：中共党史出版社，2005：668-669．

也和对父母的感情一样,久而弥深。我从您身上要继承和学习的高尚品质很多,最主要的有如下几点:

一是学您做人。爸爸年高德劭,深受广大人民群众和我党同志、党外人士的尊敬。这主要是您为人坦诚忠厚、谦虚谨慎、光明磊落、宽宏大度。您一辈子没有整过人,坚持真理不说假话,并且要求我也这样做。我已把你的教诲牢记在心,身体力行。

二是学您做事。爸爸自少年就投身革命,几十年来勤勤恳恳、艰苦奋斗,为党和人民建功立业,我辈与您相比,实觉汗颜。特别是您对自己的革命业绩视如过眼烟云,从不居功,从不张扬,更值得我辈学习和效仿。

三是学习您对共产主义信仰的执著追求。无论是白色恐怖的年代,还是极左路线时期;无论是受人诬陷,还是身处逆境,爸爸对共产主义的信念仍坚定不移,相信我们的党是伟大的、正确的、光荣的。您的言行为我们指明了正确的前进方向。

四是学您的赤子情怀。爸爸是一个农民的儿子,热爱中国人民,热爱革命战友,热爱家乡父老,热爱您的父母、妻子、儿女。您自己博大的爱,影响着周围的人们。您像一头老黄牛,为中国人民默默的耕耘着。这也激励着我将毕生精力投入到为人民服务的事业中去。

五是学您的俭朴生活。爸爸平生一贯崇尚节俭,有时几近苛刻。家教的严格,是众所周知的。我们从小就是在您的这种教育下,养成勤俭持家习惯的。这样的好家风我辈将世代相传。

此时此刻,百感交集,书不尽言,上述几点,不能表达我的心情于万一。我衷心遥祝尊敬的爸爸健康长寿，幸福愉快！

儿近平叩首
二〇〇一年十月十五日

这封信既充满了儿子对父亲的生日的真心祝福，也有不能亲临父亲身旁的遗憾，但更多的是对父亲人格与品德、胸怀与作风、信仰与追求的崇敬之情，表达了将父亲的好作风、好家风世代相传，投身于共产主义事业，投身于人民的坚定决心。这封信将家庭、家教、家风的重要价值展现得淋漓尽致。

在人的成长过程中，就人格塑造、信仰追求、良好习惯、道德素养、身心健康等方面而言，家庭、家教、家风的影响非常重要，具有不可替代的作用，贯穿一个生命体的始终，是立德树人的强大推力。

（一）家庭是人生的第一所学校

2016年12月12日，习近平总书记在会见第一届全国文明家庭代表时发表讲话指出："中华民族历来重视家庭。正所谓'天下之本在家'。尊老爱幼、妻贤夫安、母慈子孝、兄友弟恭，耕读传家、勤俭持家、知书达礼、遵纪守法，家和万事兴等中华民族传统家庭美德，铭记在中国人的心灵中，融入中国人的血脉中，是支撑中华民族生生不息、薪火相传的重要精神力量，是家庭文明建设的宝贵精神财富。"[①]

家，是我们的生命之所，我们生于斯，长于斯，归于斯；家，

[①] 习近平. 在会见第一届全国文明家庭代表时的讲话［N］. 人民日报（海外版），2016-12-16.

是我们的生活之所，我们食于斯，饮于斯，歇于斯；家，是我们的精神之所，我们喜于斯，怒于斯，哀于斯；家，是我们的品格塑造熔炉，我们的习惯在此养成，我们的性格在此塑造，我们的品德在此奠基。

虽然时代变化了，经济社会发展了，对于个人和社会来说，家庭的生活依托都不可替代，家庭的社会功能都不容忽视。无论身处哪个历史阶段，过去、现在或未来，我们都是以家庭为依托的。习近平总书记指出："家庭不只是人们身体的住处，更是人们心灵的归宿。"[①] 家庭是培养美好心灵的终身学校，美好的心灵能够雨润万物，是孩子一生中最宝贵的财富。

1. 家庭环境可以成为立德树人的强大动力

家庭幸福，能够帮助孩子树立正确的人生观、价值观、幸福观，提升孩子感知世界、感知生活、感知幸福的能力，培育积极乐观的美好心灵。

家庭文明，有利于塑造良好的品德修养和奋斗精神，能够让孩子成为有大爱大德大情怀的栋梁之材。

家庭和谐，有利于培养孩子的良好性格，能够让孩子更好地承担责任，体贴他人，诚实守信，在处理人际关系时更自信，在社会上能更理性地应对冲突和困境。

所以，家庭幸福、家庭文明、家庭和睦，是每个家庭、每个成员的美好愿望和期待，更是立德树人的强大助推剂。

2. 家庭观念可以构建立德树人的良好氛围

马克思、恩格斯指出，"这种家庭起初是唯一的社会关系，后来，当需要的增长产生了新的社会关系而人口的增多又产生了新

---

① 习近平. 在会见第一届全国文明家庭代表时的讲话 [N]. 人民日报（海外版），2016 - 12 - 16.

的需要的时候,这种家庭便成为从属的关系了"①。家庭是社会关系的基础单位、社会的基本细胞,家庭和睦则社会安定,家庭幸福则社会祥和,家庭文明则社会文明。

随着改革开放的不断深入,国家不断富强,人民群众的物质文化生活不断得到提高和改善。但是,一些家庭的稳定性和家庭观念出现了问题,子女教育不当、夫妻关系失衡、父母离异、"空巢老人"、"留守儿童"等家庭问题,已严重影响社会、冲击社会,给立德树人带来了负面影响。

对此,习近平总书记鞭辟入里地指出,现在社会上出现的种种问题病根都在这里,"没有国家观念、集体观念、家庭观念"②。习近平总书记把家庭观念与国家观念、集体观念一同提出,尤见家庭的重要和分量。以千千万万良好家庭建设推动全社会文明进步和立德树人,是习近平总书记对家庭教育责任和使命的殷切期盼。

解决社会上出现的种种问题,方式方法很多,但根本的要从树立国家观念、集体观念、家庭观念入手。可见,良好的家庭观念,是营造立德树人良好氛围的关键。

3. 家庭美德可以成为立德树人的精神力量

习近平总书记在党的十九大报告中强调:"深入实施公民道德建设工程,推进社会公德、职业道德、家庭美德、个人品德建设,激励人们向上向善、孝老爱亲,忠于祖国、忠于人民。"③ 把家庭美德与社会公德、职业道德、个人品德并列,写入党的代表大会

---

① 马克思,恩格斯. 马克思恩格斯选集:第1卷[M]. 3版. 北京:人民出版社,2012:159.
② 习近平. 在文艺工作座谈会上的讲话[N]. 人民日报,2015-10-15.
③ 习近平. 在中国共产党第十九次全国代表大会上的报告[N]. 人民日报,2017-10-28.

立德树人要注重家庭、家教、家风建设

报告,彰显了家庭美德的重要价值。

立德树人是一项深入、持久的工作,需要强大的精神力量支撑。"尊老爱幼、妻贤夫安、母慈子孝、兄友弟恭,耕读传家、勤俭持家,知书达礼、遵纪守法,家和万事兴等中华民族传统家庭美德",[①] 铭记在中国人的心灵中,融入中国人的血脉中,不仅是支撑中华民族生生不息、薪火相传的重要精神力量,更是推进立德树人的重要精神力量。

(二)家教是人生的第一个课堂

2016年12月12日,习近平总书记在会见第一届全国文明家庭代表时讲了这么一段话:

> 家庭是人生的第一个课堂,父母是孩子的第一任老师。孩子们从牙牙学语起就开始接受家教,有什么样的家教,就有什么样的人。家庭教育涉及很多方面,但最重要的是品德教育,是如何做人的教育。也就是古人说的"爱子,教之以义方","爱之不以道,适所以害之也"。青少年是家庭的未来和希望,更是国家的未来和希望。古人都知道,养不教,父之过。家长应该担负起教育后代的责任。家长特别是父母对子女的影响很大,往往可以影响一个人的一生。中国古代流传下来的孟母三迁、岳母刺字、画荻教子讲的就是这样的故事。我从小就看我妈妈给我买的小人书《岳飞传》,有十几本,其中一本就是讲"岳母刺字",精忠报国在我脑海中留下的印象很深。[②]

[①②] 习近平. 在会见第一届全国文明家庭代表时的讲话[N]. 人民日报(海外版),2016-12-16.

这段话深刻揭示了家庭教育的重要性。

家庭教育发于童蒙，启于稚幼，是从孩子无意识时便潜移默化、深入其骨髓的，是真正性格养成、品性端立的根基。家庭教育的影响伴随人的一生，是长期连续不断的"在场"，从第一粒扣子到人生的每一个台阶，家庭教育都在持续不断地发挥作用。

1. 家庭教育具有启蒙性和主导性

习近平总书记指出："孩子们从牙牙学语起就开始接受家教，有什么样的家教，就有什么样的人。"[①] 这句话告诉我们，家庭教育是启蒙的教育，是家长主导的教育。

家庭是孩子出生后接受教育的第一个场所，家长就是孩子的第一任老师。在这一阶段，孩子处于身心发展的关键时期，如一张白纸，你画出五彩斑斓，他以后的人生便五彩斑斓；你随意涂鸦，他以后的人生便乱七八糟。孩子通过家庭教育，获得对世界的基本认知，如初步的知识见识、一般的价值标准，同时发展他们的智力、思维、语言，并逐步形成行为习惯，为之后的发展打下基础。孩子在这一阶段接受了良好的家庭教育，必将对以后的发展打下坚实良好的基础。

父母及长辈要给孩子系上人生的第一粒扣子。这粒扣子决定着后面所有扣子的方向、大小、铺排，甚至决定着人生的高度与厚度。所以，必须认认真真地为孩子系好、系正这粒扣子，引导护送孩子走上他自己的人生之路。为此，习近平总书记特别强调："作为父母和家长，应该把美好的道德观念从小就传递给孩子，引导他们有做人的气节和骨气，帮助他们形成美好心灵，促使他们健康成长，长大后成为对国家和人民有用的人。"[②]

[①②] 习近平. 在会见第一届全国文明家庭代表时的讲话 [N]. 人民日报（海外版），2016-12-16.

2. 家庭教育具有长期性和及时性

父母作为孩子的第一任老师，对孩子的影响和教育是终身的，所以家长还被称为终身老师。这是因为，个体从出生到长大，家庭一直是其生活的重要场所，人生几乎 1/2 的时间生活在家庭之中，朝朝暮暮都在接受着家庭教育。

家庭教育都是在自觉和不自觉、有计划和无计划、有意识和无意识之间进行着。家长可以随时随地，以多种教育方式教育影响子女。也就是说，家庭教育对孩子的品德修养、知识见识、行为习惯等都在不停地发生作用。

家庭教育的过程，是父母长辈在家庭中对孩子进行的个别教育行为，家长比老师和学校更能及时准确地发现孩子身上存在的问题，可以及时教育、及时规范，把不良行为习惯消灭在萌芽状态。

3. 家庭教育具有权威性和引导性

由于父母和子女之间基于血缘形成的亲情和抚养关系，孩子在物质生活和精神生活方面都对父母有很大的依赖性。所以作为第一任老师的父母，对孩子有较大的制约作用，在教育孩子的过程中具有很高的权威性。

父母和直接抚养孩子的长辈的价值观念、人生态度、生活习惯都将为家庭成员判断是非、分辨对错提供标准，为家庭成员塑造价值提供行为遵循。如我们所熟知的孟母三迁、岳母刺字等典故均体现了父母权威在教育中的积极作用。孟子的母亲三迁其家，最后居于学宫之旁，才让孟夫子有了大儒的学识与威望；岳飞的母亲在少时的岳飞背上刺写"精忠报国"，才有了岳武穆驾长车踏破贺兰山缺的报国志向。这些都是家长的引导在发挥作用。

（三）家风是人生的第一条准则

习近平总书记高度评价家风，指出："家风是社会风气的重要组成部分。家风好，就能家道兴盛、和顺美满；家风差，难免殃及子孙、贻害社会，正所谓'积善之家，必有余庆；积不善之家，必有余殃'。诸葛亮诫子格言、颜氏家训、朱子家训等，都是在倡导一种家风。毛泽东、周恩来、朱德同志等老一辈革命家都高度重视家风。我看了很多革命烈士留给子女的遗言，谆谆嘱托，殷殷希望，十分感人。"[①]

家风，不仅影响一个人的品质和行为，更影响党风、政风、社风和民风。"天下之本在国，国之本在家，家之本在身。"修身齐家离不开良好家风的支撑，家风正才能人心正，人心正才能涤荡世间一切不正风气。千千万万个家庭的良好家风，可以为好的社会风气打下了坚实的基础。良好的家风，有利于好的党风、政风、社风和民风的形成。所谓强本固基，追根溯源就是这个道理。

好家风是精神基因和文化载体。家风，往往打上了一个家庭或家族世代相传的生活习惯、为人处世之道和优良品行的烙印。好的家风是家庭文化与修养的积淀，是整个家族在人生的沉浮中沉淀出的赖以安身立命的处世精髓，蕴含了朴素但经得起检验的人生哲理。优良的家风作为中华民族群体意识的载体，深深地镌刻着国家和民族的烙印，是中华民族得以生生不息的精神基因，同时也是培育民族精神和民族气质的摇篮。传承良好的家风，才能扣好人生的第一粒扣子，才能养天地浩然正气。

好家风如化雨春风，守着家、护着国。以孝传家者，必能

---

① 习近平.在会见第一届全国文明家庭代表时的讲话［N］.人民日报（海外版），2016-12-16.

"老吾老以及人之老"，对祖国、对生活报以满满的爱心；以勤传家者，必能勤俭节制，在工作中爱岗敬业、自强不息；以读传家者，必能重文化、重教育，书香世家延宕不息……良好的家风建设对修身、齐家、治国都起着直接且明显的推动作用。当前，我们正处于实现中华民族伟大复兴中国梦的关键时期，每个人的前途命运都与国家和民族的命运紧密相连，家风的力量不可小觑。家风好则民心聚，民心聚则国家兴。千千万万个家庭的好家风就会使民心凝成一股绳，中华民族伟大复兴的事业也就会大踏步向前迈进。

总之，家风是一个家庭世界观、人生观、价值观的集中表现，是人生的第一条准则，深刻影响并塑造家庭成员人生态度，尤其是规范孩子的理想信念、品德修养、行为习惯、家国情怀等，对孩子的成长至关重要、不可或缺。

1. 家风影响孩子的人生态度

人生态度，就是对待人生的心态和意向，主要包括对社会生活所持的总体观念，对人生所具有的持续性信念以及对各种人生境遇所做出的反映方式等，是人们在社会生活实践中所形成的对人生问题的稳定的心理倾向。

人生态度是人生观最直接的表现和反映，它要回答"人究竟应该怎样活着"的问题。人生态度就是把人生看作什么，不同的态度产生不同的人生和价值观。是游戏人生？是有所作为？是听天由命？是善待每个人？还是得过且过？这就是不同人生态度的反映。

家庭是我们每个人生活的依托，我们生活在家庭中，我们世界观、人生观、价值观的形成都要受家风的熏陶，尤其是父母或家庭长辈的"三观"对孩子的"三观"起着强大的导向作用。父母对世界的根本看法，对人生问题的根本看法，对各种现象的价值看法，直接传导和影响孩子，是孩子看世界、谈人生、品价值的参照系。正如俗话所说："有什么样的家风，就有什么样的孩子。"

2. 家风影响孩子的行为习惯

良好的行为习惯并不是与生俱来的，而是在人们的物质生产活动和精神活动中逐渐形成的，也就是说个人行为习惯的发展受后天因素的影响。

儿童时期是孩子行为习惯形成的关键时期。在这一时期，孩子物质生活和精神活动的主要场所是家庭，家庭是孩子形成良好行为习惯的主要场所。孩子的早期行为都是在环境刺激以及模仿中习得的。因此家长的行为作风、价值标准、教养方式对孩子的影响是其良好行为习惯形成的关键要素。

家风对孩子的行为习惯养成有导向作用，而行为习惯一经养成，就有很强的稳定性。因此，父母对孩子行为习惯的影响不仅停留于孩子幼年时期，而且将作用于孩子成长的每一个阶段。良好的家风及恰当的教育方式能给予孩子良好的影响，对孩子行为习惯的养成有积极作用。

3. 家风影响孩子的品德修养

家风是对社会道德要求的认同、选择、内化，是一个家庭的整体性道德面貌。家风既是家庭的道德原则，也是道德教育的手段，作为一种家庭文化和规则，潜移默化教化、熏陶家庭成员。

关于道德的各种理论都认为，儿童能对他人表现出积极的道德情感和行为，这表明人的道德基础是在童年早期奠定的，也就是在家风中形成的。一些道德发展研究者认为，道德情感在行为塑造和道德品格形成过程中具有重要作用。由于家庭的血缘与亲缘，其家风道德教化的情操感染、陶冶熏陶的效果更为显著。

家风是家庭成员道德品质养成的主要要素，家风教化是道德教育的有效方式。家风可以培养孩子的道德情感，同时把道德认知传递给子女。什么样的行为是会受到褒奖的，什么样的行为是会受到批评的，什么样的行为是光荣的，什么样的行为是羞耻的……长辈在生活中的善恶判断，引导着子女的善恶判断，影响着子女的道德判断，影响着子女的道德行为。

三、建设好家庭、家教、家风

《中共中央关于制定国民经济和社会发展第十四个五年规划和二〇三五年远景目标的建议》特别强调"加强家庭、家教、家风建设"。家庭、家教、家风建设是人才培养的基础工程，是立德树人的关键环节，需要着力建设。

（一）建设家庭、家教、家风必须把握根本

新时代家庭、家教、家风建设，涉及方方面面，必须抓住根本，才能取得实效。这个根本，就是社会主义核心价值观、文化、爱国主义等。

1. 必须始终以社会主义核心价值观为导向

习近平总书记指出："人类社会发展的历史表明，对一个民族、一个国家来说，最持久、最深层的力量是全社会共同认可的核心价值观。核心价观，承载着一个民族、一个国家的精神追求，体现着一个社会评判是非曲直的价值标准。"这说明，社会主义核心价值观对国家、民族的发展起着至关重要的作用，也必将渗透到包括家庭、家教、家风建设等社会生活的方方面面。因此，新

时代家庭、家教、家风建设要以培育和践行社会主义核心价值观为导向。唯有以社会主义核心价值观为根本导向，并潜移默化地成为家庭、家教、家风的核心价值观，家庭、家教、家风建设才有前进方向和不懈动力，家庭成员才能拥有共同的思想道德基础和奋斗目标。

为此，习近平总书记强调："要在家庭中培育和践行社会主义核心价值观，引导家庭成员特别是下一代热爱党、热爱祖国、热爱人民、热爱中华民族。要积极传播中华民族传统美德，传递尊老爱幼、男女平等、夫妻和睦、勤俭持家、邻里团结的观念，倡导忠诚、责任、亲情、学习、公益的理念。"[①] 这些要求，既明确了家庭、家教、家风建设要以社会主义核心价值观为引导，又明确了家庭、家教、家风的主要内容，非常切合家庭、家教、家风建设的实际，饱含着习近平总书记对家庭、家教、家风建设的殷切期望。

家庭、家教、家风建设以社会主义核心价值观为导向，意味着富强、民主、文明、和谐国家层面的价值目标，自由、平等、公正、法治社会层面的价值取向，爱国、敬业、诚信、友善公民个人层面的价值准则，成为家庭、家教、家风的核心价值观。家庭、家教、家风建设就有了灵魂和方向，家庭成员尤其是孩子就有了强大精神支柱和正确的行为准则。

2. 必须始终以中华优秀传统文化、革命文化、社会主义先进文化为源泉

家庭、家教、家风建设属于文化范畴，文化是家庭、家教、家风建设的重要组成部分，家庭、家教、家风文化是中国特色社

---

① 习近平．在会见第一届全国文明家庭代表时的讲话［N］．人民日报（海外版），2016 - 12 - 16．

会主义文化建设不可分割的一部分，是最重要最基本的文化建设。

习近平总书记指出："在 5 000 多年文明发展中孕育的中华优秀传统文化，在党和人民伟大斗争中孕育的革命文化和社会主义先进文化，积淀着中华民族最深层的精神追求，代表着中华民族独特的精神标识。"[1] 所以，家庭、家教、家风建设要以中华优秀传统文化、革命文化、社会主义先进文化为源泉，不断汲取丰富的养料，对家庭成员尤其是孩子发挥积极的影响，提升其精神境界，丰富其精神生活，凝聚家庭力量，实现家庭价值目标，最终达到家庭成员尤其是孩子自由而全面的发展。

一是应当从中华优秀传统文化中汲取养分。中华民族是一个重视家庭、重视家教、重视家风的民族，在漫长的历史中，形成了一整套关于家庭、家教、家风建设的优秀文化，对今天的家庭、家教、家风建设有着深远影响。正如习近平总书记指出的："中国传统思想文化中的优秀成分，对中华文明形成并延续发展几千年而从未中断，对形成和维护中国团结统一的政治局面，对形成和巩固中国多民族和合一体的大家庭，对形成和丰富中华民族精神，对激励中华儿女维护民族独立、反抗外来侵略，对推动中国社会发展进步、促进中国社会利益和社会关系平衡，都发挥了十分重要的作用。"[2] 因此，我们应当根据新时代的要求，完善家庭、家教、家风的内容，从传统文化中吸取古人治家之道中的精髓，对中华优秀传统家庭、家教、家风文化进行创造性转化和创新性发展，深入发掘传统和现代家庭、家教、家风教育内容的契合点，将中华优秀传统文化中具有先进意义的家庭、家教、家风内容与

---

[1] 习近平. 在庆祝中国共产党成立 95 周年大会上的讲话 [N]. 人民日报，2016 - 07 - 02.
[2] 习近平. 在纪念孔子诞辰 2 565 周年国际学术研讨会暨国际儒学联合会第五届会员大会开幕会上的讲话 [N]. 人民日报，2014 - 09 - 25.

现代家庭、家教、家风教育的内容相融合。

我们还应当把中华优秀传统文化通过科学的教育方法完整融入家庭之中,特别是家长要树立科学理念,通过多种方式,以文化传导、言传身教、共读经典、社会实践等方式,潜移默化地将中华优秀传统文化中的精髓传递给孩子,为孩子成长奠定坚实的精神根基,提供源源不断的正能量。

二是应当从革命文化中汲取精神力量。革命文化是中国共产党和中国人民在革命、建设、改革各个历史时期形成的精神追求、精神品格、精神力量,既传承了中华优秀传统文化,又引领和发展了社会主义先进文化,在中华文明历史长河中起到了传承、融合和发展创新的作用,是中华民族最为独特的精神标识。

革命文化贯穿马克思主义意识形态和共产主义的理想信念,是中国共产党人根本宗旨和最高价值观的生动表达。作为上层建筑,革命文化与新中国的经济基础和社会发展是非常契合的。特别是革命文化蕴含的完全献身中华民族、为之奋斗不息的政治信念、革命精神和革命情操、革命风范,是引领我们为党、国家和中国人民努力奉献的楷模,永远值得后人敬仰和学习,也永远值得家庭、家教、家风建设敬仰和学习。

三是应当从社会主义先进文化中汲取时代精华。中国社会主义先进文化,是运用马克思主义为指导进行的文化创新,它植根于中华优秀传统文化和革命文化,立足于中国实际,吸收国外文化有益成果,通过不断的改革创新,形成了面向现代化、面向世界、面向未来的民族的科学的大众的社会主义文化。

中国社会主义先进文化,反映了家庭、家教、家风的理想愿望和审美要求,满足了广大人民群众不断增长的精神生活需求,对家庭所有成员尤其是孩子有陶冶、教育和愉悦作用,是指导和引领家庭、家教、家风建设的旗帜。

3. 必须始终以爱国主义为核心

习近平总书记指出:"爱国主义是中华民族精神的核心。爱国主义精神深深植根于中华民族心中,是中华民族的精神基因,维系着华夏大地上各个民族的团结统一,激励着一代又一代中华儿女为祖国发展繁荣而不懈奋斗。"[①] 爱国主义不仅是中华民族大家庭的精神核心,也是建设家庭、家教、家风的精神核心。

自古以来,中华民族就十分重视家庭与国家之间休戚与共的关系,一直把"治国"作为"修身"和"齐家"的目标。习近平总书记精确阐释了现代社会背景下家国关系的核心所在:"没有国家繁荣发展,就没有家庭幸福美满。同样,没有千千万万家庭幸福美满,就没有国家繁荣发展。"[②] 习近平总书记这一重要论述深刻揭示了这样一条真谛:家庭是国家的基本单元,是国家和社会的有机组成部分,只有家庭幸福美满,整个国家才会繁荣发展。国家是家庭的扩展延伸,是家庭的保护屏障,只有国家繁荣发展,家庭才能幸福美满。为此,习近平总书记强调:"广大家庭都要把爱家和爱国统一起来,把实现家庭梦融入民族梦之中,心往一处想,劲往一处使,用我们4亿多家庭、13亿多人民的智慧和热情汇聚起实现'两个一百年'奋斗目标、实现中华民族伟大复兴中国梦的磅礴力量。"[③]

站在新的历史节点上,中华儿女更要把爱家与爱国统一起来,必须把对家庭的伦理情感延伸到国家,不仅要相亲相爱、敬老爱

---

① 习近平. 在十八届中央政治局第二十九次集体学习时的讲话[N]. 人民日报,2015-12-31.
② 习近平. 在2019年春节团拜会上的讲话[N]. 人民日报,2019-02-04.
③ 习近平. 在会见第一届全国文明家庭代表时的讲话[N]. 人民日报(海外版),2016-12-16.

亲、修身齐家，更要爱国爱民、尊老爱幼、心系天下，更加自觉地协调个人、家庭与国家利益之间的矛盾，更加主动地将家庭梦与中国梦联系在一起。

把"爱家"与"爱国"统一起来，就必须把爱国主义的内涵注入家庭、家教、家风建设的各个环节中，使其转化为家庭成员的精神底色，体现在家庭成员的实际行动中。可以通过多样化的日常生活活动，如：同孩子一起阅读爱国情怀的书籍，收看爱国主义的节目，参观博物馆，开展社会实践，参加公益活动，走进大自然等，培养孩子的爱国情怀，包括热爱祖国的绿水青山，捍卫祖国的领土完整；加强民族团结，确保国家利益无损；热爱人民群众、骨肉同胞；等等。让爱国主义在孩子心中牢牢扎根。

（二）建设家庭、家教、家风必须掌握关键

建设家庭、家教、家风，必须遵循基本原则和掌握科学方法。这些原则和方法，是家庭、家教、家风建设的关键。

1. 遵循尊重原则和方法

尊重是家庭、家教、家风建设的起点。心理学研究表明，得到尊重的孩子有自尊、自信。这是孩子健康成长成才的重要因素。

我们一些家长不太懂得尊重孩子，如：有的包办孩子的一切，剥夺孩子的责任心；有的偷听孩子的电话，偷看孩子的日记；有的当着同学、老师、朋友的面说孩子的缺点，揭孩子的短，让孩子当众出丑；等等。

对孩子不尊重，会摧毁孩子的自尊，让孩子觉得卑微；会摧毁孩子的自信，让孩子遇事退缩；会摧毁孩子的上进心，让孩子裹足不前。

尊重孩子的作用和效果是明显，它是促进家庭和睦、孩子健

康成长的强力催化剂，是构建和睦、温馨、民主、愉快家庭环境的基础。尊重还能够给孩子营造很好的成长环境和学习环境，培育积极乐观的美好心灵。

尊重孩子其实很简单，只要平等即可。父母、孩子有辈分区别，但人格上是平等的。只要把自己与孩子放在平等的地位，以平等相待的心态及其言行对待孩子即可。

2. 遵循交流原则和方法

交流，是信息互换的过程，也是彼此间把自己有的提供给对方。交流是消除隔阂、建立互信的最好方法。国与国之间、民族与民族之间、社区与社区之间、单位与单位之间、家庭与家庭之间、人与人之间都要交流。

父母和子女互相交流，既能磨合家庭关系，又能建立亲子关系；既能讨论双方感兴趣的话题，又能了解对方不感兴趣的议题；既能知道相互的需求，又能了解彼此的诉求；等等。事实证明，在父母和子女能够进行有效交流的家庭中，父母会更加尊重孩子的选择，孩子也会更加听从父母的意见。

由于社会节奏加快，工作生活学习时间紧张，父母与子女的交流不够充分，尤其是一些外出打工的父母，与孩子的交流更加少，导致孩子缺乏亲情感，容易产生孤独感和心理障碍。

与孩子交流的方式方法很多，但万变不离其宗，作为父母要牢牢把握住两个关键点。一是营造和谐的交流氛围，要理性沟通，切勿情绪化，更不要把个人观点强加给孩子。二是构建平等的交流平台，要让孩子感受到这是一种平等的交流，而不是居高临下的教训式对话，更不是高高在上的长辈对小辈的命令。这样双方才能保持愉快的心情各抒己见，提高孩子的情感力和认知力。

3. 遵循自由原则和方法

人的自由而全面的发展，是马克思主义的一个重要思想。立德树人的根本目的就是促进孩子自由而全面发展。

与日俱增的升学压力，迫使父母越来越重视孩子的学习成绩。为了孩子的学习成绩不掉队，往往过于严格地管教孩子。事实上，这种过于严格的教育，严重束缚了孩子的天性和创造力，并不利于孩子身心健康发展，甚至会让孩子产生逆反心理。

教育理论研究和实践表明，父母在教育孩子的过程中要"严而有格、宽而有度"，让孩子在合理的范围内感受一定的自由。真正的学习是建立在兴趣之上，而自由的空间正是引发孩子兴趣的必要条件。所以，父母一定要给孩子一个适度的自由发展空间，让孩子在其中发挥自己的创造力。

4. 遵循鼓励原则和方法

心理研究表明，无论是成人还是孩子都喜欢受到鼓励，尤其是孩子特别期望能时常得到鼓励，因为鼓励会使孩子更加健康发展。家庭是孩子社会化和个性发展的主要场所。由于孩子的自我认知能力还比较低，所以在社会化和个性发展的过程中，需要鼓励，渴望得到父母对自己的认可和赞许。

如果父母在孩子的教育中善于运用鼓励原则，会更好地帮助孩子树立自信心和维护自尊心，激励孩子更加积极主动地追求更优秀的自己。只有遵循鼓励的原则和方法，才能激励孩子、引导孩子，使孩子成为德才兼备、身心健康的合格公民。

5. 遵循典范原则和方法

典范是指可以学习、效仿的人或事物。典范的力量是强大的，可以给家庭、家教、家风建设提供强大动力。古今中外，有许多典范可以用来建设家庭、家教、家风。

立德树人要注重家庭、家教、家风建设

习近平总书记讲了这样一段话:"党性教育要注重发挥先进典型作用,多讲讲革命烈士和英雄人物的崇高风范,多讲讲焦裕禄、杨善洲、谷文昌等各条战线优秀干部的模范事迹,多请一些先进模范人物来现身说法,党员、干部可以请,普通群众中的先进模范也可以请。我说过,要把革命烈士那些感人至深的文章、诗文、家书编辑成册,用于干部教育,让各级干部常常看、常常思、常常反求己身,党校可以先做起来。同时,要加强警示教育,把一些反面典型跌入违纪违法泥坑的教训给大家说说透,让大家引为镜鉴、自觉自律。"① 尽管是对搞好党性教育的讲话,但对搞好家庭、家教、家风建设具有重要的指导意义。我们可以用中华民族历史优秀人物传奇事迹,用中国优秀共产党员、劳动模范、道德模范先进事迹,用人类文明英雄事迹,教育、感染、引导孩子,为他们树立前行的标杆。

习近平总书记还强调:"广大家庭都要重言传、重身教,教知识、育品德,身体力行、耳濡目染,帮助孩子扣好人生的第一粒扣子,迈好人生的第一个台阶。"② 家长言传身教、以身作则、率先垂范也是典范,对于推进家庭、家教、家风建设具有重要意义。

家庭成员之间的血缘关系决定了家庭成员之间人际关系、利益关系的紧密性,而家人之间朝夕相处、同居一室的家庭生活则使家人之间的相互影响高度相关,这就使得言传身教、以身作则、率先垂范的教育方法尤为有效可行。对此,习近平总书记提出了要求:"家长要时时处处给孩子做榜样,用正确行动、正确思想、正确方法教育引导孩子。要善于从点滴小事中教会孩子欣赏真善

---

① 习近平. 在全国党校工作会议上的讲话 [M]. 北京:人民出版社,2016:18.
② 习近平. 在会见第一届全国文明家庭代表时的讲话 [N]. 人民日报(海外版),2016 - 12 - 16.

美、远离假丑恶。要注意观察孩子的思想动态和行为变化,随时做好教育引导工作。"①

家庭、家教、家风建设的特点在于启蒙性与感染性,这都要求家长在其中起到典范带头作用,正所谓"其身正,不令而行;其身不正,虽令不从"。作为家长既要言教更要身教,通过以身作则树立榜样,通过率先垂范教化孩子。

6. 遵循协同育人原则和方法

习近平总书记强调,"要注重家校合作","发挥融入式、嵌入式、渗入式的立德树人协同效应"②。《中共中央关于制定国民经济和社会发展第十四个五年规划和二〇三五年远景目标的建议》明确提出要"健全学校家庭社会协同育人机制"③。立德树人不是单纯一个方面的工作,而是全方位的,只有社会、学校、家庭协同,才能取得好的效果。

在立德树人过程中,社会教育、学校教育如果忽视家庭教育的地位和作用,就会孤掌难鸣;家庭教育如果与社会教育、学校教育彼此脱节、互不配合,就会使孩子在思想上失序,行动上失控。所以在立德树人过程中,一个稳定有序的成长环境对孩子而言是非常重要的。这就要求家庭和社会、学校必须同频共振、密切配合,形成紧密的协同立德树人体系。

从辩证的视角来看,社会教育、学校教育是家庭教育的延伸和发展,家庭教育是社会教育、学校教育的巩固和完善,三者相

---

① 习近平. 从小积极培育和践行社会主义核心价值观:在北京市海淀区民族小学主持召开座谈会时的讲话[N]. 人民日报,2014-05-31.
② 习近平. 思政课是落实立德树人根本任务的关键课程[M]. 北京:人民出版社,2020:28.
③ 中共中央关于制定国民经济和社会发展第十四个五年规划和二〇三五年远景目标的建议[N]. 人民日报,2020-11-04.

立德树人要注重家庭、家教、家风建设

辅相成缺一不可，它们相互联系，相互作用，相互影响。

习近平总书记指出："高校立身之本在于立德树人"[①]，"基础教育是立德树人的事业"，"需要学校、家庭、社会密切配合。学校要担负主体责任，对学生负责，对学生家庭负责。家长要尊重学校教育安排，尊敬老师创造发挥，配合学校搞好孩子的学习教育，同时要培育良好家风，给孩子以示范引导。"[②] 习近平总书记还强调，全社会"要把培养担当民族复兴大任的时代新人作为重要职责"。"育新人，就是要坚持立德树人、以文化人，建设社会主义精神文明、培育和践行社会主义核心价值观，提高人民思想觉悟、道德水准、文明素养，培养能够担当民族复兴大任的时代新人。"[③] 习近平总书记这些重要论述，把社会、学校、家庭协同立德树人的意义和方法，都讲得很清楚、很到位，指导性很强，操作性很强。

只有家庭与社会、学校三方联动，协同育人，优势互补，形成合力，才能在教育目标、教育观念、教育方法等方面统一思想、统一行动，推进立德树人产生扎实效果。

（三）建设家庭、家教、家风必须统筹推进

家庭、家教、家风建设涉及方方面面，是个系统工程，必须统筹推进。

1. 各级党委和政府要负起领导责任

习近平总书记强调："不论时代发生多大变化，不论生活格局

[①] 习近平：把思想政治工作贯穿教育教学全过程　开创我国高等教育事业发展新局面 [N]. 人民日报，2016-12-09.
[②] 习近平. 在北京市八一学校考察时的讲话 [N]. 人民日报，2016-09-10.
[③] 习近平：举旗帜聚民心育新人兴文化展形象　更好完成新形势下宣传思想工作使命任务 [N]. 人民日报，2018-08-23.

发生多大变化，我们都要重视家庭建设，注重家庭、注重家教、注重家风，紧密结合培育和弘扬社会主义核心价值观，发扬光大中华民族传统家庭美德，促进家庭和睦，促进亲人相亲相爱，促进下一代健康成长，促进老年人老有所养，使千千万万个家庭成为国家发展、民族进步、社会和谐的重要基点。"① 把家庭、家教、家风建设作为国家发展、民族进步、社会和谐的重要基点，这是习近平总书记对马克思主义家庭观的创新与发展。

习近平总书记强调："各级党委和政府要充分认识家庭文明建设的重要性，负起领导责任，切实把家庭文明建设摆上议事日程。"② 同时要求各级党委和政府大力弘扬时代新风，加强思想道德建设，深入实施公民道德建设工程，加强和改进思想政治工作，推进新时代文明实践中心建设，不断提升人民思想觉悟、道德水准、文明素养和全社会文明程度。要弘扬新风正气，推进移风易俗，培育文明乡风、良好家风、淳朴民风，焕发乡村文明新气象③。各级党委和政府要认真贯彻"两手抓，两手都要硬"的方针，加强工作指导和政策支持，统筹用好各方面资源和力量，推动家庭文明建设各项任务落到实处。

习近平总书记还特别要求，"领导干部要努力成为全社会的道德楷模，带头践行社会主义核心价值观，讲党性、重品行、作表率，带头注重家庭、家教、家风，保持共产党人的高尚品格和廉洁操守"④。领导干部的家风，不仅关系自己的家庭，而且关系党

---

① 习近平. 在2015年春节团拜会上的讲话［N］. 人民日报，2015-02-18.
② 习近平. 在会见第一届全国文明家庭代表时的讲话［N］. 人民日报（海外版），2016-12-16.
③ 习近平：举旗帜聚民心育新人兴文化展形象　更好完成新形势下宣传思想工作使命任务［N］. 人民日报，2018-08-23.
④ 习近平：坚持依法治国和以德治国相结合　推进国家治理体系和治理能力现代化［N］. 人民日报，2016-12-11.

风政风。各级领导干部特别是高级干部要继承和弘扬中华优秀传统文化，继承和弘扬革命前辈的红色家风，向焦裕禄、谷文昌、杨善洲等同志学习，做家风建设的表率，把修身、齐家落到实处。各级领导干部要保持高尚道德情操和健康生活情趣，严格要求亲属子女，过好亲情关，教育他们树立遵纪守法、艰苦朴素、自食其力的良好观念，明白见利忘义、贪赃枉法都是不道德的事情，要为全社会做表率①。

2. 各方面要发挥统筹、协调、指导、督促作用

习近平总书记要求宣传思想工作抓住学生价值观形成和确定的关键时期，引导学生扣好人生第一粒扣子。大力弘扬时代新风，加强思想道德建设，深入实施公民道德建设工程，加强和改进思想政治工作，推进新时代文明实践中心建设，不断提升人民思想觉悟、道德水准、文明素养和全社会文明程度②。深入实施公民道德建设工程，推进社会公德、职业道德、家庭美德、个人品德建设，激励人们向上向善、孝老爱亲，忠于祖国、忠于人民③。

习近平总书记还要求精神文明建设工作部门发挥统筹、协调、指导、督促作用，动员社会各界广泛参与，推动形成爱国爱家、相亲相爱、向上向善、共建共享的社会主义家庭文明新风尚④。要求教育、妇联等部门要统筹协调社会资源支持服务家庭教育⑤。要求工会、共青团、妇联等群众团体要结合自身特点，积极组织

---

① 习近平. 在会见第一届全国文明家庭代表时的讲话 [N]. 人民日报（海外版），2016-12-16.
② 习近平：举旗帜聚民心育新人兴文化展形象 更好完成新形势下宣传思想工作使命任务 [N]. 人民日报，2018-08-23.
③ 习近平. 在中国共产党第十九次全国代表大会上的报告 [N]. 人民日报，2017-10-28.
④ 同①.
⑤ 习近平：坚持中国特色社会主义教育发展道路 培养德智体美劳全面发展的社会主义建设者和接班人 [N]. 人民日报，2018-09-11.

开展家庭文明建设活动,在家庭中培育和践行社会主义核心价值观,引导家庭成员特别是下一代热爱党、热爱祖国、热爱人民、热爱中华民族。"要积极传播中华民族传统美德,传递尊老爱幼、男女平等、夫妻和睦、勤俭持家、邻里团结的观念,倡导忠诚、责任、亲情、学习、公益的理念,推动人们在为家庭谋幸福、为他人送温暖、为社会作贡献的过程中提高精神境界,培育文明风尚。"[1]

3. 要为生活困难的家庭排忧解难

犹如"全面建成小康社会,一个也不能少;共同富裕路上,一个也不能掉队"[2]那样,在家庭、家教、家风建设中,一个家庭都不能少,一个家庭都不能掉队。要特别关注特殊家庭。如何帮助特殊家庭建设家庭、家教、家风,习近平总书记说,"要满腔热情关心和帮助生活困难的家庭,帮助他们排忧解难"[3]。

一是巩固脱贫攻坚成果,建立解决相对贫困的长效机制。建立农村低收入人口和欠发达地区帮扶机制,保持财政投入力度总体稳定,接续推进脱贫地区发展,与乡村振兴有效衔接。健全防止返贫监测和帮扶机制,做好异地扶贫搬迁后续帮扶工作,加强扶贫项目资金资产管理和监督,推动特色产业可持续发展。在西部地区脱贫县中集中支持一批乡村振兴重点帮扶县,增强其巩固脱贫成果及内生发展能力。坚持和完善东西部协作和对口支援、社会力量参与帮扶等机制[4]。

---

[1] 习近平. 在会见第一届全国文明家庭代表时的讲话 [N]. 人民日报(海外版), 2016-12-16.

[2] 习近平. 在十九届中共中央政治局常委同中外记者见面时的讲话 [N]. 人民日报, 2017-10-26.

[3] 同[1].

[4] 中共中央关于制定国民经济和社会发展第十四个五年规划和二〇三五年远景目标的建议 [N]. 人民日报, 2020-11-04.

二是要落实教育扶贫和健康扶贫政策，突出解决贫困家庭大病、慢性病和学生上学等问题。国家教育经费要继续向贫困地区倾斜，帮助贫困地区改善办学条件，让贫困家庭的孩子都能接受公平而有质量的教育，不输在起跑线上。探索建立贫困地区学前教育公共服务体系，让贫困家庭孩子感受到党和政府的温暖。对儿童特别是孤儿和残疾儿童、对农村贫困家庭幼儿特别是留守儿童给予特殊关爱。

三是要落实好失业家庭人员的再就业和生活保障、财政专项奖补等支持政策，落实和完善援助措施，创造更多就业岗位，通过鼓励企业吸纳、公益性岗位安置、社会政策托底等多种渠道帮助就业困难人员，实现零就业家庭动态"清零"，确保安置分流有序，社会和谐稳定。

总之，通过为生活困难的家庭排忧解难，让他们感受到党和人民的关怀，振奋精神，坚定家庭、家教、家风建设的决心和信心。

立德树人要形成合力

立德树人，就是"努力培养担当民族复兴大任的时代新人，培养德智体美劳全面发展的社会主义建设者和接班人"[①]。这事关国家发展、事关民族未来，影响决定着国家长治久安，影响决定着民族复兴和国家崛起。立德树人是国之大计、党之大计，需要加强党的全面领导，在全社会形成合力。

一、立德树人需要全面加强党对教育事业的领导

伟大的事业必须由伟大的党来领导，立德树人需要全面加强党对教育事业的领导。

党对教育事业的全面领导，是习近平新时代中国特色社会主义思想的重要内容，是坚持党对一切工作领导在教育领域的具体体现，也是中国特色社会主义教育的本质特征。这一本质特征，既体现了教育的普遍规律，也体现了中国特色社会主义教育的特殊规律，是教育制度文明的中国范式。

一个国家采取什么样的教育制度，主要取决于这个国家的国体政体、国情民情、经济社会发展水平和历史文化传统等因素。盲目照搬照抄他国模式必然会造成水土不服。坚持党对教育事业的全面领导这一中国特色社会主义教育制度，是我们党把马克思主义国家学说、政党理论和教育思想与中国实际相结合的伟大创造，是对中国特色社会主义教育本质的科学认识和建设规律的自

---

① 习近平：用新时代中国特色社会主义思想铸魂育人　贯彻党的教育方针落实立德树人根本任务 [N]．人民日报，2019-03-19．

觉把握。

党对教育事业的全面领导，是党和国家的重要政治优势。优势是在比较中产生的，是从实践中得出来的。坚持党对教育事业的全面领导这一政治优势，主要体现在巩固党的执政地位、保持国家长治久安、实现中华民族伟大复兴上。

中华民族伟大复兴，绝不是轻轻松松、敲锣打鼓就能实现的。敌对势力不希望看到我们这样一个社会主义的大国强大起来，一定会使尽各种招数对我西化分化、拉拢渗透、干扰破坏。我们越是由大向强、越是更加接近中华民族伟大复兴，风险和挑战就越多，承受的压力就越大。只有办好教育、培养好人才，才能有力应对各种风险挑战考验，永远立于不败之地。

面对新时代新要求，只有坚持党对教育事业的全面领导，凭借党的远见卓识，正确把握教育发展的历史方位和奋斗目标，正确把握深化教育改革的正确方向和战略举措，才能在复杂挑战考验面前始终坚定正确的方向，推进教育现代化，办好人民满意的教育，推进立德树人，实现教育强国战略。

历史和实践证明，党对教育事业的全面领导，有利于凝聚和激发起全党全国的意志和力量，有利于实现党和教育的使命任务，是一个符合党情国情民情的好制度，具有强大的生命力。

百年未有之大变局，对国家发展、人才培养提出了新要求，归根结底是对教育提出了新要求。党的十八大以来，围绕培养什么人、怎样培养人、为谁培养人和如何办好中国特色社会主义教育这一根本问题，习近平总书记提出了许多新思想新理念新观点，集中体现在教育"九个坚持"理论。教育"九个坚持"不仅是对中国特色社会主义教育发展经验的高度凝练，更是对坚持党对教育事业的全面领导的根本经验的深刻总结。党对教育事业的全面领导的根本经验，是实体的也是程序化的，是理论的更是实践性的。

——坚持党对教育事业的全面领导。牢牢掌握党对教育工作的领导权和教育领域意识形态工作的主导权，坚持党管办学方向、管改革发展、管干部、管人才。用"两权四管"规范党对教育的政治领导、思想领导、组织领导，是党对教育事业全面性、系统性、整体性领导的战略顶层设计。

——坚持把立德树人作为根本任务。为党育人、为国育才，加强社会主义核心价值观教育，加强思想政治教育，加强思想政治理论课教育，把立德树人融入价值引导和知识传授等教育环节，贯穿各级各类教育。这六项基本要求是我们党培养人的纲，纲举目张。

——坚持优先发展教育事业。教育是民族振兴、社会进步的重要基石，是功在当代、利在千秋的德政工程，是党之大计、国之大计，是促进人的全面发展、创造美好生活的根本途径。要把加快推进教育现代化、建设教育强国、办好人民满意的教育作为推进中国特色社会主义事业的先手棋。重要基石论、德政工程论、两个大计论、根本途径论等四论是我们党优先发展教育的理论和实践基石。

——坚持社会主义办学方向。教育必须为人民服务、为中国共产党治国理政服务、为巩固和发展中国特色社会主义制度服务、为改革开放和社会主义现代化建设服务。这四个服务是新时代中国特色社会主义党的教育方针的核心内容。

——坚持扎根中国大地办教育。扎根中国、融通中外，立足时代、面向未来，发展具有中国特色、世界水平的现代教育。这些基本原则，是新时代我们党办好中国特色社会主义教育的新方略。

——坚持以人民为中心发展教育。以教育公平促进社会公平正义，让发展成果更多更公平惠及全体人民，使群众有获得感和满足感。用一个教育公平支点撬动社会公平正义两个重点，是我们党自觉运用唯物辩证法解决社会重大问题的创新，堪称典范。

——坚持深化教育改革创新。更加注重教育改革的系统性、整体性、协同性，以改革聚合力、激活力、增动力。以"三性"提高"三力"，是我们党对新时代教育全面深化改革的战略部署。

——坚持把服务中华民族伟大复兴作为教育的重要使命。中国特色社会主义教育要与实现中华民族伟大复兴有机贯通起来，在"五位一体"总体布局、"四个全面"战略布局和"四个自信"中找准定位，明确任务。教育使命与党的使命紧密结合，教育才能更有价值、更好发展。

——坚持把教师队伍建设作为基础工作。百年大计，教育为本。教育大计，教师为本。培养造就一支师德高尚、业务精湛、结构合理、充满活力的高素质专业化教师队伍，引导教师做"四有"好老师，做学生"四个方面"引路人，这是当前和今后一段时间，我们党在教育事业发展方面的一项极其紧迫的重要任务和基础工作。

教育"九个坚持"规定了党对教育的全面领导，包含了领导主体、领导方式、领导内容，系统回答了教育"由谁领导、怎么领导、领导什么"的重大问题。有了党对教育的全面领导，立德树人就有了根本保障。习近平总书记还提出了党对教育事业全面领导的重点工作。

（一）牢牢掌握党对教育工作的领导权

习近平总书记强调："办好我国高等教育，必须坚持党的领导,牢牢掌握党对高校工作的领导权,使高校成为坚持党的领导的坚强阵地。"[①] 要建立健全党委统一领导、党政齐抓共管、部门各负其责的教育领导体制。党委要抓好政治领导和思想领导。政治领导,就是要保证学校正确办学方向,保证党的领导在学校工作中全面发挥作用;思想领导,就是要掌握学校思想政治工作的主动权,巩固马克思主义在学校意识形态的主导地位,用科学理论培养人,用正确思想引导人,保证学校始终成为培养社会主义事业建设者和接班人的坚强阵地。

习近平总书记要求:"各级党委和政府要坚持把教育放在优先发展的战略位置,强化责任意识,及时研究解决教育改革发展的重大问题和群众关心的热点问题。要深化办学体制、管理体制、经费投入体制、考试招生及就业制度等方面的改革,深化学校内部管理制度、人事薪酬制度、教学管理制度等方面的改革,深化人才培养模式、教学内容及方式方法等方面的改革,使各级各类教育更加符合教育规律、更加符合人才成长规律。"[②]

教育工作专业性强、规律性强。习近平总书记要求"党政主要负责同志要熟悉教育、关心教育、研究教育"[③],多听听老师专家们意见,努力成为教育管理的行家里手。

(二) 各级各类学校要把坚持党的领导落到实处

按照习近平总书记的思想,把坚持党的领导在学校落到实处,

[①] 习近平:把思想政治工作贯穿教育教学全过程 开创我国高等教育事业发展新局面 [N]. 人民日报,2016-12-09.

[②] 习近平:全面贯彻落实党的教育方针 努力把我国基础教育越办越好 [N]. 人民日报,2016-09-10.

[③] 习近平:坚持中国特色社会主义教育发展道路 培养德智体美劳全面发展的社会主义建设者和接班人 [N]. 人民日报,2018-09-11.

包括坚持党管办学方向，确保党的路线方针政策在学校不折不扣得到贯彻；坚持党管学校改革发展，在发展规划、治理结构、重大改革等方面进行科学设计，确保学校各项工作健康发展；坚持党管干部原则，在干部选拔任用、监督管理，在人才培养使用、交流引进等方面把好关口；注重选拔优秀的人担任学校各级党组织部门负责人，发挥"点燃一盏灯，照亮一大片"的作用。

把坚持党的领导在学校落到实处，就要求"坚持和完善党委领导下的校长负责制，不断改革和完善高校体制机制"[1]。重点要把握三方面问题。

一是高校党委对学校工作实行全面领导，承担管党治党、办学治校主体责任，把方向、管大局、做决策、保落实。党委书记主持党委全面工作，对党委工作负主要责任，校长和其他行政领导班子成员要自觉接受党委领导，贯彻执行党委决定。

二是党委要贯彻民主集中制，议大事、谋大事，重要干部任免、人才使用、阵地建设，重大发展规划、项目安排、资金使用、评价评奖，由党委集体研究决定，形成党委统一领导、党政分工合作、协调运行的工作机制。

三是要严格标准、严格把关，选好配强领导干部和领导班子，确保高校领导权牢牢掌握在忠于马克思主义、忠于党和人民的人手中。

把坚持党的领导在高等学校落到实处，高校书记、校长都要成为社会主义政治家、教育家。这个标准是具体的而不是抽象的。高校书记、校长既要有正确的教育思想、深厚的学识学养、强烈的事业心，又要有坚定的政治立场、崇高的理想信念、服务国家

---

[1] 习近平：坚持立德树人思想引领　加强改进高校党建工作[N]. 人民日报，2014-12-30.

和人民的价值追求；既要掌握教育工作规律，又要善于从政治上看问题、把方向。高校书记、校长都要对照这个标准检验自己、审视自己、提高自己。

把坚持党的领导在学校落到实处，就要求把抓好学校党建工作作为办学治校的基本功，把党的教育方针全面贯彻到学校工作各方面。学校党建工作不能玩虚功、搞花架子、做表面文章，必须抓得实而又实、严而又严。要发挥基层党组织作用，使基层党组织成为师生最贴心、最信赖的组织依靠，成为学校教书育人的坚强战斗堡垒，把教师和学生党员的先锋模范作用发挥好，把广大教职员工和学生最广泛地凝聚团结起来。

把坚持党的领导在学校落到实处，就要求加强学校党的基层组织建设。学校尤其是高校党的基层组织建设要适应学校发展趋势，遵循学校特点和规律，创新体制机制，改进工作方式。高等学校院（系）党组织要在院（系）办学问题上把好政治关，保证党的路线方针政策及上级党组织决定的贯彻执行，把坚持正确办学方向的要求贯彻到院（系）工作中。党支部是分布在教研室、实验室、教学科研团队、学生班级的"火车头"，也是党联系和团结师生、做思想政治工作的组织依托。要抓在经常、严在平时，对不合格党支部精准施治、集中整顿，使高校党的基层组织发挥战斗堡垒作用，把党的工作做到师生心坎上。

把坚持党的领导在学校落到实处，就要求发挥党员的先锋模范作用。一个党员就是一面旗帜，党员做先锋、做示范，群众就会跟上来。要教育引导广大党员坚持更高标准、更严要求，增强政治意识、大局意识、核心意识、看齐意识，努力走在前列、干在实处、当好表率。要做好在高校教师和学生中发展党员的工作。要加强党员队伍教育管理，严肃党的政治纪律和政治规矩，把党员身份亮出来，把先进标尺立起来，把先锋形象树起来。要加强党性锻炼，锤炼过硬作风，使每个师生党员都做到在党爱党，在党言党，在党为党。

把坚持党的领导在学校落到实处，就要求做好民办高校党建工作。现在，民办高校数量很大，在校生600多万，占全国普通高校本专科学生的比重接近1/4，中外合作办学院校数量也在增长，这是不可忽视的重要阵地。这些高校的办学方式、组织结构、运行模式可以不同，但在坚持正确政治方向、立德树人导向上没有例外。要把民办高校、中外合作办学院校纳入高校思想政治工作整体布局，完善体制机制，延伸工作手臂，建立健全党组织，全面推行党组织书记选派，确保民办高校党建和思想政治工作全覆盖。

（三）把思想政治工作紧紧抓在手上

把学生一代培养造就成德智体美劳全面发展的社会主义事业建设者和接班人，是事关党和国家前途命运的重大战略任务，是全党的共同政治责任。习近平总书记强调，思想政治工作是学校各项工作的生命线，各级党委、各级教育主管部门、学校党组织都必须紧紧抓在手上。思想政治工作绝不是单纯一条线的工作，而应该是全方位的，无处不在、无时不在的，融入式、嵌入式、渗入式的，不能搞成两张皮。应善于运用一切场合、一切载体、一切方式来做思想政治工作，并能带动所有教职员工和学生共同做思想政治工作。

把思想政治工作紧紧抓在手上，就要求建立部门协作常态机制，形成党委统一领导、各部门各方面齐抓共管的工作格局。要定期分析学校思想政治领域情况，研究解决重大问题，协调推进重点任务落实。要精心培养和组织一支会做思想政治工作的政工队伍，把思想政治工作做在日常、做到经常。

把思想政治工作紧紧抓在手上，就要求既要管好课堂，也要管好课外，既要管好网下，也要管好网上，坚决防范和清除各种错误政治思潮、分裂主义、宗教活动等对学校的侵蚀。要加强校报校刊和网络治理，严明教学纪律，牢牢掌握意识形态工作领导权，用马克思主义占领高校意识形态阵地。

把思想政治工作紧紧抓在手上，就要求各地党委书记和有关部门党组书记要亲自出马到学校做思想政治工作，再忙也要抓，而且要抓紧、抓实、抓好。

一要调查研究。多到学校尤其是高校走走，多同师生接触，获得第一手资料，掌握最鲜活情况，解剖麻雀，研究问题，做到胸中有数、心中有方，增强工作预见性和实效性。

二要登台讲演。要到学校尤其是高校宣讲党的理论和路线方针政策，宣讲党情国情社情民情，回答师生关注的理论和现实问题。做形势政策报告可以，同师生座谈、进行专题讲座也可以，只要入情入理、讲清讲透，学生都会欢迎。这项工作要制度化、常态化。

三要广交朋友。加强同学校知识分子的联系，多关心、多交流、多鼓励，善交朋友、广交朋友、深交朋友，多听他们的意见，真听他们的意见。即使一些意见和批评有偏差，只要出发点是好的，也要多包容、多宽容，认真研究，有则改之，无则加勉。

四要深入一线解决实际问题。对学校思想政治工作遇到的问题，领导干部要敢抓敢管、善抓善管、常抓常管、站到一线，积极推动解决。特别是对意识形态领域的大是大非问题，必须态度鲜明，绝不能爱惜自己的"羽毛"。

二、立德树人需要在全社会培育和践行社会主义核心价值观

核心价值观是一个国家共同的思想道德基础，立德树人需要夯实在全社会培育和践行社会主义核心价值观的思想基础。习近平总书记指出："人类社会发展的历史表明，对一个民族、一个国家来说，最持久、最深层的力量是全社会共同认可的核心价值观。核心价值观，承载着一个民族、一个国家的精神追求，体现着一个社会评判是非曲直的价值标准。"[1]

（一）关于社会核心价值观

价值观是人们在实践中形成的对于价值、价值关系的基本看法和根本观点，是处理各种价值问题时所持有的比较稳定的立场和态度的总和。

价值观可以分为一般价值观、核心价值观。社会核心价值观通常指处于主导地位的价值观，代表着价值体系的基本特征，体现着价值体系的价值倾向，统率着其他处于从属地位的价值观念，是一种社会制度应普遍遵循的基本原则，是一种文化区别于另一种文化的根本标志。

1. 社会核心价值观的基本特征

社会核心价值观是社会主体对重大价值问题的基本共识。它表明了一个政党、一个国家和一个民族的文化特征，体现了社会全体成员的集体意志、文化特色和价值追求，承载着社会成员的

---

[1] 习近平. 青年要自觉践行社会主义核心价值观：在北京大学师生座谈会上的讲话 [N]. 人民日报，2014-05-05.

共同理想和愿景，蕴含着社会成员对世界、人生、政治、经济、社会等一系列重大问题的根本理解，具有明确的历史传承、现实关怀和未来指向。

社会核心价值观在价值意识中抽象层次最高，最具普遍性和概括性，具有广泛的社会意义，为一个社会的主流政治力量所倡导，为社会的绝大多数成员所尊崇，并在其基本制度中所体现，是社会的精、气、神和主心骨。

社会核心价值观具有民族性、时代性、历史性、阶级性和意识形态性。在阶级社会，所有的价值观都是特定主体在某一特殊历史情境下为了某种特定目的而提出来的。核心价值观通常经过理论推导，具有系统化、理论化的特点，具有普遍的原则性和方法论性质。

社会核心价值观既非一成不变，又是相对稳定的。在总体上，其连续性要大于变动性。它与共同体内各种非核心的个人价值观或集团价值观虽然处于一种相辅相成的动态关系之中，但核心与边缘、本与末、主与次的关系还是清楚的。

社会核心价值观既是"实然"的，又是"应然"的；既具有现实性，又具有理想性；既在一个社会的基本制度、大众信仰和文化传统中有所体现，又作为目标和理想而与现实保持一定距离。这种张力使核心价值观成为社会变革的源泉和社会进步的推动力量。

社会核心价值观既是包容的又是排他的。从长期来看，一个社会的核心价值观可以借鉴和吸收其内部非核心价值观的部分因素，甚至也可以受其他社会的核心价值观的影响，但在短时间内看，核心价值观具有极强的排他性，其权威是不容挑战的。如果有人对一种社会和文化的核心价值观指手画脚，说三道四，通常会被看作侮辱行为而遭到强烈抵制。

社会核心价值观既是抽象的，又是具体的。它首先是以观念形态存在的，在表述形式上通常是抽象的；但它又通过人们的社会关系、生产和生活方式、行为、语言、文化产品等体现出来，以各种符号为其载体。

2. 社会核心价值观的功能

习近平总书记指出："价值观是人类在认识、改造自然和社会的过程中产生与发挥作用的。不同民族、不同国家由于其自然条件和发展历程不同，产生和形成的核心价值观也各有特点。一个民族、一个国家的核心价值观必须同这个民族、这个国家的历史文化相契合，同这个民族、这个国家的人民正在进行的奋斗相结合，同这个民族、这个国家需要解决的时代问题相适应。世界上没有两片完全相同的树叶。一个民族、一个国家，必须知道自己是谁，是从哪里来的，要到哪里去，想明白了、想对了，就要坚定不移朝着目标前进。"[①] 这一论述，深刻揭示了价值观尤其是核心价值观的产生和作用，指明了核心价值观承载着一个民族、一个国家的精神追求，是一个民族、一个国家最持久、最深层的力量。

社会核心价值观具有对内对外双重功能。对内，它是社会凝聚力的来源，是整个国家运作、制度设计、法律制定、政党决策、文化发展、公民教育最终的价值依托。对外，它则是该社会独特性的重要标志，一个社会只有自觉地建立起自己的核心价值观，才有中流砥柱，在与其他社会进行交往时不随波逐流，不为他者所削弱、征服和同化，进而免于衰败和灭亡。尤其是当一个社会

---

① 习近平. 青年要自觉践行社会主义核心价值观：在北京大学师生座谈会上的讲话 [N]. 人民日报，2014-05-05.

面临来自外部的挑战时，核心价值观可以发挥整合人心、激励士气的作用。

习近平总书记鞭辟入里地指出："如果一个民族、一个国家没有共同的核心价值观，莫衷一是，行无依归，那这个民族、这个国家就无法前进。这样的情形，在我国历史上，在当今世界上，都屡见不鲜。"[1] 这一论述，一语中的，简明扼要，深刻揭示了核心价值观的基本功能。

历史和现实表明，一个缺乏核心价值观的民族如一个没有精神和灵魂的人，不可能有稳定与和谐，更不可能成为同心同德、同舟共济的共同体，也就难免陷入四分五裂而难以应对危机和挑战。一个没有核心价值观的国家徒有国家的外壳而不能实现力量的整合，一个没有核心价值观的社会则经常陷入冲突、震荡和混乱。

西方殖民主义者很早就发现，欲削弱一个国家和民族，一个有效的方式就是孤立、排斥甚至丑化其核心价值观，进而动摇其自信，混乱其思想，瓦解其凝聚力，然后再用自己的价值观取而代之，最终使这些地区"西化"或"分化"，进而实现其征服和统治。殖民主义者在亚洲、非洲和拉丁美洲就是这样做的，给这些地区造成了价值观混乱的后遗症。

3. 一些国家建设社会核心价值观的做法

当代世界，很多国家都把核心价值观建设作为政党建设、国家建设、制度建设、文化建设的核心及对其进行整合的重要力量，通过各种或隐或显的手段，在社会成员中树立、灌输、倡导、强化核心价值观。

---

[1] 习近平. 青年要自觉践行社会主义核心价值观：在北京大学师生座谈会上的讲话 [N]. 人民日报，2014-05-05.

美国一直强调的国家安全战略有两个基本点，一是维护其"核心利益"，二是捍卫并传播其"核心价值观"，有时甚至把后者看作前者的重要组成部分，放在整个国家战略中的优先地位。虽然美国没有成文规定的社会核心价值观，但很多美国学者把个人主义、自由、民主、人权、平等和市场经济作为美国的社会核心价值观。美国历任总统在各种场合经常提及的社会核心价值观主要是自由、民主、人权三项。美国在传播其社会核心价值观时可谓煞费苦心、不择手段：其一，美国各界社会精英人士利用一切场合重复、阐释、宣扬美国的社会核心价值观，并承诺对它的信仰，使自由、民主、人权等观念家喻户晓、耳熟能详。其二，美国政府和社会各界制造了各种社会核心价值观的传播符号，如通过教科书、电影、电视剧、网络软件等，塑造各种美国社会价值观的传播者和捍卫者形象。其中，华盛顿、杰弗逊、汉密尔顿、林肯被塑造成确立和捍卫美国社会核心价值观的至高无上的英雄。其三，美国政府不惜重金，在海外建立机构，搜罗人才，寻找代理人，或者资助一些基金会赴海外活动，以学术交流、文化交流、志愿者活动等名义，传播美国社会核心价值观，同时清除阻碍美国社会核心价值观传播的各种障碍。

与美国相比，欧盟对其核心价值观的重视毫不逊色。欧盟官员经常宣称，欧盟是一个"价值观共同体"，是通过民主、法治、人权等核心价值观凝聚起来的，设立各种机构的目的皆在于维护这些核心价值观。2003年通过的《欧洲宪法条约草案》第一目第二条具体规定了联盟的核心价值观，即"尊重人的尊严、自由、民主、平等、法治及人权"，认为这些核心价值观是其成员国共有的，并把其作为联盟的基础。2007年3月25日，为纪念欧盟成立50周年而通过的《柏林宣言》，开门见山又重申了这一核心价值观。

英国工党在 1997 年上台后，就明确把"自由、共享、民主、平等"的社会核心价值观作为其治国执政的基本理念，同时十分注重在学生中开展社会核心价值观教育。2006 年 5 月，英国高等教育国务大臣比尔·拉梅尔要求所有学龄少年接受"英国传统价值观"的教育，即言论自由的传统以及不同社团对建立现代化和成功社会共同负责。2007 年 1 月，英国教育大臣阿兰·约翰逊正式公布了对学生进行"英国核心价值观"教育的计划，并将其列入义务教育阶段的国家必修课程。他说，中小学生在公民教育课程中应学习到共享的价值观，"言论自由、宽容和对法治的尊重，在英国是非常受珍视的价值观。虽然它们不是英国所独有的，但却是地道的英国价值观"。

二战以后，日本基于自身的文化传统，吸纳西方文化的部分因素，逐渐形成了包括爱国、合作、感恩、和谐、民主、法治、秩序、爱护自然等在内的核心价值观。在核心价值观的教化和传播方式上，充分发挥动漫在海内外的影响力，如"Kitty 猫"为人们传播了一种亲切、开放、可爱的日本形象。另外，具有一定官方色彩的日本国际交流基金会每年邀请来自 50 多个国家（地区）的 500 名外国教师赴日本参加免费的培训课程。该基金会在海外建立上百个日语中心，这对在世界范围内宣扬日本的核心价值观无疑起到巨大的促进作用。日本原首相麻生太郎是价值观外交的极力倡导者。2006 年底，他提出"自由与繁荣之弧"的战略，力主并推行"价值观外交"，主张拥有共同核心价值观的日、美、澳、印四国联手，主导亚洲事务。后来，他又在此基础上提出了"民主自由亚洲之弧"的构想。2007 年 8 月，时任日本首相安倍晋三在访问印度期间，以民主、自由、人权、法治和市场经济等"共同核心价值观"的名义，谋求与印度的战略结盟。

新加坡把核心价值观教育作为国民教育的重要组成部分。1991年，新加坡国会辩论通过了《共同价值观白皮书》，要在不同文化、语言、宗教的各族之中形成五大"共同价值观"：国家至上，社会优先；家庭为根，社会为本；关怀扶持，同舟共济；求同存异，协商共识；种族和谐，宗教宽容。新加坡政府通过家庭教育、学校教育和社会教育的严密网络落实这一核心价值观，取得了显著成效。

苏联在国家核心价值观建设上先成功后失败。在列宁和斯大林时期，苏联通过教育、宣传、制度建设等手段，迅速把共产主义、爱国主义、集体主义等价值观念在全社会确立起来，统一了各族人民的思想，为苏联迅速实现工业化，从一个一战中失败的虚弱的帝国变为社会主义强国，并最后在二战中实现卫国战争的胜利奠定了坚实的思想基础。但从20世纪50年代赫鲁晓夫上台后，苏联的核心价值观建设就不断弱化，到戈尔巴乔夫时代则彻底陷入混乱状态，以至于到不能自圆其说、不得不改弦更张的地步。社会核心价值观的丧失，成为导致苏联国家解体的重要因素。

（二）关于社会主义核心价值观

习近平总书记强调："我们提出要倡导富强、民主、文明、和谐，倡导自由、平等、公正、法治，倡导爱国、敬业、诚信、友善，积极培育和践行社会主义核心价值观。富强、民主、文明、和谐是国家层面的价值要求，自由、平等、公正、法治是社会层面的价值要求，爱国、敬业、诚信、友善是公民层面的价值要求。"[①]

[①] 习近平.青年要自觉践行社会主义核心价值观：在北京大学师生座谈会上的讲话［N］.人民日报，2014-05-05.

1. 社会主义核心价值观的基本概念

习近平总书记指出:"社会主义核心价值观,体现了古圣先贤的思想,体现了仁人志士的夙愿,体现了革命先烈的理想,也寄托着各族人民对美好生活的向往。"[①]

社会主义核心价值观是对社会主义价值的总的看法和最根本的观点,它处于核心地位,起指导作用,从最深层次科学回答"什么是社会主义"这一根本问题。

社会主义核心价值观是反映社会主义最基本的、长期稳定的社会关系和价值追求,是在社会主义革命、建设、改革的历程中逐步形成和发展起来并指导社会主义健康发展的价值目标和价值观念。

社会主义核心价值观决定、调控着社会主义运动的过程和方向,评价、验证着社会主义运动的结果,促使社会主义运动不断健康发展。社会主义核心价值观关系到中国为什么还是中国、中国人为什么还是中国人、中国特色社会主义为什么值得追求和向往这些重大问题。

社会主义核心价值观是社会主义意识形态的本质体现,是中国国家特性和民族特性的本质体现,是在精神上和思想上武装全党、教育人民、凝聚力量、鼓舞斗志、引领风尚的基本依托和重要载体。

2. 社会主义核心价值观的基本原则

一是普遍性。社会主义核心价值观是在社会生活中处于主导、统摄或支配地位,并为广大人民群众所普遍接受、认同的价值观。它在内容上涵盖了社会主义条件下广大人民群众在社会生活、社

[①] 习近平. 从小积极培育和践行社会主义核心价值[N]. 人民日报,2014-05-31.

会实践的主要领域或方面，是广大人民群众的根本利益和要求的体现，是广大人民群众实践的具有根本性、普遍性、广泛性和主导性意义的价值目标和价值尺度。

二是民族性。社会主义核心价值观建立于民族优秀文化传统之上。任何一个民族，尤其是中华民族这样一个历史久远的伟大民族，其核心价值观只能在历史文化积淀基础上，结合新的社会发展和时代要求予以创造性的发展。

三是合规律性。社会主义核心价值观是在充分把握中国共产党执政规律、社会主义建设规律和人类历史发展规律基础之上的一种价值创造和价值整合。社会主义核心价值观凝聚着中国共产党执政规律、社会主义建设规律和人类社会发展规律的思想光华，因而必然成为合乎客观规律的目的性追求，体现合目的性与合规律性的有机统一。

3. 关于社会主义核心价值观的重要特征

体现社会主义的本质。社会主义社会与封建主义社会、资本主义社会等其他社会形态有着本质区别，其核心价值观也根本不同。"富强、民主、文明、和谐，自由、平等、公正、法治，爱国、敬业、诚信、友善"的社会主义核心价值观紧扣社会主义主线，鲜明地体现社会主义本质，表达出社会主义的精髓，反映社会主义最关键的、最根本的、最核心的东西。

遵循马克思主义有关社会主义价值追求的基本思想。马克思主义对社会主义的价值追求做出了许多科学的阐述，马克思主义中国化最新成果又对建构社会主义核心价值观提出了新的思想。"富强、民主、文明、和谐，自由、平等、公正、法治，爱国、敬业、诚信、友善"的社会主义核心价值观遵循了马克思主义特别是马克思主义中国化最新成果有关社会主义价值追求的基本思想，既有深厚的理论根基和深刻的思想内涵，又有鲜明的时代特色和中国特色社会主义精神，真正体现继承与创新发展的有机统一。

突出中国共产党的执政理念。每个国家和民族的核心价值观都是统治阶级的愿望、意志和利益的集中反映，它的阶级性要求其必须体现代表统治阶级利益的执政党的执政理念。执政理念是执政主体对整个执政活动的总体看法和观点，主要是回答为谁执政和如何执政等问题。一个政党所倡导的核心价值观能为整个社会所接纳，就会具有顽强的生命力，并且强有力地影响着人们的行为，成为一种社会普遍遵循的行为准则。社会主义核心价值观越能突出中国共产党的执政理念，就越能为党内成员塑造一个价值取向，引领我们党和全体人民的前进方向。

反映我国优秀的文化传统和人类文明的进步成果。中国特色社会主义核心价值观，既是中国特色的，又是社会主义的。作为中国特色的，它离不开对中华优秀传统文化的借鉴和吸收；作为社会主义的，它离不开对人类文明成果的借鉴和吸收。"富强、民主、文明、和谐，自由、平等、公正、法治，爱国、敬业、诚信、友善"的社会主义核心价值观，一方面以科学的态度吸收民族传统价值观中最优秀的成分，另一方面积极借鉴吸收其他国家的文明成果。它既有深厚的民族文化根基，展示了中华民族的美好向往，又体现人类文明发展进步的共同追求，展示了中国特色社会主义的勃勃生机与活力。

能最大限度地形成社会共识。确立社会主义核心价值观既是一个从上至下、由我们党来提倡的过程，又是一个从下至上、人民群众共同参与、不断完善、不断深化的过程。确立社会主义核心价值观，最为关键的是要获得广大人民群众的高度认同，引导广大人民对中国特色社会主义的价值认同、情感认同和思想认同，调动广大人民建设中国特色社会主义的积极性主动性创造性。如果不能为人民群众所感知、所认同、所接受，这个核心价值观就只能是空中楼阁，没有实际意义。社会主义核心价值观的确立，最为根本的就是积极回应了广大人民的利益期待，切实把广大人民的利益诉求作为出发点和归宿。

（三）培育和践行社会主义核心价值观的重要性和紧迫性

社会主义核心价值观有深厚的历史底蕴和坚实的现实基础，它所倡导的价值理念具有强大的道义力量，它所昭示的前进方向契合中国人民的美好愿景。培育和弘扬社会主义核心价值观，增强中国特色社会主义道路自信、理论自信、制度自信、文化自信，这是保持民族精神独立性的重要支撑。

1. 培育和践行社会主义核心价值观是新时代坚持和发展中国特色社会主义的重大任务

无论是作为一条道路、一个理论体系，还是作为一种制度、一种文化，中国特色社会主义都需要有一套与其经济基础和政治制度相适应并能形成广泛社会共识的核心价值观。社会主义核心价值观的鲜明提出和广泛实践，使我们对中国特色社会主义的认识，从思想理论、实践运动、社会制度层面，进一步发展到价值理念层面。

现在，中国特色社会主义进入了新时代，我国发展处于新的历史方位，只有把培育和践行社会主义核心价值观作为一项既具基础性内在性又具目标性规定性的重大任务来认识、来落实，才能增强人们的道路自信、理论自信、制度自信、文化自信，确保中国特色社会主义始终沿着正确方向胜利前进，不断展现出更加强大的生命力。

2. 培育和践行社会主义核心价值观是巩固全党全国各族人民团结奋斗共同思想基础的关键所在

共同的思想基础是一个党、一个国家、一个民族赖以存在和发展的根本前提，而核心价值观则是共同思想基础的纽带和内核，社会主义意识形态的建构是围绕社会主义核心价值观而展开的。

当前，社会主义市场经济的发展，经济结构的多元化和利益关系的多样化，以及西方社会思潮的大量涌入，使我国社会出现了价值多元化的趋向，在一些方面和领域还出现了价值失落、价值混乱和价值冲突，严重冲击了全党全国各族人民团结奋斗的共同思想基础。培育和践行社会主义核心价值观，能够凸显社会主义意识形态的本质和主流，从而更好地巩固全党全国人民团结奋斗的共同思想基础。

3. 培育和践行社会主义核心价值观是进行伟大斗争、建设伟大工程、推进伟大事业、实现伟大梦想的铸魂工程

伟大斗争需要众志成城，伟大工程需要坚定一致，伟大事业需要聚力推进，伟大梦想需要同心共筑，这就要求我们激发全体人民的信心和热情，凝聚起团结奋进的强大力量。习近平总书记指出，核心价值观是一个民族赖以维系的精神纽带，是一个国家共同的道德基础。培育和践行社会主义核心价值观，用社会主义核心价值观凝魂聚力，能更好构筑中国精神、中国价值、中国力量，为"四个伟大工程"提供源源不断的精神动力和道德滋养。

4. 培育和践行社会主义核心价值观是推动经济社会持续健康发展的内在要求

弘扬和培育社会主义核心价值观，可以提升经济生活的价值，并为其持续发展和健康发展提供永久、永续动力。21世纪以来，我国社会开始了从初级小康向全面小康迈进的伟大征程。这既是一个"黄金发展期",也是一个"矛盾凸显期"。

习近平总书记在十九大报告中指出:"发展不平衡不充分的一些突出问题尚未解决,发展质量和效益还不高,创新能力不够强,实体经济水平有待提高,生态环境保护任重道远;民生领域还有不少短板,脱贫攻坚任务艰巨,城乡区域发展和收入分配差距依然较大,群众在就业、教育、医疗、居住、养老等方面面临不少难题;社会文明水平尚需提高;社会矛盾和问题交织叠加,全面依法治国任务依然繁重,国家治理体系和治理能力有待加强;意识形态领域斗争依然复杂,国家安全面临新情况;一些改革部署和重大政策措施需要进一步落实;党的建设方面还存在不少薄弱环节。"[①] 这一阶段,培育和践行社会主义核心价值观,可以极大地凝聚人心,形成社会的价值共识,有效地化解各种利益矛盾,协调各种关系,为经济社会持续健康发展提供精神支撑和道义支持。

5. 培育和践行社会主义核心价值观是建设社会主义先进文化、提高国家文化软实力的重要环节

核心价值观是决定文化性质和方向的最深层次要素。一个国家的文化软实力,从根本上说,取决于其核心价值观的生命力、凝聚力、感召力。

当今世界正处于百年未有之大变局,各种观念碰撞激荡不断加剧,各种文化交流交融交锋日益频繁。特别是一些西方国家利用长期积累的经济科技优势和话语强势,对外推销以所谓"普世价值"为内核的思想文化,企图诱导人们"以西为美""唯西是从",淡化乃至放弃对本民族精神文化的认同。

---

① 习近平. 在中国共产党第十九次全国代表大会上的报告[N]. 人民日报,2017-10-28.

坚持把立德树人作为根本任务

　　文化是一个国家、一个民族的灵魂，文化自信是一个国家、一个民族发展中更基本、更深沉、更持久的力量。中国独特的文化传统、独特的历史命运、独特的基本国情，决定了我们必须坚守根植于中华文化沃土又具有当代中国特色的价值观。只有持续培育和践行社会主义核心价值观，才能更好传承和延续中华民族思想精髓、精神基因、文化血脉，使中华民族以更加昂扬的姿态屹立于世界民族之林。

　　6. 培育和践行社会主义核心价值观是中华民族对全人类做出更大贡献的必要前提

　　人类历史的发展表明，一个国家和民族的伟大，不在于提供多少廉价产品和劳动力，也不只在于提供多少资本，而根本在于提供核心价值观，提供对世界、人生、社会和政治生活的更高理解。

　　在1840年鸦片战争以前数千年的文明史上，中国人不仅向世界提供了丰富的物质财富，而且也以和平的方式提供了一整套价值观和生活方式，这在很大程度上表现了中华民族对世界历史的贡献。

　　苏东剧变后，中国成为世界上唯一的社会主义大国，社会主义的命运与中国的命运已经紧紧地联系在一起了。作为一种思想体系和历史运动，社会主义一直具有世界眼光和人类视野，而中华文化也不乏超越国家之上的天下关怀。

　　在中国的大地上确立起社会主义核心价值观，关系到对目前在全球流行的资本主义生产方式和生活方式的扬弃和克服，关系到人类是否有可能开辟一条新的发展道路，关系到人类是否有可能提升其理想和精神境界。

　　在此意义上，弘扬和培育社会主义核心价值观不仅是再造中华民族的精神和灵魂的伟业，而且也是当代中国人对人类前途和命运的价值定位。如果说中华民族在21世纪对人类应该有更大的贡献，那么这种贡献不仅要体现在经济发展上，而且也要体现在确立核心价值观，进而参与全球的价值观对话和建构上。

通过培育和践行社会主义核心价值观，"把我们的国家建设得更加富强、更加民主、更加文明、更加和谐、更加美丽，让中华民族以更加自信、更加自强的姿态屹立于世界民族之林"[1]。

7. 培育和践行社会主义核心价值观是立德树人、培养社会主义事业建设者和接班人的核心要素

立德树人需要灵魂，需要引导。社会主义核心价值观是立德树人的灵魂和引导。学生的价值取向决定了未来整个社会的价值取向，而学生又处在价值观形成和确立的时期，抓好这一时期的价值观养成十分重要。这就像穿衣服扣扣子一样，如果第一粒扣子扣错了，剩余的扣子都会扣错。只有用社会主义核心价值观教育学生，才能引导他们扣好人生的第一粒扣子。为此，习近平总书记在十九大报告中对全党全社会提出要求，"要以培养担当民族复兴大任的时代新人为着眼点"[2]，强化教育引导、实践养成、制度保障，从娃娃抓起，培育和践行社会主义核心价值观。

（四）始终坚持培育和践行社会主义核心价值观的根本遵循

新中国成立后，以毛泽东同志为主要代表的中国共产党人，在全社会大力倡导"全心全意为人民服务""大公无私""毫不利己、专门利人"等价值观念，它与新中国成立之前中国共产党领

---

[1] 习近平. 青年要自觉践行社会主义核心价值观：在北京大学师生座谈会上的讲话 [N]. 人民日报，2014-05-05.

[2] 习近平. 中国共产党第十九次全国代表大会上的报告 [N]. 人民日报，2017-10-28.

导人民革命的伟大实践所创造的价值观一起，构成了我们今天培育和践行社会主义核心价值观的重要遵循。

改革开放以来，以邓小平同志为主要代表的中国共产党人，在重大历史关头排除"左"和右的各种干扰，坚持中国特色社会主义的基本价值立场，为改革开放指明了价值方向。邓小平提出的"解放生产力，发展生产力，消灭剥削，消除两极分化，最终达到共同富裕"重要思想，蕴含着富强、公正等社会主义的基本价值观。为了在全党全社会确立这一基本价值观，邓小平又提出了"两手抓，两手都要硬"的思想，推动全国范围内的"五讲""四美""三热爱"活动，强调培养"有理想、有道德、有文化、有纪律"的"四有新人"，并坚持抵制精神污染，反对资产阶级自由化。所有这些，为我们今天培育和践行社会主义核心价值观奠定了重要基础。

以江泽民同志和胡锦涛同志为主要代表的中国共产党人，强调要把继承优良传统与弘扬时代精神相结合，坚定社会主义理想，努力形成与社会主义市场经济和社会发展相适应的健康和谐、积极向上的思想道德规范，强调建设民主法治、公平正义、诚信友爱、充满活力、安定有序、人与自然和谐相处的社会主义和谐社会等重要思想，强调要建设社会主义核心价值体系，表明我们党对于培育和践行社会主义核心价值观有了更加自觉的意识和更加主动的行为。

党的十八大以来，以习近平同志为核心的党中央，从实现中华民族伟大复兴的中国梦的战略高度，高度重视培育和践行社会主义核心价值观，发表了许多新的重要讲话，提出了许多新的重要思想，做出了许多新的重要部署。

习近平总书记还在很多场合、很多讲话中，多次、反复强调要培育和践行社会主义核心价值观。这些新理念新思想新观点充分反映了我们党在价值理念和价值实践上达到了一个新的高度，为培育和践行社会主义核心价值观提供了根本遵循。

——培育和践行社会主义核心价值观必须坚定自觉地以马克思主义为指导。要把习近平新时代中国特色社会主义思想作为主心骨、定盘星、度量衡，贯彻到培育和践行社会主义核心价值观全过程、各方面，切实增强干部群众的政治认同、思想认同、情感认同，不断巩固马克思主义在意识形态领域的指导地位、巩固全党全国人民团结奋斗的共同思想基础。

——培育和践行社会主义核心价值观必须为中国特色社会主义事业提供源源不断的精神动力和道德滋养。用社会主义核心价值观凝魂聚力、强基固本，广泛开展社会主义核心价值观宣传教育，有效整合社会意识，积极引导人们讲道德、尊道德、守道德，追求高尚的道德理想，不断夯实中国特色社会主义思想道德基础，更好构筑中国精神、中国价值、中国力量。

——培育和践行社会主义核心价值观必须立足中华优秀传统文化。中华文化源远流长，积淀着中华民族最深层的精神追求，是中华民族独特的精神标识，为中华民族生生不息、发展壮大提供了丰厚滋养。要坚持古为今用、推陈出新，有鉴别地加以对待，有扬弃地予以继承，努力用中华民族创造的一切精神财富来以文化人、以文育人。

——培育和践行社会主义核心价值观必须贯穿社会生活方方面面。要按照社会主义核心价值观的基本要求，健全各行各业规章制度，完善市民公约、乡规民约、学生守则等行为准则，建立和规范一些礼仪制度，通过教育引导、舆论宣传、文化熏陶、实践养成、制度保障等，使之像空气一样无所不在、无时不有，成为全体人民的共同价值追求，成为中国人的独特精神支柱，成为百姓日用而不觉的行为准则。

——培育和践行社会主义核心价值观必须发挥政策导向作用。要使经济、政治、文化、社会等方方面面政策都有利于社会主义核心价值观的培育。要用法律来推动培育社会主义核心价值观。各种社会管理要承担起倡导社会主义核心价值观的责任，注重在日常管理中体现价值导向，使符合核心价值观的行为得到鼓励、违背核心价值观的行为受到制约。

——培育和践行社会主义核心价值观必须区分层次、突出重点。一是充分发挥榜样的力量。广大党员干部要带头学习和弘扬社会主义核心价值观，用自己的模范行为和高尚人格感召群众、带动群众。二是从娃娃抓起，从学校抓起，做到进教材、进课堂、进头脑。帮助学生扣好人生第一粒扣子，使社会主义核心价值观的种子在祖国下一代心中生根发芽、真正培育起来。

——培育和践行社会主义核心价值观必须在落细、落小、落实上下功夫。建立和规范礼仪制度，组织开展形式多样的纪念庆典活动，传播主流价值，增强人们的认同感和归属感。把社会主义核心价值观的要求融入各种精神文明创建活动之中，利用各种时机和场合，形成有利于培育和弘扬社会主义核心价值观的生活情景和社会氛围。

三、立德树人需要正确引导社会思潮

意识形态工作是党的一项极端重要的工作，也是立德树人的一项极端重要工作。习近平总书记指出："能否做好意识形态工作，事关党的前途命运，事关国家长治久安，事关民族凝聚力和向心力。"同理，能否做好意识形态工作，事关学校教育的方向，事关人才培养的质量，事关立德树人的成效。

习近平总书记强调："要加强对各种社会思潮的辨析和引导，不当旁观者，敢于发声亮剑，善于解疑释惑，守护这一马克思主义、中国特色社会主义的坚强前沿阵地。"[①] 学校是意识形态的重要前沿阵地，社会思潮是意识形态的重要表现。深入了解社会思潮的基本特性，准确把握社会思潮的本质特征，正确引导社会思潮的运行走向，不仅是做好意识形态工作的重要前提，也是立德树人的重要任务。

（一）社会思潮的基本特性

社会思潮是指在一定时期内反映某一阶级或阶层利益和要求的、得到广泛传播并对社会生活产生某种影响的思想潮流或思想趋势。既有顺应历史前进方向的正确思潮，又有与历史前进方向相悖的错误思潮。它从一个层面反映社会生活的变化，对社会发展和学生的精神信念产生不同性质、不同程度的影响。社会思潮有8个基本特征：

第一，政治性。社会思潮是利益取向的表达，利益反映着阶级、阶层间最基本的经济关系。这种关系集中起来，就是最大的政治。

第二，时代性。社会思潮总是受到时代政治经济文化发展的影响，是一定时期特定群体利益和要求的反映，特别是在社会大变动、大变革年代中，各种社会思潮尤为突出和活跃，是社会生活的晴雨表，有深刻的时代烙印。

---

① 习近平. 在全国党校工作会议上的讲话 [M]. 北京：人民出版社，2016：9.

第三,现实性。社会思潮具有明确的目标指向,包括干预社会变革、左右社会运行走向、解决社会危机等。

第四,群体性。社会思潮不是个别人或者为数不多的人的思想反映,而是以一定的利益为基础、以特定的群体为主体的,在相当大的范围内产生了社会影响的思想潮流。

第五,动态性。社会思潮是现实社会生活中以动态形式存在的社会意识。受社会经济、政治和文化环境的制约,当现实需要发生变化,社会思潮的流行趋势也随之变化。符合时代需要的思潮一旦形成,便往往快速地辐射开去,为广大群众和学生所认同,成为一股强大的力量。而不符合时代需要的思潮,则只会在一定时期、一定范围内传播。

第六,复杂性。现实生活和社会存在的复杂性决定了社会思潮必然具有复杂性。从内容来看,社会思潮反映社会生活的各种矛盾,几乎浓缩了现实生活的每一个方面;社会思潮的主体会利用各种机会,通过各种方式,采取各种办法,把业已确定的目标指向变为现实行动。从其发展过程来看,一种社会思潮初起时,有时人们尤其是学生很难确定其性质,判定其正确与否。

第七,传播性。不论什么性质、类型、方面的社会思潮,一经形成必然要以自己特有的途径和方式进行传播。任何社会思潮的传播都有一个从产生到发展乃至衰退的周期,思潮传播的周期是连续性和阶段性的统一,一般可以概括为前期传播、实质传播、弱化传播三个阶段。

第八,可引领性。在一个社会中,各种社会思潮都会在社会核心价值观的主导、规范下,其传播方式、发展方向、社会功能等均受到制约,朝着其确立的方向转化。可引领性一般是针对整个社会思潮而言,并不是说错误的甚至落后、腐朽、反动的社会思潮可以通过引领而改变其性质。在我国社会主义条件下，社会思潮的可引领性，就是其在社会主义核心价值观的主导、规范下，朝着有利于中国特色社会主义的方向发展。

（二）社会思潮的基本功能

社会思潮作为一种思想潮流、精神力量会影响人们尤其是学生的思想，并在一定条件下转化成物质的力量，作用于社会存在，影响社会的发展。就进步的社会思潮来说，主要有三种功能：社会认识功能、观念整合功能、社会激励功能。

一是社会认识功能。指思潮作为社会意识的重要表象，内在地具有对社会存在的反映功能。认识的主体就是思潮所代表的成员，认识的客体则多是社会实践中的重大问题。通过对思潮认识社会过程的考察，一定程度上可以把握社会变迁的情况。

二是观念整合功能。指的是思潮具有统一思想的功能。社会思潮总是从自己的标准出发，批判与其对立的意识形态及其代表的社会制度，宣传自己的思想意识和实践主张。通过这一过程，社会思潮不仅整合了人们尤其是学生的思想意识，也整合了他们的社会心理。

三是社会激励功能。指的是思潮作为社会变革的巨大精神力量所具有的号召、鼓动群众尤其是学生投身变革实践的功能。社会思潮是具有广泛影响的社会意识，掌握着大量的群众尤其是学生，因而具有很大的号召力。错误的甚至是反动的社会思潮，虽然对社会存在也有一定的反作用，但由于它对社会的认识是唯心的，对人们尤其是学生观念的整合是落后的甚至是反动的，因而它不能对人们尤其是学生起有益的激励作用，只能对人们尤其是学生起有害的毒化和麻醉作用。

具体说来，社会思潮的作用主要体现在以下几方面：

社会思潮是社会心理和社会意识形态相互转化的桥梁。社会意识可分为社会意识形态和社会心理两个方面。社会思潮充当了两者相互转化的中间环节，成为社会意识形态与社会心理相互转换的桥梁。当社会心理演变成社会思潮的时候，积淀在其中的理性因素便会产生质的飞跃，为意识形态的形成提供可以加工和改造的思想材料。同时，一种理论体系乃至整个社会意识形态要内化为人们的心理，转化为人们的实践活动，也必须通过社会思潮这一中介。社会思潮在社会意识形态结构中的这一特殊地位和作用，决定了它在打破旧的社会意识形态、形成新的社会意识形态中的重要地位。

社会思潮是社会政治经济生活的"晴雨表"。任何社会思潮都是一定时代社会环境的产物，社会发展过程中出现的矛盾与利益需求是其产生的根本原因。不同的社会思潮反映了特定社会阶层或群体的利益与需求，反映了人们的心态和社情民意，反映了社会矛盾的热点和焦点。社会思潮的变动走向，则反映了不同社会阶层或群体对社会政治经济发展形势所持的态度。社会思潮的这些特点，使其成为社会政治经济生活的"晴雨表"。

社会思潮是社会政治与意识形态安全的调节器。由于意识形态无法直接作用于社会心理，其政治、社会功能必须通过宣传、教育，内化于社会成员的政治认同，作用于社会心理，形成社情、民情与舆情。社会思潮在此过程中发挥着调节器的功能。在主流意识形态的引领下，正确的社会思潮可以强化人们尤其是学生的政治认同意识，减少疏离和对抗意识，有效地维护主流意识形态的凝聚力和影响力，维护社会政治稳定和国家意识形态安全。

（三）当代中国社会思潮的主要特点

社会思潮日益多样化。改革导致社会资源在公众之间进行重新分配，原有社会群体的社会地位发生不同程度的位移，社会利益群体不断分化，进而导致社会矛盾与冲突，社会群体尤其是学生原有的利益归属、价值判断和情感亲疏受到冲击与震荡，价值取向也呈现出多样化趋势。

另外，打开窗户之后，新鲜空气进来了，苍蝇也飞进来了。在这样的大背景下，当前我国既有正确的、进步的思潮，如科学社会主义思潮、社会主义改革思潮、生态主义思潮、科技革命思潮；也有错误的、落后的社会思潮，如新自由主义思潮、民主社会主义思潮、历史虚无主义思潮；等等。它们彼此对立、激荡，活跃于社会思想上层建筑之中，对社会产生不同的影响。

社会思潮更加关注现实，向制度性、可操作性层面的问题转移。一些社会思潮紧扣社会不同群体尤其是学生普遍关心的问题，如分配不公、收入差距拉大、上学难、就业难、看病难等阐述观点，表达方式更通俗易懂，有的在语言表达上甚至趋向"煽情化"。一些社会思潮在对社会、民生关注的同时，开始重视制度层面的、可操作的问题，往往针对某些社会问题抛出相应的"药方"。近年来，不同人群社保差异、国企民企不平等待遇、医疗资源紧缺与浪费、农民工政治与经济地位低下等热点问题引发的广泛争论，对政府决策调整和社会舆论导向产生了影响。

社会思潮择机而出。为扩大自身的影响力，一些社会思潮选择在"合适"的时机（如"两会"期间），以"合适"的方式（如在媒体见证、网络舆论监督下）向有关部门反映问题或集体表达不满和抗议。为增强社会影响力，争夺话语权，抢占思想舆论阵地，各种社会思潮之间展开争论。它们的代表人物和普通参与者通过各种机会，积极介入社会热点问题的讨论，扩大自身的影响力。这些争论借助媒体的放大，对现实也产生了强有力的影响。

社会思潮与主流意识形态之间关系愈加复杂。一方面，一些社会思潮对主流意识形态的"离心力"加剧。随着社会思潮日益多样化，相互之间碰撞与分化的加剧，一些社会思潮在具体社会问题和经济政策上的看法与主流意识形态之间分歧逐渐加大，导致其价值取向和政治态度与主流意识形态的"离心力"加剧。加之西方敌对势力持续不断的西化、分化渗透，一些错误思潮在不同程度上瓦解、销蚀着主流意识形态的影响力。另一方面，一些社会思潮在自我理论阐述的同时又表现为对主流意识形态的"靠拢"，努力凸显其政治"向心力"。各种社会思潮均努力摒弃其政治负面形象，将自己解读为中国特色社会主义理论体系中的合理元素。如：对于改革开放所取得伟大成就，新自由主义宣称这来源于其主张的市场自由化、政治民主化，私有化是有待加大改革的着力点；民主社会主义则把邓小平的改革开放政策理解为民主社会主义，认为中国改革开放的成功原因是走民主社会主义的道路。"离心力"和"向心力"的交错，说明当前社会思潮与主流意识形态关系的复杂性。这对于承担着从思想观念上整合社会责任的主流意识形态无疑构成了巨大压力。

互联网成为各种社会思潮的集散地。近年来，一些影响广泛的事件，都是通过互联网的发酵与扩散，成为舆论关注的焦点，甚至在某种程度上影响了司法判决的结果。同时，互联网还成为意识形态较量的重要战场。西方反华势力也一再利用互联网，加紧对我进行"西化""分化"活动，对香港、新疆等问题的恶吵，互联网都起到了不可忽视的作用。

（四）抓住引导社会思潮的重点环节

社会思潮是意识形态的重要部分。引导好社会思潮，从根本上来讲，要做好意识形态工作，做好宣传舆论工作。

第一，坚持和正确运用马克思主义的立场、观点和方法分析引导社会思潮。既注意政治方向的辨别，又注意理论正误的分析，坚持以马克思主义的立场、观点和方法为指导，认真梳理各种社会思潮现象，分析它们产生的理论背景和历史背景，揭示它们的本质，探讨它们的传播规律和在不同发展阶段上呈现出的特点，预测它的社会影响和发展趋势。

当前的思想文化领域存在着以马克思主义为主流意识形态的多种意识形态成分，它们之间存在多种矛盾，马克思主义主流意识形态与反马克思主义意识形态的矛盾是主要矛盾，马克思主义意识形态与非马克思主义意识形态之间、不同的非马克思主义意识形态之间的矛盾是次要矛盾。

在以社会主义核心价值观引导社会思潮的过程中，应通过与错误思潮做斗争，抓住和解决主要矛盾；通过整合有益或无害的社会思潮，解决次要矛盾。当前，应以对"新自由主义""历史虚无主义"等思潮的研究批判为重点，分析其对社会政治稳定和国家意识形态安全的影响，消除其负面效应。

第二，坚持"尊重差异，包容多样"引导社会思潮。"尊重差异"，就是指必须承认差异，正确处理主流意识形态和社会思潮之间的关系。"包容多样"，是指在各种社会思潮复杂多变的矛盾运动中，以包容的心态和宽宏的气度，用社会主义核心价值观引领方向、化解矛盾，促进社会思潮健康发展。

尊重差异，包容多样，最大限度地形成社会思想共识，必须坚持马克思主义的指导地位不动摇。只有坚持以马克思主义为指导，才能做到真正的引领；只有坚持以马克思主义为指导，"多样"之间的客观矛盾才能得到协调和平衡。没有马克思主义的指导，就谈不到尊重差异和包容多样；放弃马克思主义的指导，就意味着把非马克思主义或反马克思主义作为指导。如果以"淡化意识形态""阶级调和"的思维对待不同的社会思想意识，就不能正确引导社会思潮，就会偏离正确方向。

尊重差异，包容多样，最大限度地形成社会思想共识，不是放弃对错误思想的斗争。尊重是正视，不是示弱、畏惧；包容是沟通交流，不是包庇、纵容。在引领过程中，被尊重、被包容的社会思潮，应该是体现着丰富多彩的优秀传统文化、人类有益文化的成果、绚丽多姿的思想"百花"。引领各种有益的或无害的社会思潮时，应采取开放的态度、协调的方法。对于不同社会思潮中的合理因素、有价值的成分则应加以吸收，丰富马克思主义的内容，但绝不允许各种反马克思主义的社会思潮滋长，不允许动摇我们的主流意识形态。

第三，营造符合主流价值的社会思潮。在全社会倡导举旗帜、聚民心、育新人、兴文化、展形象的中国特色社会主义社会思潮。

举旗帜，就是要高举马克思主义、中国特色社会主义的旗帜，坚持不懈用新时代中国特色社会主义思想武装全党、教育人民、推动工作，在学懂弄通做实上下功夫，推动当代中国马克思主义、21世纪马克思主义深入人心、落地生根。

聚民心，就是要牢牢把握正确舆论导向，唱响主旋律，壮大正能量，做大做强主流思想舆论，把全党全国人民士气鼓舞起来、精神振奋起来，朝着党中央确定的宏伟目标团结一心向前进。

育新人，就是要坚持立德树人、以文化人，建设社会主义精神文明，培育和践行社会主义核心价值观，提高人民思想觉悟、道德水准、文明素养，培养能够担当民族复兴大任的时代新人。

兴文化，就是要坚持中国特色社会主义文化发展道路，推动中华优秀传统文化创造性转化、创新性发展，继承革命文化，发展社会主义先进文化，激发全民族文化创新创造活力，建设社会主义文化强国。

展形象，就是要推进国际传播能力建设，讲好中国故事、传播好中国声音，向世界展现真实、立体、全面的中国，提高国家文化软实力和中华文化影响力。

不断推进公民道德建设，弘扬中华传统美德，培育时代新风，在全社会形成正能量的社会思潮。精神的力量是无穷的，道德的力量也是无穷的，用道德的力量影响社会思潮。

第四，创新网上引导社会思潮能力和水平。引导社会思潮，比以往任何时候都更加需要创新。随着国内外形势的深刻变化和现代信息技术的迅猛发展，有些做法过去有效，现在未必有效；有些过去不合时宜，现在却势在必行；有些过去不可逾越，现在则需要突破。

社会思潮必须在社会的一定范围内传播，才能得到相当程度的社会承认。搞清社会思潮传播的机制，对于做好意识形态领域的工作是有意义的。在生活实践中，社会思潮的传播既不可避免，也非常繁复，但在总体上，其传播趋势是有规律的，是可以预测的。社会思潮的传播具有一定的模式，把握住这种模式，对其进行控制就相对简单。

一般地说，社会思潮的传播要通过传播者、传播内容、传播媒介、受众等环节来完成。这种传播模式不能被简单理解成线性方式。实际上，随着社会生活实践的不断深入和互联网的广泛使用，线性的传播已经或正在向网状传播式转化，线性传播只是网状传播的组成部分。

现在，舆论环境、媒体格局、传播方式发生了深刻变化，受国际国内复杂因素影响，意识形态争锋日益激烈，网上舆论媒体成为各种势力极力争夺的重要阵地。特别是各种敌对势力都在同我们争夺网上舆论阵地，同我们争夺人心、争夺群众、争夺学生，网上舆论工作处在意识形态斗争最前沿。我们千万不能天真、不能大意、不能退缩，必须打赢网上舆论争夺战，创新网上引导社会思潮的能力和水平。

一是增强工作针对性。现在，受众需求越来越多样，参与意识越来越强，思想观念越来越多元，网上传播日益呈现人人传播、多向传播、海量传播的特征。在这种情况下，做好网上舆论工作，空洞说教、生硬灌输不行，追求猎奇、编造故事不行，刻意迎合、取悦受众不行，庸俗低媚、极端表达也不行。要坚持问题导向，改革创新，讲求实效，创新理念、内容、体裁、形式、方法、手段、业态、体制、机制，牢牢掌握网上舆论工作主动权。

要适应分众化、差异化传播趋势，加快构建网上舆论引导新格局。不同的人有不同信息需求和接受特点，一套话语满足不了所有人，一个腔调难以唱遍天下。不同新闻媒体要有自身特色，有精准的受众定位，不能都搞成"大而全""小而全"，千报一面、重复雷同。好的思想、观念、内容，要通过生动的形式、多样的手段表达出来。一个主题要有多种传播方法，形成全方位、多层次、多声部的主流舆论矩阵，达到"大珠小珠落玉盘"的效果。

要善于设置议题，让该热的热起来，该冷的冷下去，该说的说到位。网上舆论议题有的是自然发生的，有的是人为设置的。要让我们设置的议题成为引导社会舆论的话题，而不是被社会舆论牵着鼻子走。要善于挖掘事实，也要善于提出概念、形成标识；要面向普通人群，也要影响关键少数。想让人看，还得让人爱看。设置的话题再好，报道力度再大，如果受众不感兴趣，也必然效果不彰。有铁的事实、好的道理，还得有耳目一新、引人入胜的表达。

二是推动融合发展。随着新媒体快速发展，国际国内、线上线下、虚拟现实、体制外体制内等界限愈益模糊，构成了越来越复杂的大舆论场，更具有自发性、突发性、公开性、多元性、冲突性、匿名性、无界性、难控性等特点。任何事物都有两面性，新媒体发展也为做好网上舆论工作提供了机遇。要主动借助新媒体传播优势，完善运用体制机制，打通并用好同群众信息交流的新渠道。

融合发展关键在融为一体、合而为一。要尽快从相"加"阶段迈向相"融"阶段，从"你是你、我是我"变成"你中有我，我中有你"，进而变成"你就是我，我就是你"，着力打造一批新型主流舆论媒体。融合发展必须坚持内容为王，以内容优势赢得发展优势。

三是把握好时度效。网上舆论工作是一门科学，必须按照规律办事。时度效是检验舆论工作水平的标尺。不管是主题宣传、典型宣传、成就宣传，还是突发事件报道、热点引导、舆论监督，都要从时度效着力、体现时度效要求。

时，就是时机、节奏。时效决定成效，速度赢得先机。传播学上有一个"首发效应"，说的是首发信息对受众形成的"第一印象"，会先入为主，再要改变过来就很难了。现在，舆论报道更要做到全时性、即时性、全天候、全过程、全方位、零时差、零距离。主流舆论媒体要在增强时效性上下更大功夫，在坚持真实准确的前提下，力争第一时间介入、第一时间发布。

度，就是力度、分寸。网上舆论报道该造势的要造势，但不能在个别用词上大造其势；该突出的要突出，但不能渲染过头，都搞成排浪式宣传；该有力度的要有力度，但不能大轰大嗡，不能为取悦受众而"失向"，因盲目介入而"失准"，为吸引眼球而"失真"，为过分渲染而"失范"，为刻意迎合而"失态"。什么问题适宜在什么范围内发舆论，什么问题强化舆论，什么问题淡化舆论，要认真研究，掌握好火候。

效，就是效果、实效。网上舆论工作最终要看效果，这个效果就是群众口碑好、社会共识强。要抓住涉及治国理政的战略问题、广大群众关注的现实问题、国内外发生的热点问题，找准思想认识的共同点、情感交流的共鸣点、利益关系的交汇点、化解矛盾的切入点，不断提高工作实效。要讲求艺术、改进方法，注重联系实际阐释理论，围绕关切解读政策，针对问题解疑释惑，增强说服力、亲和力、感染力。

四是使网络空间清朗起来。习近平总书记指出："要依法加强网络社会管理，加强网络新技术新应用的管理，确保互联网可管可控。"正能量是总要求，管得住是硬道理。要坚持积极利用、科学发展、依法管理、确保安全的方针，完善互联网管理领导体制，净化网络环境，使我们的网络空间清朗起来。

加强互联网领域立法，完善网络信息服务、网络安全保护、网络社会管理等方面的法律法规，坚持依法治网、依法办网、依法上网，让互联网在法治轨道上健康运行。完善网络空间治理，清理违法和不良信息，依法惩治网络违法犯罪行为，营造安全文明的网络环境。

健全基础管理、内容管理、行业管理以及网络违法犯罪防范和打击等工作联动机制,健全网络突发事件处置机制,形成正面引导和依法管理相结合的网络舆论工作格局。

要建立法律规范、行政监督、行业自律、技术保障、公众监督、社会教育相结合的互联网管理体系,形成从技术到内容、从日常安全到打击犯罪的互联网管理合力。

加强网络伦理、网络文明建设,教育引导广大网民遵守互联网秩序,依法上网、文明上网、理性表达、有序参与,增强辨别是非、抵御网络谣言的能力,用人类文明优秀成果滋养网络空间,修复网络生态。

五是增强国际话语权。传播力决定影响力,话语权决定主动权。下大气力加强国际传播能力建设,加快提升中国话语的国际影响力,让全世界都能听到并听清中国声音。

讲故事,是国际传播的最佳方式。要讲好中国特色社会主义的故事,讲好中国梦的故事,讲好中国人的故事,讲好中华优秀传统文化的故事,讲好中国和平发展的故事。

要组织各种精彩、精练的故事载体,把中国道路、中国理论、中国制度、中国精神、中国力量寓于其中,使人想听爱听,听有所思,听有所得。

要创新对外话语表达方式,研究国外不同受众的习惯和特点,采用融通中外的概念、范畴、表述,把我们想讲的和国外受众想听的结合起来,把"陈情"和"说理"结合起来,把"自己讲"和"别人讲"结合起来,使更多故事为国际社会和海外受众所认同。

要加强对外话语体系建设,用中国理论阐释中国实践,用中国实践升华中国理论,更加鲜明地展现中国思想,更加响亮地提出中国主张。

四、立德树人需要文化文艺工作、哲学社会科学工作培根铸魂

习近平总书记指出:"一个国家、一个民族不能没有灵魂。文化文艺工作、哲学社会科学工作就属于培根铸魂的工作,在党和国家全局工作中居于十分重要的地位,在新时代坚持和发展中国特色社会主义中具有十分重要的作用。"① 文化文艺工作、哲学社会科学工作在立德树人中也具有十分重要的作用。

立德树人是长期而艰巨的伟大事业。伟大事业需要伟大精神。举精神之旗、立精神支柱、建精神家园,都离不开文化文艺工作、哲学社会科学工作。没有文化文艺、哲学社会科学的繁荣兴盛,就不可能推进立德树人。为此,习近平总书记强调:"作为精神事业,文化文艺、哲学社会科学当然就是一个灵魂的创作,一是不能没有,一是不能混乱。"②

(一) 引导文化文艺工作、哲学社会科学工作坚持与时代同步伐,推进立德树人

古人讲:"文章合为时而著,歌诗合为事而作。"所谓"为时""为事",就是要发时代之先声,在时代发展中有所作为。中国特色社会主义进入了新时代,立德树人进入了新时代。习近平总书记指出:"新时代呼唤着杰出的文学家、艺术家、理论家,文艺创作、学术创新拥有无比广阔的空间。"③ 要引导文化文艺工作者、哲学社会科学工作者坚定文化自信,自觉承担起记录新时代、书

---

① 习近平:坚定文化自信把握时代脉搏聆听时代声音 坚持以精品奉献人民用明德引领风尚 [N]. 人民日报,2019-03-05.
②③ 习近平. 一个国家、一个民族不能没有灵魂 [J]. 求是,2019 (8).

写新时代、讴歌新时代的使命，从当代中国的伟大创造中发现创作的主题、捕捉创新的灵感，勇于回答时代的重大课题，深刻反映时代的历史巨变，准确描绘时代的精神图谱，激励广大学生健康成长成才，投身伟大时代，肩负时代重任。

（二）引导文化文艺工作、哲学社会科学工作坚持以人民为中心，做好立德树人

习近平总书记强调："文学艺术创造、哲学社会科学研究首先要搞清楚为谁创作、为谁立言的问题，这是一个根本问题。"① 人民是创作的源头活水，只有扎根人民，创作才能获得取之不尽、用之不竭的源泉。要引导文化文艺工作者跳出"身边的小小的悲欢"，走进实践深处，观照人民生活，表达人民心声，用心用情用功抒写人民、描绘人民、歌唱人民。要引导哲学社会科学工作者走出象牙塔，多到实地调查研究，了解百姓生活状况、把握群众思想脉搏，着眼群众需要解疑释惑、阐明道理，把学问写进群众心坎里。只有始终坚持以人民为中心，才能聚集立德树人的强大合力，增强立德树人的澎湃动力，担负立德树人的历史责任。

（三）引导文化文艺工作、哲学社会科学工作坚持以精品奉献社会，激励立德树人

习近平总书记指出："一切有价值、有意义的文艺创作和学术研究，都应该反映现实、观照现实，都应该有利于解决现实问题、回答现实课题。"② 要引导文化文艺工作、哲学社会科学工作立足中国现实，植根中国大地，创造更多彰显信仰之美、崇高之美和

---

①② 习近平. 一个国家、一个民族不能没有灵魂 [J]. 求是，2019（8）.

有筋骨、有道德、有温度的优秀文艺作品，提出具有自主性、独创性的理论观点和构建中国特色学科体系、学术体系、话语体系，把当代中国发展进步和当代中国人精彩生活表现好展示好，把中国特色社会主义道路、理论、制度、文化优势和中国精神、中国价值、中国力量阐释好，鼓舞全国各族人民朝气蓬勃迈向未来，激励学校全面落实立德树人各项任务。

（四）引导文化文艺工作、哲学社会科学工作坚持用明德引领风尚，助力立德树人

习近平总书记指出："文化文艺工作者、哲学社会科学工作者都肩负着启迪思想、陶冶情操、温润心灵的重要职责，承担着以文化人、以文育人、以文培元的使命。"[①] 要引导文化文艺工作者、哲学社会科学工作者明大德、立大德、用大德，有信仰、有情怀、有担当，把个人的艺术追求、学术理想同国家前途、民族命运紧紧结合在一起，同人民福祉紧紧结合在一起，努力做对国家、对民族、对人民有贡献的艺术家和学问家，并用自己的高远志向、崇高品德、敬业精神、社会责任、人格操守、执着坚守，为社会做出表率，影响广大学生，助力立德树人。

五、立德树人需要开创留学工作新局面，培养造就更多优秀人才

留学人员是人才队伍的重要组成部分，是党和人民的宝贵财富，是实现中华民族伟大复兴的有生力量。开创留学工作新局面，

---

① 习近平. 一个国家、一个民族不能没有灵魂［J］. 求是，2019（8）.

培养造就更多优秀人才，对立德树人具有重要示范作用。

（一）留学人员是实现中华民族伟大复兴的有生力量

近代以来，我国大批留学人员负笈求学的足迹，记录着中华儿女追寻民族复兴的梦想，伴随着我国从封闭到开放、从落后到富强的伟大历史性跨越。百余年的留学史是"索我理想之中华"的奋斗史，一批又一批仁人志士出国留学、回国服务，大批归国人员投身中国共产党领导的伟大事业，在中国革命、建设、改革的历史画卷中写下了极为动人和精彩的篇章。

100多年前，中国民主革命的伟大先行者孙中山先生，以当时留日中国学生等为骨干组建中国同盟会，毅然发动和领导辛亥革命，推翻了统治中国几千年的君主专制制度，打开了中国进步的闸门，点燃了振兴中华的希望。

陈独秀、李大钊等一批具有留学经历的先进知识分子，同毛泽东等革命青年一道，大力宣传并积极促进马克思列宁主义同中国工人运动相结合，创建了中国共产党，使中国革命面貌为之一新。在中国共产党成立前后，旅欧勤工俭学和留苏学习的进步青年相继回国，在火热的斗争中成长为坚定的马克思主义者，为党和人民事业发展建立了不朽功勋，周恩来、刘少奇、朱德、邓小平等就是他们中的杰出代表。同一时期，还有许多留学人员学成回国，为我国经济社会发展起到了开拓者的重要作用。

面对新中国百废待兴、百业待举的困难局面，一大批留学人员毅然决然回到祖国怀抱，在极其艰难困苦的条件下呕心沥血、顽强拼搏，为新中国各项事业发展奠定了坚实基础，取得了"两弹一星"等举世瞩目的重大成就，李四光、严济慈、华罗庚、周培源、钱三强、钱学森、邓稼先等同志就是他们中的杰出代表。

20世纪五六十年代,一大批留学人员远赴苏联、东欧学习,成为我国建设和改革事业的重要力量。

改革开放以来,党中央做出了扩大派遣留学生的战略决策,推动形成了我国历史上规模最大、领域最多、范围最广的留学潮和归国热。据2019年3月教育部发布的《2018年度我国出国留学人员情况统计》,从1978年到2018年底,各类出国留学人员累计达585.71万人。其中153.39万人正在国外进行相关阶段的学习和研究;432.32万人已完成学业;365.14万人在完成学业后选择回国发展,占已完成学业群体的84.46%。广大留学人员积极投身改革开放和社会主义现代化建设,积极推动我国同其他国家各领域交流合作,为推动我国经济社会发展做出了重要贡献,为我国改革开放和社会主义现代化建设做出了重要贡献。

习近平总书记用两个"不愧"来高度评价留学人员:"广大留学人员不愧为党和人民的宝贵财富,不愧为实现中华民族伟大复兴的有生力量。"[1]

(二)做好留学人员工作是实施科教兴国战略和人才强国战略的重要任务

"致天下之治者在人才。"人才是衡量一个国家综合国力的重要指标。没有一支宏大的高素质人才队伍,全面建成小康社会的奋斗目标和中华民族伟大复兴的中国梦就难以顺利实现。

当今世界,综合国力竞争日趋激烈,新一轮科技革命和产业变革正在孕育兴起,变革突破的能量正在不断积累。综合国力竞争说到底是人才竞争。人才资源作为经济社会发展第一资源的特

---

[1] 习近平.在欧美同学会成立100周年庆祝大会上的讲话[N].人民日报,2013-10-22.

征和作用更加明显，人才竞争已经成为综合国力竞争的核心。谁能培养和吸引更多优秀人才，谁就能在竞争中占据优势。

当代中国，经过40多年的改革开放，社会生产力迈上一个大台阶，人民生活水平迈上一个大台阶，综合国力迈上一个大台阶，我们比历史上任何时期都更接近实现中华民族伟大复兴中国梦的宏伟目标，我们也比历史上任何时期都更加渴求人才。正如邓小平深刻指出的："我们进行社会主义现代化建设，是要在经济上赶上发达的资本主义国家，在政治上创造比资本主义国家的民主更高更切实的民主，并且造就比这些国家更多更优秀的人才。"

尊重劳动、尊重知识、尊重人才、尊重创造，是党和国家的一项长期方针。党和国家历来高度重视广大出国和归国留学人员，毛泽东曾在莫斯科深情寄语留学人员说："好像早晨八九点钟的太阳。希望寄托在你们身上。"党的十八大发出了"广开进贤之路，广纳天下英才"的号召，强调要"充分开发利用国内国际人才资源，积极引进和用好海外人才"。

习近平总书记要求各级党委和政府认真贯彻党和国家关于坚持支持留学、鼓励回国、来去自由、发挥作用的方针，更大规模、更有成效地培养我国改革开放和社会主义现代化建设急需的各级各类人才。环境好，则人才聚、事业兴；环境不好，则人才散、事业衰。要健全工作机制，增强服务意识，加强教育引导，搭建创新平台，善于发现人才、团结人才、使用人才，为留学人员回国工作、为国服务创造良好环境，促使优秀人才脱颖而出。要尊重广大留学人员的选择，回国工作，张开双臂热烈欢迎；留在海外，支持通过多种形式为国服务[①]。

---

① 习近平. 在欧美同学会成立100周年庆祝大会上的讲话[N]. 人民日报，2013-10-22.

（三）教育引导广大留学人员要把爱国之情、强国之志、报国之行统一起来

全面建成小康社会，推进社会主义现代化，实现中华民族伟大复兴，是光荣而伟大的事业。一切有志于这项伟大事业的人们都可以大有作为。在亿万中国人民前行的伟大征程上，广大留学人员创新正当其时，圆梦适得其势。习近平总书记要求"广大留学人员要把爱国之情、强国之志、报国之行统一起来，把自己的梦想融入人民实现中国梦的壮阔奋斗之中，把自己的名字写在中华民族伟大复兴的光辉史册之上"[1]。习近平总书记对做好留学人员工作提出了四点明确要求[2]。

第一，教育引导广大留学人员坚守爱国主义精神。广大留学人员要继承和发扬留学报国的光荣传统，做爱国主义的坚守者和传播者，始终把国家富强、民族振兴、人民幸福作为努力志向，自觉使个人成功的果实结在爱国主义这棵常青树上。教育引导广大留学人员把自己的梦想融入人民实现中国梦的壮阔奋斗之中，把自己的名字写在中华民族伟大复兴的光辉史册之上。要求广大留学人员始终同人民站立在一起、同人民奋斗在一起，为实现中华民族伟大复兴的中国梦书写出无愧于时代、无愧于人民、无愧于历史的绚丽篇章！

第二，教育引导广大留学人员矢志刻苦学习。学习是立身做人的永恒主题，也是报国为民的重要基础。梦想从学习开始，事业从实践起步。教育引导广大留学人员坚持面向现代化、面向世界、面向未来，跟上时代潮流，拓宽眼界视野，瞄准国际先进知

---

[1][2] 习近平．在欧美同学会成立 100 周年庆祝大会上的讲话［N］．人民日报，2013－10－22．

识、技术、管理经验，掌握真才实学，优化知识结构，练就过硬本领，努力成为堪当大任、能做大事的优秀人才，更好为祖国和人民贡献自己的智慧和力量。

第三，教育引导广大留学人员奋力创新创造。创新是一个民族进步的灵魂，是一个国家兴旺发达的不竭动力，也是中华民族最深沉的民族禀赋。留学人员视野开阔，理应走在创新前列。祖国改革开放和社会主义现代化建设的火热进程，为一切有志于创新创造、干一番事业的人们提供了广阔舞台。教育引导广大留学人员积极投身创新创造实践，脚踏着祖国大地，胸怀着人民期盼，找准专业优势和社会发展的结合点，找准先进知识和我国实际的结合点，真正使创新创造落地生根、开花结果。

第四，教育引导广大留学人员积极促进对外交流。要以更加开放的姿态，加强同世界的联系和互动，加深同各国人民的了解和友谊。广大留学人员既有国内成长经历又有海外生活体验，既有广泛的国内外人际关系又有丰富的不同文化交流经验，许多外国人通过其了解中国、认识中国，许多中国人通过其了解世界、认识世界。教育引导广大留学人员充分发挥自身优势，加强内引外联、牵线搭桥，当好促进中外友好交流的民间大使，多用外国民众听得到、听得懂、听得进的途径和方式，讲好中国故事，传播好中国声音，让世界对中国多一分理解、多一分支持。

参考文献

著作类

马克思,恩格斯.马克思恩格斯选集:第3卷[M].3版.北京:人民出版社,2012.

马克思,恩格斯.马克思恩格斯全集:第23卷[M].北京:人民出版社,1971.

马克思,恩格斯.马克思恩格斯文集:第1卷[M].北京:人民出版社,2009.

马克思,恩格斯.马克思恩格斯选集:第1卷[M].3版.北京:人民出版社,2012.

毛泽东.毛泽东文集:第7卷.北京:人民出版社,1999.

毛泽东.毛泽东年谱(1949—1976):第5卷[M].北京:中央文献出版社,2013.

邓小平.邓小平文选:第2卷[M].2版.北京:人民出版社,1994.

习近平.习近平谈治国理政:第3卷[M].北京:外文出版社,2020.

习近平.之江新语[M].杭州:浙江人民出版社,2007.

习近平.十八大以来重要文献选编:下[M].北京:中央文

献出版社，2018.

习近平. 思政课是落实立德树人根本任务的关键课程［M］. 北京：人民出版社，2020.

习近平. 给父亲习仲勋八十八岁生日的贺信//习近平. 习仲勋革命生涯［M］. 北京：中共党史出版社，2005.

习近平. 在全国党校工作会议上的讲话［M］. 北京：人民出版社，2016.

中共中央宣传部. 习近平总书记系列重要讲话读本（2016年版）［M］. 北京：学习出版社，2016.

中国大百科全书出版社编辑部. 中国大百科全书（社会学卷）［M］. 北京：中国大百科全书出版社，1991.

郑其龙. 家庭教育学［M］. 长沙：湖南出版社，1984.

赵忠心. 家庭教育［M］. 北京：中央广播电视大学出版社，1989.

《伦理学》编写组. 伦理学［M］. 北京：高等教育出版社，2012.

席勒. 美育书简［M］. 北京：中国文联出版公司，1984.

文章类

习近平主席在联合国"教育第一"全球倡议行动一周年纪念活动上发表视频贺词［N］. 人民日报，2013-09-27.

习近平：坚持中国特色社会主义教育发展道路　培养德智体美劳全面发展的社会主义建设者和接班人［N］. 人民日报，2018-09-11.

习近平会见清华大学经济管理学院顾问委员会海外委员和中方企业家委员［N］. 人民日报，2017-10-31.

习近平．在纪念孔子诞辰2 565周年国际学术研讨会暨国际儒学联合会第五届会员大会开幕会上的讲话［N］．人民日报，2014-09-25.

习近平．从小积极培育和践行社会主义核心价值观：在北京市海淀区民族小学主持召开座谈会时的讲话［N］．人民日报，2014-05-31.

习近平．在第十三届全国人民代表大会第一次会议上的讲话［N］．人民日报，2018-03-02.

习近平．在中央党校建校80周年庆祝大会暨2013年春季学期开学典礼上的讲话［N］．人民日报，2013-03-03.

习近平：把培育和弘扬社会主义核心价值观作为凝魂聚气强基固本的基础工程［N］，人民日报，2014-02-26.

习近平：胸怀大局把握大势着眼大事　努力把宣传思想工作做得更好［N］．人民日报，2013-08-21.

习近平．在十九届中央政治局第二十三次集体学习时的讲话［J］．求是，2020（23）．

习近平：大力弘扬伟大爱国主义精神　为实现中国梦提供精神支柱［N］．人民日报，2015-12-31.

习近平．在中国共产党第十九次全国代表大会上的报告［N］．人民日报，2017-10-28.

习近平：全面贯彻落实党的教育方针　努力把我国基础教育越办越好［N］．人民日报，2016-09-10.

习近平：把思想政治工作贯穿教育教学全过程　开创我国高等教育事业发展新局面［N］．人民日报，2016-12-09.

习近平．在北京大学师生座谈会上的讲话［N］．人民日报，2018-05-03.

参考文献

习近平：人民对美好生活的向往　就是我们的奋斗目标[N]．人民日报，2012-11-16．

习近平．二〇一八年新年贺词：幸福是奋斗出来的[N]．人民日报，2018-01-01．

习近平．在2017年春节团拜会上的讲话[N]．人民日报，2017-01-27．

习近平．青年要自觉践行社会主义核心价值观：在北京大学师生座谈会上的讲话[N]．人民日报，2014-05-05．

习近平：美好的生活属于你们　美丽的中国梦属于你们[N]．人民日报，2015-06-02．

习近平：坚定文化自信把握时代脉搏聆听时代声音　坚持以精品奉献人民用明德引领风尚[N]，人民日报，2019-03-05．

坚持依法治国和以德治国相结合　推进国家治理体系和治理能力现代化[N]．人民日报，2016-12-11．

习近平．在文艺工作座谈会上的讲话[N]．人民日报，2015-10-15．

习近平：当好全国改革开放排头兵　不断提高城市核心竞争力[N]．人民日报，2014-05-25．

习近平．在纪念五四运动100周年大会上的讲话[N]．人民日报，2019-05-01．

习近平：我国广大知识分子要主动担当积极作为　为国家富强民族振兴人民幸福多作贡献[N]．人民日报，2017-03-05．

习近平．在中国文联十大、中国作协九大开幕式上的讲话[N]．人民日报，2016-12-01．

习近平．在第十二届全国人民代表大会第一次会议上的讲话[N]人民日报．2013-03-18．

习近平．在纪念朱德同志诞辰 130 周年座谈会上的讲话 [N]．人民日报，2016－11－30．

习近平．在网络安全和信息化工作座谈会上的讲话 [N]．人民日报，2016－04－26．

习近平．在纪念马克思诞辰 200 周年大会上的讲话 [N]．人民日报，2018－05－05．

习近平．在纪念红军长征胜利 80 周年大会上的讲话 [N]．人民日报，2016－10－22．

习近平：在对历史的深入思考中更好走向未来　交出发展中国特色社会主义合格答卷 [N]．人民日报，2013－06－27．

习近平：紧跟党走在时代前列走在青年前列　在实现中华民族伟大复兴的征途中续写新光荣 [N]．人民日报，2013－06－21．

习近平．在同各界优秀青年代表座谈时的讲话 [N]．人民日报，2013－05－05．

习近平：承前启后　继往开来　继续朝着中华民族伟大复兴目标奋勇前进 [N]．人民日报，2011－11－30．

习近平．在全国民族团结进步表彰大会上的讲话 [N]．人民日报，2019－09－28．

习近平在纪念中国人民抗日战争暨世界反法西斯战争胜利 70 周年系列活动上的讲话 [N]．人民日报，2015－09－02．

习近平：立德树人德法兼修抓好法治人才培养　励志勤学刻苦磨炼促进青年成长进步 [N]．人民日报，2017－05－04．

习近平：认真贯彻党的十八届三中全会精神　汇聚起全面深化改革的强大正能量 [N]．人民日报，2013－11－29．

习近平．弘扬人民友谊　共创美好未来：在纳扎尔巴耶夫大学的演讲 [N]．人民日报，2013－09－09．

习近平. 在中国科学院第十七次院士大会、中国工程院第十二次院士大会上的讲话［N］. 人民日报，2014-06-10.

习近平. 为建设世界科技强国而奋斗：在全国科技创新大会、两院院士大会、中国科协第九次全国代表大会上的讲话［N］. 人民日报，2016-06-02.

习近平. 在联合国教科文组织总部的演讲［N］. 人民日报，2014-03-28.

习近平. 致国际教育信息化大会的贺信［N］. 人民日报，2015-05-24.

习近平总书记给"国培计划（2014）"北京师范大学贵州研修班参训教师的回信［N］. 中国政府网，2015-09-09.

习近平. 在知识分子、劳动模范、青年代表座谈会上的讲话［N］. 人民日报，2016-04-30.

中国有梦　青春无悔：习近平五四青年节参加主题团日活动侧记［N］. 人民日报，2013-05-06.

习近平. 在欧美同学会成立100周年庆祝大会上的讲话［N］. 人民日报，2013-10-22.

后　记

中国人民大学出版社的"新时代马克思主义教育理论创新与发展研究丛书"获评2019年国家出版基金项目。该丛书包含《坚持党对教育事业的全面领导》《坚持把立德树人作为根本任务》《坚持优先发展教育事业》《坚持社会主义办学方向》《坚持扎根中国大地办教育》《坚持以人民为中心发展教育》《坚持深化教育改革创新》《坚持把服务中华民族伟大复兴作为教育的重要使命》《坚持把教师队伍建设作为基础工作》九本书。本书为丛书的第二本。

本书紧紧围绕"坚持把立德树人作为根本任务"这一主题，着重对立德树人的价值旨归、立德树人的时代意蕴、立德树人要精准发力、立德树人要贯穿学校工作各环节各领域、立德树人要注重家庭家教家风建设、立德树人要形成合力等六个方面的核心要义、理论内涵和实践价值进行了系统研究和阐释。

本书的研究与撰写在编写组统一领导下进行。书稿各章节由不同的作者分别撰写：

前言：张剑（中国人民大学新时代中国特色社会主义教育研究中心研究员）。

"立德树人的价值旨归"：顾昭明（山西财经大学教授）、王玉

图书在版编目（CIP）数据

坚持把立德树人作为根本任务 / 阐明明，张剑著
. -- 北京：中国人民大学出版社，2021.10
（新时代马克思主义教育理论创新与发展研究丛书 /
柳海民主编）
ISBN 978-7-300-29960-0

Ⅰ.①坚… Ⅱ.①阐…②张… Ⅲ.①学校教育-教育
革-研究-中国 Ⅳ.①G41

中国版本图书馆 CIP 数据核字（2021）第 206440 号

国家出版基金项目
新时代马克思主义教育理论创新与发展研究丛书
总主编 柳海民
执行主编 瞿 葆 张 剑
坚持把立德树人作为根本任务
阐明明 张 剑 著
Jianchi ba Lide Shuren Zuowei Genben Renwu

出版发行	中国人民大学出版社
社　址	北京中关村大街 31 号	邮政编码	100080
电　话	010-62511242（总编室）	010-62511770（质管部）
	010-82501766（邮购部）	010-62514148（门市部）
	010-62515195（发行公司）	010-62515275（盗版举报）
网　址	http://www.crup.com.cn
经　销	新华书店
印　刷	涿州市星河印刷有限公司
规　格	170 mm×240 mm　16 开本	版　次	2021 年 10 月第 1 版
印　张	22.25 插页 2	印　次	2021 年 10 月第 1 次印刷
字　数	250 000	定　价	88.00 元

版权所有　侵权必究　　印装差错　负责调换

"立德树人的花蕾"，聪聪的、张剑。

（山西财经大学团委书记）、张剑。

"立德树人蓓蕾奖"；聪聪的、王晓静（西安石油大学教授）、王瑞（北京外国语大学副教授）、刘青（北京外国语大学副教授）、王芳芳（北京外国语大学讲师）、张方圆（北京外国语大学讲师）、王小桦（北京外国语大学讲师）、张剑。

"立德树人蓓蕾奖先进工作者及先进集体"：张剑、王青（解放军海军大连舰艇学院教研室主任）。

"立德树人蓓蕾奖荣誉奖"：书童、宗凯、宗凯请说、书童妈（山西财经大学教授大连舰艇学院教研室主任王青、书童（山西财经大学教授）、

张剑
"立德树人蓓蕾奖"；张剑、书童。

告记：张剑。

张剑、聪聪的并没有进行了答辩，书童妈让书童聪聪的、张剑
事宜。

在课题研究和书稿写作的过程中，请到了许多同行专家学者的大力支持，并多次引用了他们的研究成果，请到了各位作者所在单位的大力支持，请到了中国人民大学出版社的大力支持，在此一并表示衷心感谢！

聪聪的 张 剑
2020 年 12 月